Heyne Report ...

HEYNE BÜCHER

In derselben Reihe erschienen zuletzt als Heyne-Taschenbuch:

Lea Fleischmann: *Dies ist nicht mein Land* · Band 10/11
Gudrun Lukasz-Aden: *Tiefer kannst du nicht fallen* · Band 10/12
Stephanie Sand: *Künstliche Intelligenz* · Band 10/13
Gitta Sereny: *Dann schon lieber auf den Strich* · Band 10/14
Karin Arndt: *Wir haben unheimlich viel gestritten* · Band 10/15
Ernest Bornemann: *Die neue Eifersucht* · Band 10/16
Peter Grubbe: *Alter macht frei* · Band 10/17
Gudrun Lukasz-Aden: *Ich bin so frei* · Band 10/18
Marjorie Jackson: *Ein Junge namens David* · Band 10/19
Wolfgang Wiesner: *Leben ohne Drogen* · Band 10/20
Matthias Horx: *Das Ende der Alternativen* · Band 10/22
Roland Girtler: *Der Strich* · Band 10/23
Heinrich/Schmitt: *Der Atom-Atlas* · Band 10/24
Frederic Vester: *Bilanz einer Ver(w)irrung* · Band 10/25
Das Männerwunder · Band 10/26
Rudolf Grass: *Die Alternative* · Band 10/27
Gudrun Lukasz-Aden: *Trennungen* · Band 10/28
Thomas Hauschild: *Die alten und die neuen Hexen* · Band 10/29
Keppler/Mehler: *Der sanfte Schrei* · Band 10/30
Öko-Atlas Bundesrepublik Deutschland · Band 10/31
Ingeborg Friesendorf: *Frauen im Knast* · Band 10/33
Lea Fleischmann: *Ich bin Israelin* · Band 10/34
Erich Kuby: *Der Spiegel im Spiegel* · Band 10/35
Emilio Sanna: *Affenliebe – Affenschande* · Band 10/37
Monika Goletzka: *Die schiere Lust oder*
Ist die Sexualität am Ende? · Band 10/39
Martin Ahrends: *Das große Geld* · Band 10/40
Stephanie Sand: *IBM* · Band 10/41
Karin Jäckel: *»Es kann jede Frau treffen«* · Band 10/42
Gorbatschows historische Rede · Band 10/44
Richard Manning: *»Sie können uns nicht alle umbringen«* · Band 10/45
Ursula Fassbender: *Reinkarnation* · Band 10/46
Michael Heinrich: *Sind die Alpen noch zu retten?* · Band 10/47
Karin Jäckel: *Du bist doch mein Vater . . .* · Band 10/48
Gudrun Lukasz-Aden: *Scheidung, was hat's gebracht?* · Band 10/50
Joachim Soyka: *Tatwaffe Computer* · Band 10/51
Bruno Venturi/Dorothee Thums: *Männerpremieren* · Band 10/52
Tobias Mündemann: *Die 68er* · Band 10/53
Klaus Peter Schlebusch/Hans-Christoph Scheiner/Peter Wendling:
Die Vernichtung der biologischen Medizin · Band 10/54
Karin Jäckel: *Betrug in der Partnerschaft* · Band 10/55
Leona Siebenschön: *Mutter & Tochter* · Band 10/56
Ronald M. McRae: *Parapsychologische Kriegsführung* · Band 10/57
Eva Roland-Schellack: *Die Frau über 40* · Band 10/58

Frédérique Delacoste
Priscilla Alexander

SexArbeit

Frauen in der Sexindustrie

Deutsche Erstausgabe

Wilhelm Heyne Verlag
München

HEYNE REPORT
Nr. 10/59

Titel der amerikanischen Originalausgabe
SEX WORK
Deutsche Übersetzung von Irene Bonhorst

An Felice
für ihre Arbeit
ihr umfassendes Wissen
ihren Humor
ihre untrügerische Ehrlichkeit

und

an alle Frauen, die jemals gearbeitet haben.

Redaktion: Bernhard Michalowski

Printed in Germany 1989
Umschlagfoto: dpa, München
Umschlaggestaltung: Atelier Ingrid Schütz, München
Fotosatz: B. Hopfengärtner, München
Druck und Bindung: Ebner Ulm

ISBN: 3-453-02967-4

Inhalt

TEIL III

Vereint werden wir bestehen; getrennt werden wir untergehen: Sexarbeiterinnen haben sich organisiert

Vorwort

Die in diesem Buch vorliegenden Erfahrungsberichte aus der amerikanischen Sexindustrie hätten so oder ähnlich auch von deutschen Frauen geschrieben werden können. Die Arbeit von Prostituierten ist immer die gleiche, ganz egal, ob Frauen nun in Berlin, New York oder Hongkong anschaffen gehen. Hier wie dort geht es um Sex und um Geld.

Während die Bedingungen für die Freier aber weltweit die gleichen sind (er will Sex und bezahlt dafür eine Frau), sind die Bedingungen, unter denen Prostituierte arbeiten, nicht nur von Land zu Land, sondern bereits schon von Stadt zu Stadt erheblich unterschiedlich.

Anders als in den USA ist Prostitution in Deutschland legal, d. h. per Gesetz nicht strafbar. Trotzdem herrschen bei uns alles andere als paradiesische Zustände. Die Handlungsfreiheit der Prostituierten wird durch diverse Verbote eingeschränkt, die deutlich machen, daß Prostitution eigentlich doch nicht erlaubt ist, sondern nur in bestimmten Grenzen geduldet wird.

Verboten ist die Werbung für Prostitution (§ 120 Abs. 1 Nr. 2 OWiG), die gewerbsmäßige Förderung der Prostitution (§ 180 a StGB), ihre Erzwingung (§ 181 StGB) und ihre Ausnutzung durch Zuhälterei (§ 181 a StGB). Angeblich sollen diese Vorschriften einerseits die persönliche und wirtschaftliche Unabhängigkeit von Prostituierten, d. h. ihre Autonomie, schützen, und andererseits sollen sie verhindern, daß Menschen durch Handlungen Dritter in das *Übel* der Prostitution verstrickt oder dort festgehalten werden. Folgerichtig wird die Prostitution, weil von Übel, auch innerhalb von Sperrbezirken (§ 184 a StGB) oder in der Nähe von Jugendlichen (§ 184 b StGB) strafrechtlich verfolgt.

Tatsache ist jedoch, daß die Gesetze in der heutigen Rechtsprechung meist nicht so ausgelegt werden, daß die persönliche und wirtschaftliche Unabhängigkeit von Prostituierten geschützt wird.

Werbung ist für jede Frau unerläßlich, die autonom und

unabhängig von Bordellbesitzern arbeiten will. Sie muß ja auf sich aufmerksam machen. Da sie aber nicht für sich werben darf, muß sie sich hinter Begriffen wie ›Modell‹ oder ›Hostess‹ verstecken. In manchen Bundesländern, wie beispielsweise Berlin, darf sie dann noch ein paar versteckte Hinweise auf ihre Spezialität geben (französisch, griechisch, englisch). Aber das war's dann auch schon. Direkte Hinweise auf Sex sind verboten, also auch Hinweise auf Safer Sex. Jedes Bordell dagegen darf offen für sich als ›Sex-Club‹ werben. Gemäß unserer gängigen Doppelmoral heißt das nicht, daß dort Prostitution stattfindet. Organisierte Prostitution ist also geduldet, während die autonome und selbständige Prostitution behindert wird.

Genauso zeigt sich die Doppelmoral bei der Auslegung des Gesetzes, das die Förderung der Prostitution verbietet. Es wird häufig nur angewendet, wenn etwas zum Vorteil der Prostituierten und nicht, wenn es zu ihrem Nachteil ist. Immer mehr häufen sich in jüngster Zeit Urteile, nach denen Bordellbetriebe geschlossen werden, »wenn die Förderung der Prostitution durch besonders günstige Arbeitsbedingungen für die Dirnen verwirklicht wird« oder »weil die guten Arbeitsbedingungen ein Anreiz seien, prostituiert zu bleiben«.

Kommuneeigene Mädchenwohnheime (so nennen sich z. B. Eros-Center und Großbordelle), wo die Frauen den Tag mit ›Blockschulden‹ beginnen, ehe sie überhaupt den Fuß in dieses Etablissement gesetzt haben, fallen allerdings nicht unter dieses Verdikt. Zu den Blockschulden gehören Zimmermiete, Abgaben an den Wirtschafter, Abgabe für Wäsche, Kondome, Putzfrau etc., und diese Blockschulden kann der Pächter natürlich einklagen, unabhängig davon, ob die Frau Geld verdient hat oder überhaupt erst gar nicht erschienen ist. So etwas verstehen wir als Förderung der Prostitution, da Frauen hierdurch leicht in finanzielle Abhängigkeiten geraten und diese meist enorm überhöhten Kosten nur wieder durch Prostitution aufgebracht werden können.

Diese Beispiele zeigen, wie patriarchalisch diese Gesetze ausgelegt werden. Verbieten wollen die Herren die Prostitution ja gar nicht. Wichtig ist nur, daß nicht die Prostituierten die Profite daraus ziehen, sondern daß sich die Herren die Pfründe untereinander teilen. Noch deutlicher wird das nämlich bei der Sperrbezirksverordnung, die in ganz Deutschland bis auf Berlin angewendet wird.

Angeblich dient sie ja dazu, daß keine Dritten in das Übel der Prostitution verstrickt oder gar Jugendliche durch sie verdorben werden. Tatsächlich dient sie aber eher der Aufrechterhaltung eines Monopols, das in Männerhänden liegt. Nehmen wir zum Beispiel Hamburg oder Frankfurt. Dort sind die ganzen Innenstädte zum Sperrbezirk erklärt, wo die Prostitution nur in bestimmten Straßen, zu bestimmten Zeiten und in bestimmten Häusern erlaubt ist. Aber zu jeder Regel gibt es eine Ausnahme. Die Immobilien in diesen Straßen, in denen Prostitution stattfinden darf, gehören natürlich Männern, wo die Frauen häufig ihre Arbeitszeit und ihre Arbeitsbedingungen nicht mehr selbst bestimmen können und einen großen Teil ihrer Einnahmen an die Besitzer abgeben müssen. Den Frauen, die nicht zu diesen Bedingungen arbeiten wollen, wird die Arbeit in der Innenstadt schlichtweg verboten. Ihnen wird ein Platz am Stadtrand in der abgelegensten und dunkelsten Pampa zugewiesen, wo sie ihres Lebens nicht mehr sicher sind und wo sie über keinerlei notwendige hygienische Einrichtungen verfügen. Um ihr Profitmonopol zu schützen, haben die Herren die Konkurrenz also einfach per Gesetz ausgeschaltet.

Der rechtlose Status der Prostituierten und die Doppelmoral bei der Auslegung der Gesetze zeigt sich jedoch am deutlichsten darin, daß Prostituierte keinen rechtlich einklagbaren Anspruch auf die geldliche Erfüllung ihrer Dienstleistung haben. Zulässig kann der Freier die Prostituierte um ihren Lohn prellen und sie ihrer wirtschaftlichen Unabhängigkeit berauben. Diese Rechtsauffassung wurde erst Anfang Juli 1987 nochmals durch Beschluß des 5. Strafsenats des Bundesgerichtshofes bestätigt. Darin heißt es, Ansprüche auf den Liebeslohn seien nichtig, denn Prostitution verstoße nach heutiger Rechtsauffassung gegen die guten Sitten.

Um sich bei dieser gegebenen Rechtsordnung zu schützen,

sind Prostituierte also auf durch solche Gesetze staatlich geförderte Zuhälter und oft fragwürdige Bordellbesitzer angewiesen und somit wesentlich stärker fremd- als selbstbestimmt und wesentlich stärker abhängig als selbständig.

Um die rechtliche und gesellschaftliche Diskriminierung von Prostituierten zu bekämpfen und die Autonomie der Frauen zu stärken, wurde Hydra 1980 in Berlin gegründet. Vorbilder waren die amerikanische Prostituiertenbewegung Coyote und die französischen Prostituierten, die 1975 in Frankreich Kirchen besetzten, um gegen den Staat ›als größten Zuhälter‹ zu protestieren. Eines der ersten Produkte von Hydra war der *Hydra Nachtexpress, Zeitung für Bar, Bordell und Bordstein.* Diese in unregelmäßigen Folgen erscheinende Zeitschrift sollte einerseits die Frauen aus dem Gewerbe auf den Treffpunkt aufmerksam machen und sie zur Mitarbeit auffordern, und andererseits war sie ein erster Schritt, um die Gesellschaft über die Lebensrealität von Prostituierten aufzuklären und sie zu solidarischem Handeln aufzufordern. Und es horchten tatsächlich immer mehr Menschen auf. Nicht nur in der allgemeinen Öffentlichkeit erreichten wir eine häufig positive Resonanz, sondern unser Projekt regte auch Frauen aus anderen Städten an, sich zu Prostituierten-Projekten zusammenzuschließen. Hydra nahm das zum Anlaß, im Oktober 1985 den 1. Nationalen Prostituierten-Kongreß in Berlin zu organisieren, bei dem wir einen 22-Punkte-Forderungskatalog erarbeiteten. Seitdem fanden wir nicht nur bundesweit immer mehr öffentliches Gehör, sondern es herrscht auch ein reger Informationsaustausch zwischen den Prostituierten-Projekten, die seitdem in verschiedenen Städten Nationale Prostituierten-Kongresse abhielten. Im Dezember 1987 führten wir die erste gemeinsame bundesweite Prostituierten-Aktion durch, bei der wir am gleichen Tag und zur gleichen Zeit in verschiedenen Städten eine Freierkampagne starteten, bei der wir dem ›Mann auf der Straße‹ einen offenen Brief überreichten und ihn aufforderten, sein ›Gummimuffel-Verhalten‹ aufzugeben. Im November 1988 fand zum zweiten Mal in Berlin bereits der 6. Nationale Huren-Kongreß statt. Aber nicht nur auf nationaler

Ebene organisierten sich die Prostituierten. 1985 fand in Amsterdam der 1. Internationale Huren-Kongreß statt, und es folgte ein weiterer 1987 in Brüssel.

Mit der nationalen und internationalen Solidarität unter Prostituierten klappt es also schon ganz gut. Aber bei der Aufhebung der gesellschaftlichen und rechtlichen Diskriminierung von Prostituierten haben wir bisher keine erkennbaren Fortschritte erreicht. Viele finden es zwar irgendwie erstaunlich und prima, wie wir uns organisieren und für unsere Rechte kämpfen, aber für eine tatkräftige Unterstützung unserer Forderungen reicht die Begeisterung dann meist doch nicht. Selbst oder gerade unsere feministischen Schwestern haben dabei unüberwindbare Berührungsängste. So wurden wir zwar aufgefordert, unsere Forderungen ins Antidiskriminierungsgesetz der Grünen einzubringen, und es wurde viel darüber diskutiert und noch ein und noch ein Papier angefordert, aber am Ende flogen unsere Forderungen doch wieder raus. Als käme es der Förderung der Prostitution gleich, wenn Frau für die Rechte der Prostituierten eintritt.

Da wir auf parlamentarischer Ebene nicht vorankamen, beschlossen wir Anfang 1988, als wir in Berlin den ersten Hurenball auf deutschem Boden organisierten, daß der Erlös aus diesem Ball in einen eigenen Fonds fließen sollte, der zur Hälfte als Rechtshilfefonds für Prostituierte dienen sollte. Durch die Unterstützung von Prozessen und gleichzeitige Öffentlichkeitsarbeit erhoffen wir uns, Einfluß auf die Rechtsprechung nehmen zu können und ein Bewußtsein in der Öffentlichkeit dafür zu schaffen, daß nicht irgendwelche dubiosen Zuhälter oder Bordellbesitzer die Schuld an der Lebenssituation der Prostituierten tragen. Die ganze Gesellschaft ist dafür verantwortlich, indem sie solche Gesetze mitträgt und Prostituierte aus dieser Gesellschaft ausgrenzt und sie ihrer Menschenwürde beraubt.

Von unserem Forderungskatalog aus dem Jahre 1985 ist eigentlich nur Punkt 13 (Staatliche Förderungsmaßnahmen für Frauen, die aussteigen wollen) teilweise realisiert worden. Doch hat das weniger mit unserer Durchsetzungskraft als mit der Aids-Panik zu tun, die unvermittelt die Prostituierten ins

Rampenlicht der öffentlichen Aufmerksamkeit katapultierte. Obwohl Prostituierte (wenn man gerechterweise Prostituierte und Drogenabhängige als zwei verschiedene Betroffenengruppen betrachtet) nicht mehr oder weniger als die allgemeine Bevölkerung von Aids betroffen sind.

Aufgrund von Aids bekamen wir jedenfalls 1987 Unterstützung vom Berliner Senat bei der Planung und Organisation eines Ausstiegsprogramms für Prostituierte. Es ist etwas ganz Normales, daß viele Prostituierte wie andere Berufstätige auch irgendwann den Wunsch haben, sich beruflich zu verändern. Theoretisch wird dieser Wunsch von Prostituierten in weiten Kreisen der Bevölkerung auch begrüßt (wenn sie sich als armes Opfer darstellen, das gerettet werden möchte), aber praktisch findet sich kaum ein Betätigungsfeld. Wer möchte schon eine Ex-Prostituierte als Erzieherin seiner Kinder in einer Kindertagesstätte einstellen? So bleibt den Frauen nichts anderes übrig, als ihren Lebenslauf ›aufzubessern‹ und möglichst anonym irgendwo unterzutauchen. Diese Arbeit leistet Hydras Ausstiegsprogramm, das bei den Frauen auf eine sehr große Resonanz stößt. Aber wir hoffen, daß sich die Situation der Prostituierten eines Tages so verbessert, daß solche Sonderprogramme überflüssig werden.

Doch bis zu diesem utopischen Augenblick werden wir Hydra-Frauen neben der individuellen Beratung im Projekt und neben unseren Gruppenaktivitäten auf lokaler, nationaler und internationaler Ebene noch viel Öffentlichkeitsarbeit leisten müssen. So haben wir beispielsweise nach dem Hurenball im Februar 1988, der für unser Projekt sehr viel Respektabilität einbrachte, im Mai 1988 ein Buch herausgegeben (Beruf: Hure)*, um einer noch breiteren Öffentlichkeit unsere Gedanken und Forderungen vorzustellen. Neben der Organisation des Huren-Kongresses im November 1988 planten und organisierten wir einen öffentlichen Kongreß im Dezember 1988 zu den Themen: ›Prostituierte und staatliche Maßnahmen‹, ›Prostitution und Drogenabhängigkeit‹, ›Der Freier, das unbelehrbare Wesen?‹. Als Referentinnen zogen

* Beruf: Hure, Verlag am Galgenberg, Hamburg, 1988

wir kreuz und quer durchs deutsche Land, und nebenbei stellten wir mit Freundinnen und Sympathisantinnen drei Kinospots zum Thema Kondome her, die Ende 1988 in zahlreichen Berliner Kinos Premiere hatten.

Aber das sind nur einige wenige Beispiele für unsere Arbeit. Unser Ziel, daß Prostitution als Beruf anerkannt wird, liegt zur Zeit noch in den Sternen. Daß Prostitution Arbeit ist und daß Frauen durchaus selbstbestimmt und autonom diese Arbeit ausführen können. Zu diesem Verständnis tragen die Berichte der amerikanischen Prostituierten bei den ›Soliden‹ hoffentlich bei.

Helga Bilitewski
Stephanie Klee
Hydra e. V., Berlin, November 1988

»Les putes sont en grève« – »Die Nutten streiken«

Es war im Jahre 1975, in den Zwanzig-Uhr-Nachrichten; da hörte ich zum erstenmal, daß Prostituierte für sich selbst das Wort ergriffen. Ein paar kurze Sätze, gesprochen in der St. Nivier-Kirche in Lyon und bald durch den Reporter unterbrochen: »Hiermit gebe ich zurück nach Paris.« Millionen verstanden sein Lächeln. *»Les putes sont en grève . . .« (»Die Nutten streiken.«)* Das war ein gelungener Witz. Schmunzeln beim Abendessen, reich mir doch bitte das Brot, schenk mir noch ein bißchen Wein ein.

Ich hatte die *putes* schon sehr oft gesehen. Als Kind, wenn ich mit meinem Vater am Sonntagmorgen durch die Straßen von Paris spazierte, die Rue Blanche, Rue Pigalle, La Madeleine . . . Jahre später, mit meinem Moped, meiner Freiheit, entdeckte ich die Rue St. Denis: Frauen in Miniröcken, die lässig daherschlenderten, in Dreiergruppen, die hastig an Zigaretten zogen; eine trug hohe schwarze Lederstiefel und an der Seite eine Peitsche. Nachdem ich auf meiner *Mobylette* an ihr vorbeigefahren war, hätte ich Lust gehabt, umzukehren, aber ich hatte Angst, daß das ungehörig wäre. Ich bin noch mehrmals an die Stelle zurückgekehrt, habe sie jedoch nie wiedergesehen.

Und dann, bei einer Gelegenheit, als ich in einem kleinen Café einen Espresso trank, während ich darauf wartete, daß mein Plattenspieler repariert würde, sah ich sie, wie sie sich um zwei kleine Tische herum versammelten, langsam an ihrem Kaffee nippten, sich die Hände rieben – denn der Winter in jenem Jahr war kalt – und sich unterhielten, als ob sie sich gut kennen würden. Ich saß an der Bar. *La patronne* spülte Gläser, und ich sah sie, die Frauen und mich in dem großen Spiegel hinter der Theke. Das war meine erste Erfahrung an einem Ort, der nur für Frauen reserviert war.

Jetzt, zwanzig Jahre später, habe ich ein Gefühl, als ob ich den Barhocker umgedreht hätte und wir uns endlich von Angesicht zu Angesicht gegenüberstünden.

Als mir zum erstenmal der Gedanke kam, dieses Buch zu machen, suchte ich nach einer Frau, die im Sexgeschäft arbeitete oder gearbeitet hat, um es zu redigieren. Wir sind bestrebt, Bücher herauszubringen, die den Widerstand der Frauen dokumentieren, und zwar anhand von Themen, die in der Vergangenheit entweder im Verborgenen geblieben oder durch eine Ideologie des Sexismus verfälscht worden waren. Wir suchen Frauen als Lektorinnen und Herausgeberinnen, die direkt von diesem Thema betroffen sind. »Das Verstehen kommt mit dem Zuhören, mit dem Hören auf diejenigen, die das Gefühl kennen«, stand einmal in der Besprechung eines unserer Bücher.

Zwei Jahre lang habe ich also Verbindung aufgenommen mit geeignet erscheinenden Herausgeberinnen für SEXARBEIT. Doch niemand entsprach ganz den Vorstellungen, und so beschloß ich, das Buch selbst zu bearbeiten. Das Zusammentragen der Beiträge für SEXARBEIT war ein ungewöhnlicher Prozeß.

Aufrufe nach entsprechenden Manuskripten wurden zunächst in den Lokalzeitungen und feministischen Publikationen veröffentlicht beziehungsweise bei verschiedenen Organisationen, die Prostituierte vertreten, an einzelne Frauen oder in Massage-Salons verteilt. Priscilla Alexander, die bis dahin noch nicht Mitherausgeberin war, sandte unseren Aufruf zusammen mit einem persönlichen Brief von ihr an die Abonnentinnen einer Lesbierinnen-Zeitschrift.

Meine Absicht war, ein Forum zu schaffen, damit Frauen über ihr Leben schreiben konnten. Ich neigte nicht dazu, jenen zu trauen, die alle im Sexgeschäft tätigen Frauen als Opfer abstempelten, sondern ich war offen für alle Standpunkte und Ansichten, solange sie von den in diesem Gewerbe arbeitenden Frauen selbst kamen. Eine Frau, die in der Abolitionsbewegung in Frankreich arbeitete, sagte einmal: »Du wirst nie die echten Geschichten bekommen. Die Beiträge, die du erhältst, werden von Bullen und Zuhältern geschrieben sein.« Aber ich hegte keine Sekunde lang solche

Zweifel. ›Man kann einen Arsch, der keinen Durst hat, nicht zum Trinken zwingen‹ *(On ne fait pas boire un ane qui n'a pas soif),* lautet ein altes französisches Sprichwort. Ich hoffe, daß dieses Buch die vielen Menschen, die glauben, Frauen im Sexgewerbe könnten nicht für sich selbst sprechen, näher an die Quelle führen kann.

Die meisten Frauen, die sich meldeten und sich nach dem Buch erkundigten – vielleicht mit gewissen Bedenken, was ein feministischer Verlag aus ihren Artikeln machen könnte –, schickten uns schließlich Beiträge. Für viele Frauen genügte der Name Priscilla Alexander, um ihnen völliges Vertrauen einzuflößen. Einige riefen auch nur an, um mir zu sagen, wie sehr sie das Projekt begrüßten. Deren Worte werden hier nicht erscheinen, aber sie alle haben dazu beigetragen, daß dieses Buch entstand.

Während seiner Entstehung wurden Priscilla und ich Freundinnen. Im Laufe der Zeit wurde *das* Buch *unser* Buch. Wir suchten Artikel aus, die die Vielfalt in der Arbeit und den Erfahrungen der gewerblichen Frauen widerspiegeln. Und unter diesem Gesichtspunkt haben wir die Artikel zusammengestellt. Im Dezember kam Gail Pheterson nach San Francisco und half uns, den Kontakt zu Frauen vom *Roten Faden* und *Rosa Faden* in Holland herzustellen, die uns daraufhin ihre Beiträge lieferten. Weil sich deren Arbeit gerade in einer Phase der Wandlung befand, halten wir die Beispiele der holländischen Frauen für besonders aufschlußreich. SEX-ARBEIT wird hoffentlich eine Brücke schlagen zwischen den im Sexgewerbe arbeitenden Frauen und der übrigen Frauenbewegung.

Dieses Buch, daß Sie in den Händen halten, entstand auf der Grundlage des Vertrauens. Für einige bedeutete es den Anfang, für andere die Fortsetzung einer potentiell mächtigen Allianz zwischen allen Frauen.

Die Worte sind gesprochen. Wer wird sie hören?

Frédérique Delacoste
San Francisco, im März 1986

Warum dieses Buch?

Oft fragen mich Leute, wie es dazu kam, daß ich mich in der Bewegung für die Rechte der Prostituierten engagierte, obwohl sie niemals fragen, wie es kommt, daß ich mich in der Frauenrechtsbewegung engagiere und warum ich Lesbierin geworden bin. Manchmal denke ich, diese Frage beinhaltet den Hintergedanken: »Was treibt ein nettes Mädchen wie dich zu so etwas?«, wie Frauen, die als Prostituierte arbeiten, immer wieder gefragt werden. Vielleicht ist damit auch auf verquere Art gemeint, ob ich wohl Prostituierte sei oder gewesen wäre? Jedenfalls habe ich niemals im eigentlichen Sinn als Prostituierte gearbeitet – das heißt, ich habe niemals Geld verlangt oder als direkte Bezahlung dafür erhalten, daß ich sexuelle Dienste leistete –, obwohl ich zu einer bestimmten Zeit das Stigma einer Hure trug.

Das erstemal, an das ich mich erinnere, als ich an Prostitution dachte, war, als ich dreizehn oder vierzehn Jahre alt war. Ich las einen Artikel in der Sonntagsbeilage der *New York Times* über die in New York angewandte ›Drehtür‹-Methode, nach der man Prostituierte einsperrte, registrierte und bestrafte und dann wieder gehen ließ. Der Autor stellte die Idee der Entkriminalisierung zur Diskussion. Das leuchtete mir vollkommen ein, und ich bin bisher noch auf keinen Grund gestoßen, um meine Ansicht zu ändern.

Ich weiß nicht, ob ich noch oft daran dachte, bis ich zum Bennington College ging, zu jener Zeit das einzige Internat in den Vereinigten Staaten, an dem es kein Abendausgangsverbot für Mädchen gab. Wir konnten die ganze Nacht wegbleiben, wenn wir das wollten, und zwar jede Nacht. Wir mußten uns nur an der Pforte ›austragen‹ und angeben, wohin wir gingen und unter welcher Telefonnummer wir zu erreichen wären. An manchen Abenden zogen wir unsere hübschesten Sachen an und setzten uns in den Aufenthaltsraum unseres Schlaftraktes und warteten darauf, daß die Klosterschüler vom nahegelegenen Jungencollege auf unseren Campus kämen. Wenn wir in unseren Zimmern lernten, hörten wir die

Stimmen, die durch die Halle und das Treppenhaus schallten: »Hat jemand Lust auf 'n Date?« Und wir rauschten die Treppe hinunter und hofften, zu den Auserwählten zu gehören.

Wenn ich später jemandem erzählte, auf welches College ich gegangen war, reagierten die Leute in einer wissenden, schleimigen Art. Schließlich kannte man uns als die ›Huren vom Nordosten‹. Als ich nach Kalifornien zog, wo Bennington unbekannt war – oder höchstens als liberal galt –, konnte ich erleichtert aufatmen. Die Sprache kam erst wieder 1970 darauf, als ich als Lehrerin arbeitete. Ein Elternteil – natürlich männlich –, der ein Mitglied des Schulvorstands war, fragte mich, welches College ich besucht hätte. Ich sagte es ihm, und prompt antwortete er: »Und in was haben Sie Ihr Examen gemacht, im Bumsen?«

All das setzte sich in meinem Kopf fest, verhärtete sich, bis ins Jahr 1976. Ich war im Lichte der Frauenbewegung aufgeblüht und hatte alles in dieser Richtung gelesen, dessen ich habhaft werden konnte. Im November traf ich Margo St. James von COYOTE*. Die Organisation verfügte über einige Geldmittel, dem Gewinn aus einem Ball der Nutten, und sie bot mir eine Stelle als Sekretärin an. Mit einemmal tauchten meine ganzen in Bennington gemachten Erfahrungen aus dem Nebel auf, wo ich sie verborgen hatte. Ich lernte Prostituierte kennen, und während ich ihnen zuhörte, nahm ich eine Kraft wahr, die mir bis dahin unerreichbar erschienen war. Als sechs Monate später das Geld ausging, wurde ich mitgerissen vom Kampf für die Rechte der Prostituierten, für meine Rechte als sexuelles Wesen, und seither habe ich in diesem Bereich gearbeitet.

Meine Vorstellungen von Prostitution haben sich in den Jahren seit damals geändert, vor allem als Ergebnis meiner vielen Gespräche mit Prostituierten. Ich erinnere mich, daß ich ganz zu Anfang besonders betroffen war über die Mißhandlung von so vielen Prostituierten. Zeitweise war ich überwältigt von dem Zusammenhang zwischen Kindesmißbrauch und einem Leben als Prostituierte. In meinen Augen war die

* (Call Off Your Old Ethics – Schafft eure überholte Moral ab)

Prostitution eine negative Folge eines Mißbrauchs während der Kindheit. Schließlich werden in der Betrachtungsweise der traditionellen Psychoanalyse Prostituierte als Masochisten eingestuft, die ihren Körper als Gebrauchsgegenstand sehen. Aber ich kam zu einer anderen Einsicht, nachdem viele Frauen mir erzählt hatten, daß sie sich zum erstenmal stark vorkamen, als sie ihren ersten Freier hatten.

Ich bin zu der Ansicht gelangt, daß Prostitution vieles bedeuten und nicht nur aus einer Perspektive betrachtet werden kann. So gesehen hat sie viel mit der Ehe gemein. Beides war einmal eine ökonomische Institution; der einzige Unterschied zwischen einer Ehefrau und einer Prostituierten war der, daß die Prostituierte von vielen Männern bezahlt wurde und die Ehefrau nur von einem. Seit jedoch die ›Liebe‹ zumindest beim Entschluß zu heiraten die entscheidende Rolle spielt und die Monogamie zur Norm geworden ist, ist Geld der Hauptfaktor, der die Prostitution von der Ehe unterscheidet. Jedenfalls ist die Prostitution nach der Definition ein Handel, bei dem Geld für sexuelle Dienste gezahlt wird. Manchmal wird Prostitution erzwungen, und erzwungene Prostitution ist eindeutig Vergewaltigung verbunden mit Entführung und vielleicht sogar einer Gehirnwäsche. Am anderen Ende der Palette gibt es die Frauen, die selbst die klare Entscheidung treffen, als Prostituierte zu arbeiten, einige davon deshalb, weil sie Freude am Sex haben und es ihnen keine Probleme bereitet, Sex als Arbeit zu genießen. Die meisten Frauen, die als Prostituierte arbeiten, tun es aus ökonomischen Gründen – der Stundenlohn ist hier besser als bei fast allen anderen Arbeiten, zu denen Frauen Zugang haben. Manchen macht die Arbeit immer mehr Spaß, je mehr Geschick sie darin entwickeln. Andere Frauen hassen sie vom ersten bis zum letzten Tag, und wieder andere mögen einige Bereiche des Jobs und hassen andere.

Die Prostitution wirft viele Probleme auf, besonders wenn sie illegal ist. Ich habe mit Frauen gesprochen, die in Massage-Salons und für einen Hostessen-Ring arbeiten und die um ihren Verdienst betrogen wurden. Sie haben keine Handhabe dagegen – wenn sie ihre Arbeit weitermachen wollen –, denn wenn sie Anzeige erstatten, nimmt die Polizei den ganzen Betrieb unter die Lupe. Ich nehme an, sie könnten den betrügerischen Arbeitgeber erpressen, indem sie ihn wegen Zuhälterei und gewerbsmäßiger Kuppelei anzuzeigen drohen. Falls sie sich jedoch zum Beispiel als illegale Ausländerin im Lande aufhalten, könnte ihr Arbeitgeber ihre Ausweisung erwirken. Wenn die Gesetze geändert würden, hätten Prostituierte, die auf diese Weise betrogen werden, die Möglichkeit, sich mit rechtlichen Schritten dagegen zu wehren.

Und das bringt mich zu dem Grund, warum dieses Buch entstand. Prostitution gilt in vielen Ländern als Verbrechen und ist in anderen immer noch kriminalisiert, solange es kein gewichtiges Wählerstimmenpotential gibt, das hier nach Gesetzesänderungen schreit. Wie die Dinge zur Zeit liegen, können die Zeitungen über schreckliche Übergriffe der Polizei berichten, ohne daß das in die Köpfe der Leute dringt. Die Prostituierten werden zum Sündenbock für AIDS gemacht, und nur wenige Stimmen werden dazu laut. Prostituierte werden ermordet, und man hört nichts darüber, bevor nicht zehn oder mehr vom gleichen Mann umgebracht worden sind. Nichts davon wird sich ändern, scheint mir, wenn sich nicht die Prostituierten mit ihren vielen verschiedenen Stimmen dagegen wehren.

In den Beiträgen in diesem Buch kommen viele verschiedene Stimmen zu Wort – Stimmen des Schmerzes, Stimmen der Kraft, Stimmen harter Arbeit. Die Frauen, die mit ihrem Geist zu diesem Buch beigetragen haben, haben die verschiedensten Hintergründe und engagieren sich zum Teil in den verschiedensten Kreisen für die Rechte der Frauen und der Prostituierten. Fast alle von uns haben eine bestimmte Zeit ihres Lebens lang in dem Gewerbe gearbeitet, nur wenige haben niemals ausgesprochen sexuelle Arbeit gemacht, obwohl viele Bereiche des Lebens dicht daran angrenzen. Allen von uns ist der Wunsch gemein, daß die Qual im Leben der Frauen enden möge und der Mißbrauch und die Gewalt.

Ich hoffe, dieses Buch treibt den Kampf weiter voran.

Priscilla Alexander
San Francisco, im Februar 1987

TEIL I

Aus dem Leben

Leben am Abgrund

Peggy Morgan

Exotische Tänzerin. Eine graziöse, gutangezogene Frau mit der Figur eines Mannequins, die jene Art von Erotik ausstrahlt, bei der ihr die Männer zu Füßen sinken. Sie ist etwas anderes als die anderen: Anmutig tanzt sie durch Shows von kunstvoller Choreographie, angetan mit glitzernden Kostümen und begleitet von gefühlvoller Bluesmusik. Sie fährt in auffallenden Autos spazieren, trägt teure Kleider, und in ihrer Freizeit streift sie mit weltgewandten, reichen Unterwelttypen durch die noblen Bars.

Haben Sie dieses Bild vor Augen, wenn Sie sich eine Stripperin vorstellen? Man muß die überraschten, hämischen Blicke erleben, die ich ernte, wenn ich den Leuten sage, welchen Beruf ich ausübe: Was, dieses kleine, mollige, unweibliche Etwas soll eine *Stripperin* sein? Verbirgt sie einen ›außerordentlichen‹ Körper unter diesen verwaschenen Jeans und den ausgeleierten Sweatshirts? Und was macht sie mit all ihrem Geld? Sie haust in einem Loch und hat kein Auto – nicht einmal einen Fernsehapparat.

Ich strippe jetzt seit fünfeinhalb Jahren im Bostoner Club ›Combat Zone‹. Obwohl ich einen College-Abschluß habe und einige Aspekte an dem Job unerträglich finde, fühle ich mich dabei ganz wohl und habe keineswegs das dringende Bedürfnis nach einer Veränderung.

Meistens arbeite ich von mittags um eins bis abends um acht, also während der Nachmittagsschicht. Am Abend macht man zwar mehr Geld, aber die Angestellten des Ladens sind dann grober, die Kunden betrunkener, und es wird von einem erwartet, daß man ziemlich viel Geld für Kostüme ausgibt. Während der Tagesschicht bestehen die ›Kostüme‹ hauptsächlich aus Reizwäsche vom Kaufhauswühltisch oder notdürftiger Straßenbekleidung. Viele Tänzerinnen machen ihre Show auch nur in einer Bluse und Unterwäsche. ›Show‹ ist übrigens leicht übertrieben. Wir machen vier Durchgänge (mehr oder weniger, je nachdem, wie viele Tänzerinnen gerade arbeiten) mit jeweils drei Songs, bei denen wir nur auf dem ausgetretenen Holzsteg aus Holz auf und ab wandern und gelegentlich einen wohlberechneten Hüftschwenk hier und ein Busenwackeln dort einlegen. Aber ums Tanzen geht es schließlich nicht. Zwischen den Shows wird von uns erwartet, daß wir zu den ›Ladies' Drinks‹ für je sieben Dollar animieren, für die wir einen Dollar Provision bekommen, wenn wir den täglichen Mindestsatz von zwölf erreichen oder überschreiten. Ein weiterer Dollar geht an den Barmann, und fünf bleiben dem Haus.

Dann gibt es das ›dirty mixing‹. In der Vergangenheit schloß das mit ein, daß man mit einem Kunden in einer dunklen Ecke verschwand und eine normale Nummer machte. Aber in den letzten Jahren hatten wir häufig den ungebetenen Besuch der Sittenpolizei, die sich darum bemühte, die ›Combat Zone‹ dichtzumachen, so daß wir jetzt mehr oder weniger darauf beschränkt sind, die Kunden mit der Hand zu bedienen. Nicht, daß wir deswegen nicht auch wegen unerlaubter Prostitution belangt werden könnten – das ist passiert –, aber es ist leichter, schnell aufzuhören und sich zu verstecken, wenn einer von den Bullen in Zivil (die meisten kennen wir vom Sehen, manche sogar mit Namen) auftaucht.

Der übliche Preis (wir nennen es ›Trinkgeld‹) für einen Job mit der Hand liegt zwischen zehn und zwanzig Dollar, aber manchmal bekommen wir auch mehr.

Kunden gibt's in allen Schattierungen – wir haben auch ab und zu abartige, aber die meisten von ihnen sind ganz normale Burschen. Der Unterschied zwischen ihnen liegt darin, wie sie uns sehen und behandeln. Die beste Sorte sind die, die in die Bar kommen und genau wissen, was sie wollen – etwas los werden – und was wir wollen – Geld – und die sanft an die Sache rangehen, sich nett mit uns unterhalten und uns mit Respekt behandeln. Als Gegenleistung für ihr Geld hören wir ihnen geduldig zu oder, im Falle eines Jobs mit der Hand, bestätigen wir ihnen die Potenz ihres Schwanzes, versichern ihnen, was alles in ihnen steckt und daß sie ganze Kerle sind.

Aber der Macho-Typ, die unsichere Sorte, braucht mehr.

Sie wissen, daß Prostitution bis zu einem gewissen Grade gleichmacht, und sie geben sich nicht mit einer schlichten geschäftlichen Transaktion zufrieden. Nicht nur, daß wir uns unheimlich anstrengen müssen, damit sie losgehen und sich wohlfühlen, sondern wir müssen auch damit fertigwerden, daß sie uns mit ihren plumpen, ungeschickten Händen am ganzen Körper angrabschen – und dann noch so tun, als ob wir Spaß daran hätten. Es ist nicht etwa so, daß diese Kunden wirklich eine Frau befriedigen wollen – meistens sind es genau die, die um den Preis feilschen oder ein Getue darum machen, daß sie im voraus bezahlen müssen. Sie wollen einfach das Gefühl der Macht über die Nutte haben, die im Hinblick auf gesellschaftliche Position und ihr Geschlecht tiefer steht als sie.

Alles zusammengenommen verdiene ich in der Woche ungefähr vierhundert Dollar am Tanzen, an Provision und ›Trinkgeldern‹. Es gibt keine Sozialversicherung, kein Krankengeld, kein Urlaubsgeld, keine Überstundenbezahlung oder Gratifikationen. Man kann sich etwas dazuverdienen, indem man die Kunden außerhalb der Bar auf eigene Rechnung zu einem ›Date‹ (einer Nummer) trifft, wenn man aber einen Tag nicht kommt, erhält man auch kein Geld.

Das hört sich nicht gerade nach einem Job an, in dem man eine Lesbierin mit ausgeprägtem politischen Bewußtsein erwarten würde, nicht wahr? Ich bekannte mich freimütig als Lesbierin und war eine glühende Feministin, als ich mitten während meines Abschlußjahres am College tief in Schulden steckte und deshalb in der ›Combate Zone‹ landete. Dreimal in der Woche zu strippen, war der einzige Weg, wie ich aus dem Schlamassel herauskommen und meine Schulden bezahlen konnte, das Schulgeld aufbrachte und weiterhin Zeit zum Studieren hatte.

In jener Zeit blieb ich bei der Arbeit sehr verschlossen. Im ›normalen‹ Leben sprach ich keinen Ton darüber. Einerseits war ich wegen des kulturellen Stigmas verwirrt, das der Arbeit im Sexgewerbe anhaftet. Andererseits stand das, was ich tat, offenkundig im Widerspruch zur Parteilinie der Feministinnen, die diese Arbeit als entwürdigend und frauenunterdrückend ansahen.

Sicher, einiges daran war schwierig. Als ich das erstemal einen Job mit der Hand machte, bekam ich dafür vierzig Dollar; dann ging ich ins Bad und übergab mich. Ich hatte mich nie geschämt, nackt zu sein, aber da ich nach den Maßstäben der meisten Menschen ›Übergewicht‹ habe, war ich sehr empfindlich gegenüber den gelegentlichen Kommentaren und Spottrufen von einem Kunden. Ich war überzeugt, daß jeder, der sich weigerte, mir einen Drink zu spendieren, mich ablehnte, weil ich zu fett war.

Als ich in dem Club anfing, hatte ich vor den meisten der anderen Tänzerinnen Angst. Sie kamen mir sehr grob und verroht vor, bereit, bei der kleinsten Provokation zuzuschlagen. Entweder hat ihre Grobheit nachgelassen oder ich habe mich daran gewöhnt. Jetzt bin ich eine der ältesten und bin am längsten dort, so daß ich kaum noch in Streitereien gerate – und dann höchstens, wenn eine andere Tänzerin sehr betrunken oder high ist und ich sie ungeschickterweise an einer ihrer empfindlichen Stellen getroffen habe.

Die meisten wissen jetzt, daß ich homosexuell bin. Ich verberge es nicht, aber ich spreche auch nicht oft darüber. Die wenigen Frauen, mich denen ich offen über mein Leben reden kann, haben entweder schon mal Beziehungen mit Frauen gehabt oder haben homosexuelle (meistens männliche) Freunde draußen. Sie sehen jedoch keinen Zusammenhang zwischen den Schwulenwitzen, die sie manchmal erzählen, oder wenn sie über einen Kunden beleidigend als ›Tunte‹ sprechen und meinen Gefühlen, die sie damit verletzen könnten. Sie sehen die Sache so, daß ich homosexuell bin, weil mich die Männer anekeln – was sie nachvollziehen können –, und nicht so sehr, weil ich Frauen vorziehe.

Es scheint sich in der Außenwelt ein Mythos zu halten, daß in diesem Gewerbe unverhältnismäßig viele Lesbierinnen arbeiten – was reiner Humbug ist. Während der ganzen Jahre, die ich dort arbeite, habe ich nur drei andere Lesbierinnen kennengelernt (der einen davon habe ich den Job besorgt) und eine Handvoll bisexueller Frauen, die an der Bar arbeiteten. Außerdem gibt es auch keine Einigkeit zwischen uns. Es ist ihnen offensichtlich sehr unangenehm, wenn ich versuche zu erklären, daß wir an einem gemeinsamen Strang ziehen. Deshalb stelle ich nur noch gelegentlich höfliche Fragen nach ihren Geliebten oder erkundige mich, ob sie in letzter Zeit mal wieder in einer der Homo-Bars gewesen seien.

Hin und wieder kommt es vor, daß mich eine der anderen Tänzerinnen anmacht – mit der Erwartung, daß ich nur, weil ich lesbisch bin, ganz versessen darauf sein müßte, mich auf sie zu stürzen. Unweigerlich ist sie dann überrascht und sogar beleidigt, wenn ich ihr Angebot höflich ablehne.

Es hat keinen Sinn, irgend jemandes Bewußtsein zu erweitern – ich bin dort, um zu arbeiten, und bei all dem Alkohol und den Drogen, die dort herumschwirren, würden ernste Worte nur zum einen Ohr hineingehen und zum anderen herauskommen. Das beste, was ich tun kann, ist, daß ich einfach ich selbst bin und meine Kolleginnen ihre eigenen Schlüsse ziehen lasse, in der Hoffnung, daß sie positiv sind.

Die meisten Tänzerinnen sind hetereosexuell, Anfang zwanzig, und stammen aus einem ärmlichen Arbeitermilieu. Einige haben vorher auf der Straße gearbeitet. Manche arbeiten immer noch für Zuhälter. Viele sind alleinstehende Mütter, die durch ihre Arbeit ihre spärliche Sozialhilfe aufbessern. Über die Befriedigung der Grundbedürfnisse an Nahrung, Kleidung und Unterkunft hinaus bietet ihnen die Arbeit in der ›Combat Zone‹ die Möglichkeit, sich jene Erfolgssymbole zu leisten, die ihnen von der Gesellschaft ihr Leben lang vorgegaukelt worden sind: schöne Kleider, Schmuck, Kokain, das Essen in feinen Restaurants. Verglichen mit den Alternativen – für einen Hungerlohn Hamburger über die Theke zu schieben, sich am Fließband abzuschuften oder zu versuchen, mit einer jämmerlichen öffentlichen Unterstützung zu existieren – ist es nicht das Schlechteste, die Grabschhände von ein paar betrunkenen Männern zu ertragen.

Ach ja. Aber ich bin anders. Ich stamme aus einer Familie der Mittelklasse, und ich habe ein College-Diplom. Wie oft muß ich mir anhören: »Du könntest wirklich etwas Besseres machen – warum suchst du dir nicht einen ›echten‹ Job?« Was bewegt die Leute wirklich, wenn sie mich so angelegentlich aus diesem Sündenpfuhl retten wollen?

Es besteht die Vermutung, daß Frauen, die im Sexgewerbe arbeiten, von unbändiger Sexualität getrieben werden, daß es ihrer wahren Natur entspräche, wie eine Art Krankheit, und daß die armen Frauen der Arbeiterklasse angeborenerweise moralisch minderwertig und sexuell unbeherrschter sind als die der glücklichen Oberschicht, die sich ›unter Kontrolle‹ haben. Deshalb ist es für die anderen in Ordnung, wenn sie so etwas tun, aber ich sollte ›darüberstehen‹.

Nun, lassen Sie mich erklären, daß das Wichtigste in diesem Geschäft das Geld ist. Niemand – weder ich noch die anderen Frauen – genießt es, von Männern betatscht, befummelt und gebumst zu werden, die ihnen nicht einmal die Uhrzeit sagen würden, wenn sie ihnen in einer anderen Umgebung begegnen würden. Tatsache ist, daß Frauen immer noch nur siebenundsechzig Prozent von dem bekommen, was Männer verdienen, und dabei müssen sie doppelt gut sein, damit man sie für halb so gut hält.

Meine eigene Erfahrung mit ›normalen‹ Jobs war die, daß ich herablassendem Verhalten und sexuellen Belästigungen ausgesetzt war, die entweder langwierige, unerfreuliche Wiedergutmachungsprozeduren – ohne jede Garantie – erforderten oder so ›subtil‹ waren, daß man sich nicht dagegen wehren konnte, ohne beschuldigt zu werden, überempfindlich oder überspannt zu sein. Außerdem mußte ich ständig Angst haben, daß ich rausgeworfen würde, wenn man entdeckte, daß ich homosexuell war – und das alles für ein Gehalt, von dem ich nicht leben konnte. Ich bin weder dumm noch faul, aber ich habe es nie geschafft, einen Job länger als sechs Monate zu behalten. Tatsache ist, daß man im Sexgeschäft so viel verdienen kann, daß man davon leben kann, und *wir* bestimmen, wann, wo und mit wem wir was tun. Wir brauchen nichts in Kauf zu nehmen, das wir nicht wollen.

Wir stehen unserem Körper und unserer Sexualität unvoreingenommener gegenüber als die meisten Menschen. Wenn wir uns in der Öffentlichkeit ausziehen, wird uns klar, daß an unserem Körper nichts Geheiligtes oder Geheimes ist. Wir haben keine ›intimen‹ Stellen, die anders als die übrigen sind; sie sind Teil des Ganzen. Wenn einem ein Kunde an der Brust rumfummelt, mag das nicht gerade angenehm sein, besonders wenn er grob ist, aber man hat nicht das Gefühl, daß einem Gewalt angetan wird. Es gehört zum Job, es ist in Wirklichkeit nicht anders, als wenn er einen am Ellbogen berührt. Es hat nichts mit Sexualität zu tun, es ist *Arbeit.* Dadurch, daß wir unseren ganzen Körper benutzen, um unseren Lebensunterhalt zu verdienen, erkennen wir deutlich, daß sexuelle Gefühle in Wirklichkeit in der Seele entstehen: Ein geliebter Mensch berührt uns vielleicht auf die gleiche Weise wie ein Kunde, und doch ruft er vollkommen andere Empfindungen hervor.

Während der letzten beiden Jahre habe ich mich in Frauengemeinschaften immer mehr dazu bekannt, Stripperin zu sein. Das wurde mir dadurch erleichtert, daß einige Frauen angefangen hatten, offen und ehrlich über Sexualität zu sprechen und zu schreiben. Es ist nicht überraschend, daß sich die Diskussionen über Pornografie, ›männliche‹ Frauen/›weibliche‹ Männer sowie Sado-/Macho-Praktiken zu hitzigen Kontroversen ausgewachsen haben, bei denen jene, die den Standpunkt vertreten, jeder einzelne sollte seine Sexualität auf seine Weise erforschen, beschuldigt werden, irregeleitet zu sein und die Unterdrückung der Frauen zu billigen. Wir werden in anständige Mädchen und unanständige Mädchen unterteilt – genau wie die Gesellschaft zwischen anständigen Frauen und Huren unterscheidet. Nur daß diesmal die Angst vor einer niederen Moral und unbeherrschten Sexualität sich in der politischen Sprache der Feministinnen niedergeschlagen hat.

Wenn man das Sammeln persönlicher sexueller Erfahrungen (wie Sado/Macho und Mann-/Frau-Rollenspiel) mit wirklich gewalttätigem Verhalten gleichsetzt, ist das so, wie wenn man die Prostituierte mit der Prostitution gleichsetzt. Eine Prostituierte kann einem Freier sehr wohl die Wahrheit sagen: »Ich will in Wirklichkeit nichts anderes als dein Geld – ich möchte nicht, daß du mich berührst oder daß ich dich berühre«, bevor sie mit ihm handelseinig wird. Aber sie weiß auch, daß alles, was sie für Geld macht, kein Ausdruck ihrer eigenen Sexualität ist. Es mag wie Sex aussehen, aber es sind gewiß nicht die gleichen Gefühle im Spiel wie bei einem geliebten Menschen. Entsprechend bedeuten zum Beispiel die Peitschen und Ketten und das Rollenspiel bei Sado-/Macho-Akten nicht, daß man Spaß daran hat, dem anderen wehzutun, sondern das Verlangen, im sexuellen Kontakt intensive Gefühle von Macht, Vertrauen und Verletzlichkeit zu erfahren.

In den Augen der Gesellschaft ist Sexualität eine Frage der Moral – vor allem bei Frauen. Hinter dieser Fassade erkennt man, daß es sich hier in Wirklichkeit um ein politisches Werkzeug handelt, das dazu dient, die soziale Ordnung aufrechtzuerhalten. Wir werden sofort in das Lager der Sittenlosen und Unmoralischen eingeordnet, wenn wir uns dazu bekennen, Verlangen nach einer Frau zu haben oder ein Interesse an mehreren Sexualpartnern gleichzeitig, an Spielen körperlicher Züchtigung, an Kostümen oder Travestie – kurz, alles führt dazu, das sich zu weit von der Einschätzung entfernt, daß Frauen Sex aus dem einen einzigen Grund wollen, um dem Manne zu gefallen und zu dienen.

Andererseits wird der Wunsch, unverheiratet zu bleiben, als ›Frigidität‹ belächelt und nicht als freie Entscheidung respektiert. Lesbierinnen werden als abartige Geschöpfe karikiert, die ›keinen Mann abgekriegt haben‹. Es kommt nicht von ungefähr, daß die Nummer eins unter den männlichen Phantasien die Vorstellung ist, daß eine Frau ganz verrückt darauf sei, seinen Schwanz zu lutschen. Der Penis ist das Symbol des Mannes für seine Macht und seine Überlegenheit, der einzigartige Beweis, daß er etwas anderes ist als eine Frau, und seine Rechtfertigung dafür, daß er sie beherrscht.

Aber er fühlt eine gewisse Unsicherheit über seine angebliche gottgegebene Überlegenheit; er weiß, daß er die Frauen braucht, und wenn es nur zur Erhaltung der Gattung ist. Um mit diesem Konflikt fertig zu werden, unterscheidet er zwei Arten von Frauen: ›Gute Frauen‹, die für sich selbst keinerlei Verlangen nach Sex haben, die sich im Extremfall höchstens seinem Verlangen hingeben, wenn die absolute Notwendigkeit der Fortpflanzung es erfordert; und ›Böse Frauen‹, Huren, die die Funktion haben, ihm die Gewißheit zu geben

– indem sie seinen Penis anbeten –, daß er wirklich der Überlegene ist.

Dies mag sich vielleicht wie eine übertrieben drastische Darstellung der Mann-/Frau-Beziehungen in der heutigen Zeit anhören. Man könnte ins Feld führen, daß wir nette, angenehme, gleichberechtigte Beziehungen zu Männern haben oder daß wir uns durch unser Lesbischsein dieser Dynamik völlig entzogen haben. Aber man denke nur daran, wie man erfolgreichen Frauen nachsagt, sie hätten ›sich nach oben geschlafen‹, oder wie man ungebundene Frauen als ›sittenlos‹ oder ›männerhassende Mannweiber‹ brandmarkt. Wir haben diese Ansichten so verinnerlicht, daß wir den Körper immer noch als geheiligten Tempel betrachten, unberührbar und rein und getrennt von der Seele; oder, andersherum gesagt, sehen wir Stripperinnen und Prostituierte mit ihrer unbeherrschten Sexualität nur als Maßstab, an dem wir unsere eigene Normalität messen. Das heißt, wir leben nach der Gutes-Mädchen-/Böses-Mädchen-Schablone.

Wir verlieren wirklich die Beherrschung über unsere Sexualität, wenn wir unser Verlangen ebenso als etwas Schmutziges und Verwerfliches ansehen, das wir verstecken müssen und nicht mit unserem übrigen Leben verbinden dürfen. Diese Einstellung ermöglicht es, daß wir von außen beherrscht werden – daß andere (besonders die Männer) uns davon überzeugen können, daß wir tatsächlich das möchten, das sie möchten, daß wir es möchten!

Peggy Morgan ist nicht mein wirklicher Name. Ich kann mir den Luxus nicht leisten, in dem Job, mit dem ich in den letzten fünfeinhalb Jahren meinen Lebensunterhalt verdiente, meinen wirklichen Namen zu benutzen. Ich bin nicht so naiv zu glauben, daß ich nicht in Zukunft dadurch bei anderen Jobs Schwierigkeiten bekommen könnte, oder wenn ich eine Wohnung suche oder mich dazu entschließen sollte, Kinder zu haben. Es gibt genug engstirnige Fanatiker, denen meine Existenz Angst einjagt und die nichts lieber täten, als mir das Leben schwerzumachen.

Ich schäme mich nicht dafür, was ich bin und was ich mache – Lesbierin und Stripperin –, aber ich kann den Tag kaum erwarten, wenn ich ohne Gefahr meinen echten Namen benutzen kann. Mit den Worten des Liedes gesagt, das ich mir als Leitmelodie für meine Arbeit ausgesucht habe, ein Thema aus *Ein Käfig voller Narren,* ›Ich bin, was ich bin‹:

Ich bin, was ich bin, und was ich bin,
bedarf keiner Entschuldigung,
Ich spiel' mein eigenes Blatt, manchmal das As,
manchmal die Zwei.
Man hat ein Leben,
und es gibt keine Wiederkehr und kein Bewahren;
Ein Leben, deshalb ist es Zeit, die Kammer zu öffnen.
Das Leben ist keinen Pfifferling wert,
wenn man nicht laut ausrufen kann:
›Ich bin, was ich bin.‹

Draußen in der Kälte

Jean Johnston

Es ist kalt, eine schneidende, trockene Kälte. Die Straße ist leer, bis auf das Feuer und uns ›Mädchen‹. Wir sind die Frauen, die am Rand des Parks auf Arbeit warten. Warten neben dem Feuer, das wir uns gemacht haben. Warten auf die Wärme im Innern eines Autos oder vielleicht auch eine halbe Stunde in einem Hotelzimmer. Arktische Luft fährt durch meine enge Jeans und schmerzt. Ich würde gern hinunterfassen und meine Beine berühren, damit ich sie fühlen kann, aber es ist so kalt, daß ich die Hände in den Handschuhen nicht aus der Tasche nehmen kann.

Das Feuer wird immer schwächer. Kim und Desi gehen in den Park, um etwas Brennholz zu suchen. Cherry und ich überqueren die Straße, während uns der Wind ins Fleisch schneidet, unsere Knochen peitscht. Oben auf einer Mülltonne finden wir die Sonntagszeitung. Ich höre ein klapperndes Geräusch, und wir schnappen uns schnell die Zeitung. Hinter uns höre ich Ratten rascheln, aber ich rede mir ein, daß es der Wind ist.

Desi kommt die Straße herunter auf uns zugerannt, ihre hohen Absätze klappern auf dem Pflaster. Sie hat ein Tischbein ergattert und wirft es in das Feuer. Ich spüre, wie mein Gesicht brennt.

»Wo ist Kim?«

»Sie hat 'nen Freier.«

Unter einem Cowboyhut aus braunem Wildleder hervor starrt Desi in die auflodernden Flammen. Desi hat keinen Mann. Sie denkt an Lana, die Frau, mit der sie lebt. Desi will nicht, daß Lana hier draußen arbeitet. Einmal ist Lana auf der Zwölften Avenue von einem Freier niedergestochen worden. Er hat sie überall an den Armen und in die Brust gestochen, dann hat er sie am Hudson River liegengelassen zum Sterben. Fast wäre sie gestorben. Deshalb arbeitet Desi jetzt hier, um Lanas Kind zu unterstützen, das bei seiner Tante in Brooklyn wohnt.

Ein Wagen biegt um die Ecke, und Kim steigt aus einem bräunlichen Toyota. Sie ist im fünften Monat schwanger, aber man sieht es noch nicht.

»Wie geht's?«

»Beschissen. Heut' nacht ist hier draußen kein Geld zu machen, Baby, es ist zu kalt.«

»Ja, nur Nutten und Narren sind heut' nacht hier draußen.«

Kim ist neunzehn. Ihre Mutter hat sie vor fünf Jahren rausgeworfen, als sie vierzehn war. Ihre Mutter hat auch hier draußen gearbeitet, bis sie im letzten Jahr an einer Überdosis Heroin gestorben ist. Sie hatten den gleichen Mann, Ronnie. Er hat einen Nachtclub am anderen Ende der Stadt. Manchmal, wenn die Nacht gut war, gehe ich hin, nehme etwas Kokain und tanze.

Ein weiterer Wagen kommt die Straße herunter. Er wird langsamer, als er sich der Stelle nähert, wo wir stehen.

»Möchtest du Gesellschaft, Süßer?«

»Wie wär's mit uns?«

Der Bursche macht sich nicht mal die Mühe, das Fenster herunterzudrehen, um zu antworten; er nickt in seinem schwarzen Impala und deutet auf mich. Ich steige in das Auto, und er fährt los. Er ist nicht bereit, etwas für ein Hotelzimmer springen zu lassen, sondern parkt unter der Manhattan-Brücke. Das Radio spielt Musik. Es ist vier Uhr morgens. Der Wind hat jetzt eine Temperatur von minus dreißig Grad. Der Typ bekommt etwas für sein Geld, denn ich habe keine Eile, wieder nach draußen zu kommen.

Er kommt.

Draußen auf der Straße ist Cherry allein und weint neben der Stelle, wo das Feuer gebrannt hat.

»Was ist los, mein Schatz?«

»Ich frier' so, und Tredwell sagt, ich darf nicht nach Hause kommen, bevor ich nicht hundert Dollar verdient hab'.«

»Willst du mit zu mir kommen?« Sie wischt sich die Tränen ab und schüttelt den Kopf.

Ich habe sie einmal mit nach Hause genommen, aber Tredwell kam sie holen. Er warnte mich: »Du hältst dich wohl für'n Mann, Fotze! Hau ja nicht noch mal mit meinem Mädchen ab!« Dann nahm er Cherry mit nach Hause und schlug sie.

»Cherry, mein Schatz, ich geh jetzt dann. Willst du wirklich nicht mit zu mir kommen?« Wieder schüttelt sie den Kopf.

Unten auf dem Bahnsteig der U-Bahn ist es genauso trostlos wie oben auf der Straße, aber es ist wärmer. Ich denke an Cherry, die immer noch draußen in der Kälte steht. Ich fühle mich hilflos. Das Gefühl verblaßt, als ich mein Geld zähle, das ich unter der Perücke versteckt habe. Ich stecke mir fünfzig Dollar in die Tasche und schiebe den Rest wieder unter meine Perücke.

Meine Bahn kommt, und ich fahre zwei Stationen weit; als ich auf die Straße komme, bricht gerade das Morgengrauen an. Ich treffe meinen Mann – den einzigen Mann, den ich wirklich habe –, er verkauft kleine Zellophanbeutel mit weißem Pulver, die mit rotem Klebeband verschlossen sind. Ich reiche ihm fünfzig Piepen für fünf Beutel, und während ich sie in meinem Handschuh verschwinden lasse, gehe ich weiter.

Die Fortsetzungsgeschichte von Scarlot Harlot* – Teil I

Carol Leigh

Gehören Sie zu den unersättlichen Millionen – zu denen, die neugierig auf fast alles sind, was zur Existenz der Prostituierten gehört: unsere Lieben, unsere Traumata, unsere sexuellen Praktiken und unsere Finanzen?

Sie brauchen nicht länger im dunkeln zu tappen, hier erfahren Sie alles! Alles, was Sie über die *filles de joie,* die Freudenmädchen, wissen wollen, mundgerecht dargeboten in der Person von Scarlot Harlot. Das bin ich. Natürlich bin ich eine Prostituierte.

Wenn Sie meine Geschichte verfolgt haben, dann wissen Sie, daß sich das Bild von dem armen gefallenen Mädchen, das loszuwerden ich mich mit aller Kraft bemühe, durch mein Leben zieht wie ein Werbefilm über meine Unterdrückung. Als wir das letztemal von Scarlot hörten, erholte sie sich gerade von einer Beziehung zu einem Dichter/Schauspieler, der ihre Ersparnisse gestohlen hatte, sie dann übers Telefon bedrohte, indem er mehr Geld und Sex verlangte.

»Er wollte mein Zuhälter sein«, erklärte sie. »Meine Freundinnen sagten, sie würden mich zusammenschlagen und niemals mehr ein Wort mit mir reden, wenn ich darauf einginge. Natürlich habe ich ihm gesagt, was er mich könnte und wo, und ich kannte viele Möglichkeiten aus Erfahrung.«

»Prostitution ist ein Intensivkurs in Selbstbehauptung«, sagt A. Ich lerne noch, und A., die abgebrühteste unter den Prostituierten, ist eine gute Lehrerin.

Erinnerungen an Vergewaltigungen. Angst vor Vergewaltigungen. Erschreckt und belästigt. Scarlot tobte. »Wie können wir uns gegen Zuhälter und Vergewaltiger schützen, wenn wir so sehr damit beschäftigt sind, uns vor der Polizei zu schützen? Ich gebe auf. Ich hasse dieses Dasein.«

* harlot = Hure (Anmerkung d. Ü.)

Scarlot zog sich zurück. Agoraphobie, Platzangst, hatte von ihr Besitz ergriffen.

Sie schwor sich, daß sie in ihrer luxuriösen Zelle bleiben wollte und sich nur noch auf ihr Telefon zu verlassen gedenke, um Geschäfte und Bekanntschaften zu machen. Keine persönlichen Liebhaber mehr. Kunden mußten hieb- und stichfeste Referenzen vorweisen. Scarlot wurde eine der zahllosen Elfenbeinturm-Prostituierten, eine jener ernsten Frauen, die sich die Zeit mit Malen, Schreiben, Fernsehen, dem Lesen von Bestsellern und populärer Psychologie vertrieben und warteten, warteten, warteten, bis das Telefon klingelte . . .

Brrrrr . . . Brrrrr . . . Brrrr . . .

Hoffentlich war da Geld im Anzug.

»Hallo, Scarlot! Hör zu, ich brauche deine Hilfe.« Es war N., eine Freundin und Mitglied in Scarlots Gruppe zur Unterstützung der Sexarbeiterinnen. Ihre Stimme klang bedrückt.

N. war erst vierundzwanzig. Sie arbeitete seit mehreren Jahren als Prostituierte. Vor kurzem beschloß sie, ›anständig‹ zu werden. Jetzt ist sie Sekretärin. Sie hat die Absicht, zu heiraten und schwanger zu werden. »Ich mache bei einem großen Schönheitswettbewerb mit. Ich soll eine Liste mit meinen Vorzügen einschicken. Was soll ich schreiben? Ich bin Expertin in Fellatio? Ich habe auf der Straße gearbeitet und jetzt . . .«

»Du hast auf der Straße gearbeitet? Das habe ich gar nicht gewußt.« Ich war beeindruckt. Ja, wirklich, das hörte sich nach einem Job für Scarlot Harlot an.

»Na ja, ich hab's nur ein paarmal gemacht. Das letztemal war es, als T. und ich zusammen auf den Strich gingen. Für T. war es das erstemal. ›Du mußt zu dem Typen ins Auto steigen‹, erklärte ich ihr. ›Wie willst du es sonst machen?‹ Aber T. war zu dumm. So ein Freier hat sie sich ausgesucht, aber sie rannte davon. Da bin ich zu ihm in den Lieferwagen gestiegen. Ich glaube, er war nicht scharf. Ich mußte ihn richtig zwingen. Er kam dann aber ganz gut. Danach hatte ich die Nase voll vom Strich. Es war zu mies. Ich bin dann zurück in den Massagesalon gegangen.«

»Das war eine Leistung«, sagte ich und versuchte, damit hilfreich zu sein.

»Ja, aber für einen Schönheitswettbewerb taugt das nicht«, jammerte sie.

»Wahrscheinlich nicht, aber du warst eine großartige Hure.«

»Danke, Scarlot.«

»Also, das ist einfach nicht fair. Wir sollten stolz sein! Niemand versteht oder respektiert uns. Ich hasse diese Heimlichtuerei und Abgeschiedenheit.«

»Das ist die richtige Einstellung, Liebchen. He, ich sage einfach, ich bin Sozialarbeiterin.«

»Oder Schauspielerin. Uns gebührt der Status von Schauspielerinnen!«

»Danke, Scarlot.«

Keine Huarachas in Paris

Phyllis Luman Metal

Ich traf ihn mittags unterm Eiffelturm. So hatten wir es ausgemacht. Er war groß, stattlich, ein großartiger Jazzmusiker mit einer düsteren Ausstrahlung. Ich hatte ihm dabei geholfen, nach Paris zu entkommen, Anerkennung für seine Musik zu erlangen und die Beleidigungen zu vergessen, die Amerika ihm und seinem Volk zugefügt hatte. Ich liebte ihn, liebte ihn so sehr, daß ich seinetwegen meine Familie verlassen hatte – mit einem Schuldgefühl und dem Bewußtsein, daß ich zurückkehren würde, aber entschlossen, die kurze Zeit in Paris zu genießen. Es war Juni. Ich war eine Vertreterin der Hippie-Generation und trug Huarachas, einen langen indianischen Rock und eine bestickte mexikanische Bluse. »Doch keine Huarachas in Paris!« hatte er ausgerufen, als er mich sah. »Hättest du nicht vorher mal in der *Vogue* nachsehen können, was man hier trägt?« Wir lachten. »Wieviel Geld hast du dabei?« Ich sagte, daß es dreihundert Dollar seien. »Oh Gott, davon müssen wir in der teuersten Stadt der Welt leben, da werde ich wohl auf diesem Kopfsteinpflaster sterben, bevor ich nach Amerika zurückkomme.«

Ich hatte mein ganzes Geld zusammengekratzt, damit wir hierher reisen konnten. Ich war Keramikerin, und ich hatte jedes Stück verkauft, das ich hatte. Wir setzten uns hin und lachten beide.

Ich brauche nicht zu sagen, daß die dreihundert Dollar schnell verbraucht waren, obwohl wir direkt unterm Dach in einem Hotel wohnten, wo all die Rucksacktouristen unterkamen, die Europa besuchten. Ich fing an, in den Krischna-Tempel zu gehen, um dort zu essen und für ihn etwas mit nach Hause zu bringen. Wir zogen in ein noch billigeres Hotel im Araberviertel. Auf der Straße davor waren die ›Mädchen‹, unbeweglich wie Statuen und mit Miniröcken, die ihre Höschenzwickel sehen ließen. Und dann schließlich hatten wir kein Geld mehr, um die Concierge zu bezahlen. Sie sagte

». . . argent, argent?«, wenn wir uns an ihr vorbeischlichen. Mein Geliebter ging jeden Abend aus und saß mit französischen Musikern im River Bop zusammen. Ich ging auch hin, um ihm beim Spielen zuzuhören. Aber schließlich wußten wir, daß der Tag gekommen war. Irgend etwas mußten wir unternehmen, wenn wir nicht zu Stadtstreichern werden wollten, die unter den Seine-Brücken schliefen.

Jeden Nachmittag, wenn ich aus dem Krischna-Tempel kam, der in einer Seitenstraße der Avenue Foch lag, fuhren Autos neben mir her und hielten an, und ich ging immer schnell weiter. Endlich dämmerte es mir, was die gutangezogenen Frauen, die an den Ecken standen oder die Avenue Foch auf und ab spazierten, taten. Wenn neben ihnen eine Limousine hielt, stiegen sie ein und fuhren mit weg. Und eines Nachmittags, als die Concierge gedroht hatte, die Polizei zu rufen, faßte ich einen Entschluß. Ich würde in eine dieser Limousinen steigen und mein Glück versuchen. Und das tat ich. Der Mann am Steuer sprach kein Englisch, aber mein Französisch war inzwischen wieder etwas aufgefrischt . . .

Ich erklärte Monsieur, daß ich Amerikanerin sei. Er sah belustigt aus. Er hatte eine Glatze und war fünfundfünfzig. Ich trug immer noch meinen indianischen Rock, die Bauernbluse und die Huarachas. Ich sah anders aus als die Nutten, die er bisher gesehen hatte. Er fuhr zu einem kleinen Gebäude mit einem unverdächtigen Schild ›Hotel‹. Er half mir aus dem Auto, und wir gingen hinein. Eine Madame saß hinter einer quergeteilten Tür. Sie fragte: »Pour la nuit ou pour un moment?« Es sollte für einen Moment sein. Monsieur zahlte, und ein Zimmermädchen führte uns hinauf. Sie schloß eine Tür auf und schob uns in ein Zimmer mit einem roten Teppich und Spiegeln an den Wänden und an der Decke und einem Kristalleuchter. Sie schlug das Bett auf und überprüfte das Badezimmer, um sich zu vergewissern, daß Mundwasser, Deodorant und Eau de Cologne vorhanden waren. Monsieur gab ihr ein Trinkgeld, und sie verschwand. Er öffnete seine Aktentasche, von der ich annahm, daß sie lauter wichtige Papiere enthielt. Statt dessen zog er einen Strumpfgürtel aus schwarzer Spitze, schwarze Seidenstrümpfe und einen schwarzen Büstenhalter heraus. »Für mich?«, fragte ich. Er schüttelte den Kopf. Er zog sich aus und zog die Sachen an. »Lach bitte nicht«, sagte er. »Oh nein, ich finde, du siehst anbetungswürdig aus« erwiderte ich. Er reichte mir ein französisches Porno-Comicbuch und bat mich, daraus vorzulesen, und dann leckte er mich und fickte mich. Wir hatten viel Spaß miteinander. Wir spielten wie zwei Kinder. Schließlich sah er auf die Uhr und sagte, es sei jetzt Zeit, zum Abendessen nach Hause zu gehen und ein bißchen mit den Kindern zu balgen. Er legte dreihundert Francs auf den Sekretär und sagte, daß er nächste Woche wieder nach mir Ausschau halten würde. Ich fand später heraus, daß die Mädchen in Saint Denis im Araberviertel nur fünfundzwanzig Francs pro Nummer bekamen.

Ich arbeitete dort, wo sich die Millionäre ihre Mädchen suchten. Ich trug das Geld zurück ins City Hotel in der Rue Meslay, wo mein Geliebter übte. Ich erzählte ihm, was geschehen war. Er sagte: »Oh Gott, nein, das hast du doch nicht getan?« Aber ich antwortete, »Doch.«

»Na gut, ich war früher mal Zuhälter, ich werde dir einiges beibringen.« Und das tat er. »Wir haben alles durchgemacht«, sagte er. »Aus Freunden wurden wir zu Liebenden, und jetzt sind wir Hure und Zuhälter. Der Kreis schließt sich.«

Am nächsten Nachmittag schlenderte ich vor dem Herrensitz von Onassis in der Avenue Foch auf und ab, und andere Messieurs öffneten die Türen ihrer Limousinen für mich. Von jetzt an hatte ich einen geregelten Job. Mein Geliebter ging hinunter zum Seine-Ufer, um auf seiner Jazzflöte zu üben, und ich ging in die Avenue Foch, um einen Gentleman zu finden, der mich in seiner Limousine zu einem ›Maison de Rendezvous‹ fahren würde, wie die kleinen Gebäude, die diskret als ›Hotel‹ gekennzeichnet waren, genannt wurden.

›Live‹-Genuß

Reverend Kellie Everts

Samara ist sechsundzwanzig Jahre alt und eine Veteranin im Geschäft mit Live-Sex-Shows. Reverend Kellie Everts befragte Samara über ihr Leben in dem Gewerbe.

Ich fing mit achtzehn in dem Geschäft an. Ich arbeitete in einem Freudenhaus, aber nicht als Nutte. Ich arbeitete in dem Büro, das nach vorne raus auf die Fünfundvierzigste Straße ging, gegenüber der ›Peppermint Lounge‹. Ich habe damals fünfhundert Dollar in der Woche gemacht, aber ich wurde rausgeschmissen wegen einer anderen Frau, die dort arbeitete und auf mich eifersüchtig war.

Danach wurde ich Kellnerin und verdiente siebenundfünfzig Dollar in vierzehn Tagen. Aber das Sozialamt kam dahinter, daß ich einen Job hatte und strich mir die Unterstützung. Aber da konnte ich den Lebensunterhalt für mich, meine Mutter und mein Baby einfach nicht mehr aufbringen. Ein Mädchen erzählte mir: »Ich wüßte einen Job für dich, aber dabei mußt du deine Kleider ausziehen.« Ich habe mich nie wegen meines Körpers geschämt, also sagte ich: »Laß uns hingehen.« Wir gingen beide. Sie nahmen uns sofort an, im ›Peepland‹.

Ich habe schon in vielen Clubs gearbeitet. Einmal habe ich in einer Bar als Tänzerin gearbeitet, und der Besitzer sagte, er könnte mich nur beschäftigen, wenn ich ihm einmal in der Woche einen blasen würde. Ich sagte ihm, daß ich nur zum Arbeiten bei ihm sei, und daraufhin sagte er, daß er mich nicht gebrauchen könnte. Einige Clubs wollten mich nicht beschäftigen, weil ich schwarz war oder zu jung.

Dann erzählte mir jemand vom ›Triple Treat‹, und der Typ, vor dem ich eine Probe ablegen mußte, schlug Shows mit simuliertem Live-Sex vor. Mein Freund war von der Idee nicht begeistert, aber ich hielt ihm vor: »Von dir bekomme ich ja kein Geld, also mache ich, was ich will.« Ich versuchte, die

Beziehung mit ihm aufrechtzuerhalten, denn er war der Vater meines Kindes. Ein Jahr lang tanzte ich und machte lesbische Shows. Ich habe auch mit Männern gearbeitet, aber ich bin dreimal verhaftet worden. Dabei haben wir nur simuliert. Jedenfalls hatte ich die Nase voll davon, verhaftet zu werden.

Ich ging zur ›Show World‹ und machte mir einen ziemlich guten Namen. Mein Name erschien hell erleuchtet auf dem Plakat. Ich machte Nummern mit schwarzen Mädchen und weißen Mädchen. Langsam fingen die Leute an zu glauben, ich sei lesbisch, aber ich war es nicht. Das Arbeiten mit Mädchen ist einfacher, weil man auf die Bühne geht und spielt. Manche gehen auch auf die Bühne und machen was Richtiges, aber bei mir ist es nur gespielt. Ich spiele mit der einen Titte, spiele mit der anderen Titte. Und sie macht das gleiche mit mir. Man kann gleichzeitig tanzen oder abwechselnd tanzen. Wenn man sich wirklich reinvertieft, leckt man sich gegenseitig.

Die Arbeit mit Männern ist anstrengend, weil man sie steif kriegen muß, auch wenn man es nicht richtig macht. Niemand möchte dasitzen und zusehen, wie ein Mann und eine Frau aneinander rumfummeln, denn das haben sie zu Hause.

Ich habe mich in dem Geschäft wohlgefühlt. Ich habe viel gelernt, seit ich achtzehn war, und ich habe viele nette Leute kennengelernt, alle Arten von Schwulen, Transsexuellen, Transvestiten, und für mich sind sie alle normal. Wir machen alle das gleiche, und keiner sollte auf den anderen hinabblikken.

Die einzige Gefahr ist, daß man an Drogen gerät. Eine meiner Freundinnen ist drogensüchtig geworden. Sie war wunderschön, schwarz, mit hellem Hautton und großen Titten. Sie machte sich kaputt. Ich nahm sie beiseite und redete mit ihr, verschaffte ihr Hilfe. Ich war die einzige Person, die versucht hat, ihr zu helfen.

Ich habe bis jetzt erst zwei Freunde gehabt, und ich kann nicht zum Höhepunkt kommen, wenn sie nur ihren Schwanz in mir drin haben. Männer kommen fast jedesmal zum Höhepunkt. Mein erster Partner hat es am Anfang immer zurückgehalten, aber nach einer Weile war es ihm egal. Der, mit dem ich jetzt gehe, versucht, es zurückzuhalten und zu erreichen, daß es mir auch kommt. Man kennt das ja: »Na, kommst du, kommst du jetzt?« Das wird ein richtiger Streß. Ich habe es lieber, wenn ich mehr geküßt und gestreichelt werde. Ich könnte den ganzen Tag rumschmusen, küssen und streicheln, fast jede Minute. Das bedeutet mir mehr, als zum Höhepunkt zu kommen.

Bei der Arbeit passe ich auf, daß ich nicht gefühlsmäßig betroffen bin. Ich weiß, daß ich, wenn ich erst mal gefühlsmäßig betroffen bin, Probleme bekommen werde. Ich mache einfach den Job, zieh' mich wieder an und geh' nach Hause. Das ist alles.

Die Fortsetzungsgeschichte von Scarlot Harlot – Teil II

Carol Leigh

Ich biete meine sexuellen Dienste einer Handvoll Männer, von denen ich die meisten seit mindestens einem Jahr kenne. Ich habe Vertrauen zu diesen verheirateten Geschäftsleuten. Ich kenne ihre wirklichen Namen, und ich habe ihre Büro-Telefonnummern. Sie sagen mir, daß sie mich lieben oder sehr gern haben. Sie zahlen, was ich verlange, und sie gehen, wenn ihre Zeit vorbei ist. Ich habe Vertrauen zu ihnen. Ich brauche das Vertrauen zu ihnen.

»Du bist verrückt, Mädchen! Werde doch nicht leichtsinnig. Männer haben eine schlimme Einstellung gegenüber Frauen. Besonders gegenüber arbeitenden Mädchen. Uns durchzufikken, ist nur ein Spiel für sie. Was glaubst du, wie sie darüber untereinander reden?«

»Nein, nein, nein! Ich kann nicht so mißtrauisch sein.«

Das solltest du aber. Ich brauche nur ein paar Stunden in der Woche zu arbeiten. Den Rest meiner Zeit verbringe ich an der Schreibmaschine, jammere und zetere über mein Leben. Ich bin viel zu Hause. Unterhalte mich selbst. Abends greife ich zur Gitarre und singe:

»Mein Leben war so fad, bis ich Hure ward . . .«

Lustig, was? Ach was, vergiß es! Ich bin albern, ironisch, gemein. Ich fühle mich mies. Ich hasse dieses Dasein. Ich habe mein Leben verändert, aber ich kann nicht immer weiter in Angst und Isolation leben. Ich kann nicht. Wenn doch nur . . . wenn doch nur die Straßen sicher wären . . . Wenn doch nur die Frauen nicht von diesen Bildern der Unterwürfigkeit heimgesucht würden. Ich bleibe zu Hause und verlasse mich auf mein Telefon.

Und wie ist das mit dem Telefon? Oh, dieses verdrehte Kabel, wie eine Nabelschnur! Ich habe drei obszöne Anrufer – von denen zwei nicht zu wissen schienen, daß ich eine Prostituierte bin, denn sie erwähnen nichts davon. Viele Frauen werden von diesem Unwesen belästigt. Wir beschränken uns darauf, im Telefonbuch nur noch den ersten Buchstaben unseres Vornamens eintragen zu lassen, denn es gibt eine Armee von Männern dort draußen, die das Telefonbuch wie eine Landkarte benutzen. Sie wählen sich ihr Ziel aus, rufen an und greifen an.

Wenn wir nur nicht von dieser Invasion überflutet würden ... wenn wir uns nur irgendwie schützen könnten. Wenn es doch nur unserer eigenen Entscheidung überlassen bliebe, wann und mit wem wir wie sexuell sein möchten ... wenn doch nur ...

... Ich gebe auf. Moment mal ... was für eine großartige Idee! Ja, ich werde zu Hause bleiben. In dieser Hinsicht habe ich mein Leben verändert, um mich gegen das Böse auf dieser Welt zu schützen. Was ich jetzt tun muß, ist, die Welt zu verändern und sie sicher und gerecht zu machen. Perfekt! Ich kann nicht warten. Diese nützlichen Bemühungen werden mich sicher beschäftigen, während ich mir die Zeit in meiner luxuriösen Zelle vertreibe!

Die Geburt des Scarlot-Harlotismus

Ich werde anfangen, indem ich die ökonomische Struktur unseres Landes neu gestalte.

1. Die Prostitution nimmt zu sehr überhand. Die meisten von uns sind durch die wirtschaftliche Notwendigkeit dazu gezwungen, ihr Intimstes zu teilen. Ungefähr die Hälfte der Prostituierten, die ich kenne, sind Mütter, die ihre Familie ernähren. Mein Lösungsvorschlag: Müttern wird ein angemessenes Gehalt für die Kindererziehung gezahlt. Dadurch wird die Prostitution etwa zur Hälfte abgebaut. Die verbleibenden Prostituierten machen mehr Geld. Jedem ist gedient.

2. Ganz allgemein wird für langweilige, gefährliche und ungeliebte Arbeiten mehr gezahlt als für die interessanten, begehrten Jobs. Dadurch werden die Lebensbedingungen der meisten Menschen verbessert.

Ich habe viele Ideen. Ich werde sie niederschreiben und einen umfassenden Plan ausarbeiten. Und wenn ich dieses Manifest vollendet habe, dann werde ich ...

Hong-Kong-Massage

Emma Marcus

Ein gutangezogener Franzose in den Fünfzigern kam herein. Er trug einen maßgeschneiderten Leinenanzug mit einem eleganten Taschentuch im Revers. Er sagte, er sei Arzt, deshalb dachte ich, daß er einiges wert sei, aber nachdem er mir meine zwanzig gezahlt hatte, hatte er nur noch fünfzig übrig. Ich bot ihm zuerst an, es mit der Hand zu machen, und dann, ihm einen zu blasen, aber er bestand darauf, daß er Sex wollte, was Ficken bedeutete. Es war schon spät, und fünfzig war besser als nichts. Er zählte das Geld ab und hatte dann noch vier Dollar übrig, die ich auch nahm.

Ich zog mich aus, und er begrabschte meine Brüste und küßte mich. Unsere Lippen schlossen sich umeinander, seine Hände fummelten weiter, und wir knieten auf der Matratze nieder. Ich bot ihm einen Gummi an, aber er schob es voller Verachtung weg.

»Bist du sauber?« fragte er.

»Ja, du auch?«

»Natürlich«, antwortete er pikiert.

Ich legte mich hin, und er zog meine Beine an den Knöcheln hoch. Er hob mein eines Bein über seine Schulter und schob ihn rein. Er machte ein paar Stöße, wobei er die Hüften in kleinen Kreisen schwenkte.

»Leck mich hier«, verlangte er und deutete unter seinen Arm.

»Unter deinem Arm?« fragte ich ungläubig.

»Meine Brustwarze«, sagte er ärgerlich. »Beiß sie. Fest! Fester!«

Ich biß so fest ich konnte auf seine Brustwarze, und als er kam, stieß er einen kleinen Schrei aus.

»Ist es bei dir gekommen?« fragte er.

»Nein, natürlich nicht. Bei Frauen kommt es nicht so.« Ich stand auf und fing an, mich anzuziehen.

»Was ist denn das?« fragte er. Er starrte besorgt seinen Schwanz an.

»Wahrscheinlich Blut. Ich habe meine Tage.«

»Aber wie konntest du nur! Du hättest es nicht machen dürfen! Ich habe mir eine Krankheit geholt!« kreischte er.

»Was? Nein, es ist doch nur Menstruationsblut. Hör mal«, sagte ich und wurde langsam wütend, »du warst schließlich derjenige, der keinen Gummi benutzen wollte.«

Er hielt seinen Schwanz vom Körper weg, als wäre er eine Bombe, die jeden Moment explodieren könnte. »Die Mikroben übertragen sich durchs Blut«, sagte er. »Ich muß mich sofort waschen. Wo ist das Badezimmer?«

»Drunten. Von der Halle aus rechts. Wirklich, es ist doch nichts.«

Er hielt sich den Schwanz immer noch vom Körper weg. Mit der freien Hand schnappte er sich ein Handtuch und hielt es wie einen Schutzschild vor sich. Ich öffnete ihm die Tür, und er rannte in dieser lächerlichen Haltung hinunter in die Halle.

Ich zog mich fertig an und hoffte, daß er kein Theater machen würde, wenn er zurückkäme. Ich wollte nicht, daß die anderen Frauen mitbekämen, daß ich ihn ohne Gummi gefickt habe.

»Das darfst du nie wieder tun«, verkündete er, als er wieder ins Zimmer kam. »Niemals! Niemals! Ich gehe jetzt in mein Hotel zurück. Dort habe ich in meinem Koffer eine Penicillinsalbe, die ich sofort auftragen werde. Ich bin Arzt und kenne mich mit diesen Dingen aus, deshalb glaube ich, daß nichts passieren wird. Aber das darfst du niemals wieder tun«, sagte er. »Niemals! Niemals! Verstehst du?«

»Okay, ja«, bestätigte ich ihm, um ihn zu beruhigen.

»Es ist sehr gefährlich.«

Das bezweifelte ich, aber ich hatte keine Lust, mit diesem Relikt archaischer Wissenschaft zu streiten.

»Ich hoffe, die Folgen werden für dich nicht allzu schlimm sein«, sagte ich, während ich das Leintuch von der Matratze zog. »Das Penicillin wird vermutlich das Schlimmste verhindern, wenn du es bald aufträgst. Nimm auf jeden Fall reichlich davon.« Seine Augen, die erkennen ließen, daß ihm die Sache brenzlig wurde, verschwanden plötzlich hinter dem aufgeblähten weißen Leintuch, daß ich in der Luft geschüttelt hatte.

Das nächstemal war Candy dran, die Tür zu öffnen, und der Kerl, ein grobschlächtiger Typ mit einem grausamen Gesicht, sagte, daß er sie wolle, aber sie wollte ihn nicht bedienen. Sie hatte die Arbeit satt, hatte sie mir erklärt. Und sie lehnte es seit einiger Zeit ab, es für jemanden zu machen, den sie nicht mochte.

Der Mann sah mir gar nicht so übel aus, deshalb schenkte ich ihm ein breites Lächeln. »Hättest du heute mal Lust auf eine Massage?« gurrte ich.

»Also, eigentlich möchte ich sie«, sagte er und deutete auf Candy.

»Ich bin beschäftigt«, sagte diese, ohne von den Briefen aufzublicken, die sie sortierte.

»Ich mache dir eine richtig schöne Massage«, versprach ich ihm.

»Okay, dann nehme ich dich«, sagte er und deutete auf mich. Ich nahm ihm die zwanzig ab, und er entfernte sich, um sich zu duschen.

»Mir gefällt er nicht«, sagte Lili.

»Warum nicht? Was ist bei ihm nicht in Ordnung?« fragte ich.

»Er wird von dir verlangen, daß du Sauereien redest«, sagte Candy, die immer noch nicht von ihren Briefen aufsah.

»Na, das hört sich doch nicht so schlimm an. Sogar ganz interessant. Lili, was soll ich denn da so sagen?« fragte ich.

»Fotze, Spalte, Prügel, Schwanz.«

»Fick mich mit deinem Riesenprügel«, seufzte Susie und tat so, als ob sie in Ohnmacht fallen würde.

»Schieb mir diesen geilen Schwanz in den Mund«, sagte Candy mit einem Anfall hysterischen Lachens.

»Er zahlt jedoch gut«, sagte Lili.

»Wieviel?«

»Achtzig. Und er will noch etwas anderes. Das will er jedes Mal. Er möchte zwei Mädchen.«

Er saß nackt auf dem Massagetisch, als ich hereinkam.

Seine Brust war mit einem dichten Pelz schwarzer Haare bedeckt, und er ließ die Beine baumeln. »Ich möchte eine ganz sanfte Massage«, erklärte er. »So als ob mich jemand krault.«

Ich kitzelte ihn hinten und vorn, und er drückte den Rükken vor Erregung durch und schob die Hinterbacken vor und zurück. Er streckte die Hand nach meinem Kopf aus und zog mich zu sich, damit ich ihn küßte, aber ich drehte den Kopf weg, so daß ich ihn mit dem Ohr berührte. Er ließ meinen Kopf los. »Nimmst du meinen Schwanz in den Mund?« Er sah mich abschätzend an.

»Also gut, aber vorher müssen wir das Geschäftliche regeln.«

»Okay, wieviel?«

»Achtzig.«

»Ich möchte in deinem Mund kommen.«

»Nicht für achtzig.«

»Wieviel also?«

»Noch vierzig drauf.«

»Ich geb dir noch vierzig. Geld spielt keine Rolle. Aber wenn ich in deinen Mund gespritzt habe, will ich dich küssen und es trinken.«

»Okay«, sagte ich. Er zog mehrere Scheine aus der Tasche, und ich bemerkte, daß eine seiner Hände verkrüppelt war, eine Klaue mit nur zwei Stummelfingern und einem Daumen. Damit reichte er mir sechs Zwanziger, ausgebreitet wie ein kleiner grüner Fächer.

»Sagst du gern Sauereien?«

»Na klar«, log ich. »Aber ich weiß nicht, was ich sagen soll.«

»Lutschst du gerne an Schwänzen?«

»Und wie.«

»Schläfst du mit Frauen?«

»Das habe ich schon gemacht.«

»Hat es dir Spaß gemacht?«

»Ja.«

»Bist du gekommen?«

»Ja.«

»Habt ihr es mit einem Penisersatz gemacht?«

»Nein.«

»Wie dann?«

»Mit der Zunge.«

»So?« fragte er, während er mich um die Taille faßte und mir zwischen die Beine ging.

»Nein, nein.« Ich schob ihn weg. Ich wollte nicht, daß er mich berührte.

»Nein. Komm, laß es mich dir besorgen. Laß mich deinen herrlichen Schwanz lutschen.« Plötzlich war mein Peinlichkeitsgefühl überwunden, und mir ging es nur noch darum, weitere von diesen widerlichen Fragen zu verhindern.

Er hatte einen kleinen gebogenen Schwanz wie ein Hündchen und kleine, feste Eier. Ich schob ihn auf den Tisch zurück und leckte seinen erigierten Penis. »Hm, was für ein toller Prügel«, sagte ich und ließ die Zunge um die Eichel kreisen.

»Lutsche, Baby, lutsche an dem feinen Ding. O ja, du mußt schon an 'ner Menge Schwänze gelutscht haben, daß du es so gut kannst. Mach weiter, Baby, leck den Dicken!«

Ich hob den Kopf und fing an, ihn mit der Hand zu bearbeiten.

»Du mußt schon viele Schwänze gelutscht haben, um so gut zu sein. Lutschst du oft an Schwänzen?«

»Ja, ich habe schon ziemlich viele geleckt«, sagte ich ohne große Begeisterung. »Hör mal, warum spielst du nicht ein bißchen selbst an dir rum, und dann nehm' ich dich am Schluß in den Mund?« schlug ich vor. Er war einverstanden und sagte, ich solle mich auf die Matratze legen, damit er sich über mich stellen könnte. Sein dicker Bauch nahm mir die Sicht auf sein Gesicht. Ich nahm ihn am Schluß in den Mund und hinterher küßte er mich, und ich spuckte das Zeug in seinen Mund, wie wir es ausgemacht hatten.

Ich hatte nichts für den Kerl übrig, aber es schienen leichtverdiente hundertundzwanzig zu sein. Ich rauchte eine Zigarette, während er sich anzog. Er war Buchhalter, sagte er. Seine Frau war vor sechs Jahren bei einem ›tragischen Unfall‹ ums Leben gekommen. Deswegen käme er hierher, sagte er.

An diesem Tag hatte ich noch einen weiteren Kunden. Er war ungefähr fünfundsechzig und Stammkunde, deshalb wußte ich, daß er Sex wollte und kein Bulle war. Die meisten Frauen mochten die älteren Männer, denn sie zahlten besser, es ging leichter und schneller bei ihnen, und sie forderten weniger. Doch mich stieß die blasse Schwabbeligkeit seines Körpers ab, und als er anfing, während der Massage an mir rumzufummeln, schob ich seine Hand weg.

»Was kostet es, wenn du es mit der Hand machst?« fragte er.

»Sechzig«, antwortete ich und dachte, ich käme davon, wenn ich recht teuer wäre.

»Okay«, sagte er und griff nach seiner Hose. Er zog seine Brieftasche heraus und blätterte durch die Scheine. Er hatte Mühe, in der dämmerigen Beleuchtung die Zahlen zu erkennen. Sein Wühlen in den Geldscheinen ließ eine Welle von Verachtung und Ekel in mir aufsteigen.

Ich rieb ihn eine Zeitlang mit der Hand, dann fing er an zu sprechen.

»Du weißt, wie es geht, einen Mann zu befriedigen, was?«

Ich nickte abweisend. Für schweinisches Reden hatte er nicht bezahlt. Mir verlangte das am meisten Überwindung ab, da es nicht nur den Einsatz meines Körpers verlangte, sondern den meiner Phantasie.

»Siehst du gerne zu, wenn ein Mann kommt?«

»Hmh.«

»Warum?« fragte er.

Weil ich dann weiß, daß es vorbei ist, dachte ich im stillen.

»Es ist erregend«, sagte ich.

»Es erregt dich, wenn du zusiehst, wie ein Mann kommt, was?«

»Hmh.«

»Ich möchte ihn reinstecken, weißt du.«

»Wirklich?« Geldgier und Ekel kämpften in mir miteinander.

»Wieviel würde das zusätzlich kosten, wenn ich ihn reinstecke?«

Bei welchem Preis würde er wohl zurückschrecken, fragte ich mich. »Noch mal sechzig«, sagte ich.

»Okay«, sagte er und wühlte wieder blindlings in seinen Scheinen herum.

Ich zog mich aus und wir legten uns auf die Matratze. Ich drehte den Kopf zur Seite, damit er nicht versuchen würde, mich zu küssen. Er hob meine Beine über seine Schultern und schob ihn hinein. Unwillkürlich kam ihm meine Scheide entgegen und zog sich rhythmisch zusammen. Er machte ein paar Stöße und paßte sich meinen Bewegungen an. Ich merkte, daß ich bei der Sache war, wie in einem Phantasieerlebnis. Er war dabei mein Vater und ich, das sexy kleine Mädchen, war sein liebes kleines Mädchen, sein schlimmes Mädchen, sein Liebling.

»Es ist wirklich gut«, sagte er.

»Jetzt ist er richtig hart«, sagte ich und war auf verrückte Art geil. »Du kannst wirklich ficken, was?«

»Oh, meine Süße«, stöhnte er und senkte den Mund auf eine meiner Brüste.

Das Phantasiebild war genauso schnell wieder verschwunden, wie es über mich gekommen war. Es blieb jedoch ein gewisser Grad an Zuneigung in mir, weil er etwas in mir bewegt hatte. Während er sich anzog, fand ich die Weichheit seines Körpers angenehm, seine Schultern waren weiß, samten und wohlgeformt.

Als ich ihn zur vorderen Eingangstür hinausgeleitete, dankte er mir überschwenglich, und ich ließ es zu, daß er mich auf die Wange küßte.

Schmerz, Spaß und Poesie

Mistress Lilith Lash

Vor ungefähr elf Jahren stand ich da mit einer Tochter, die ich großzuziehen hatte, und einer Ladung sexueller Frustration. Um meine sexuellen Bedürfnisse einigermaßen zu befriedigen, ohne daß es mein Leben belasten würde, fing ich an, auf Anzeigen in den Subkultur-Zeitungen zu antworten. Ich war zu jener Zeit schon älter und sexuell erfahren, deshalb waren mir am liebsten solche direkten Angebote wie: »Soll ich deine Pussy stundenlang lecken? Telefon . . .« Das war ein angenehmer, direkter Weg zu den Orgasmen, die ich brauchte.

Die Männer und Frauen (ich frage nie nach dem Geschlecht einer Zunge, wenn sie mich auf die richtige Weise leckt), die ich durch die Anzeigen kennenlernte, waren nüchterne, erfahrene und experimentierfreudige Typen, die – wie ich selbst – Sex ohne Verpflichtung wollten. Ich bekam sehr viel Spaß mit ihnen. Durch einige Leute, mit denen ich auf diese Weise zusammenkam, lernte ich noch raffiniertere Spielzeuge und Spiele für Erwachsene kennen.

Als ich das erstemal einen Mann fesselte, ihn auspeitschte und ihn mit einem künstlichen Penis fickte, lernte ich etwas über mich selbst, das ich vergessen hatte. Ich machte es gern, und es erregte mich. Obwohl ich es beim erstenmal als Gegenleistung für stundenlanges wohlgekonntes Zungenspiel machte, ging ich bald dazu über, selbst aktiv nach etwas ausgefalleneren Anzeigen zu suchen.

Ungefähr zu jener Zeit erkannte ich, daß es mir niemals gelingen würde, Stenotypistin zu werden, denn ich haßte die Schreibmaschine, und ich entdeckte, daß ich als Gerichtsstenografin anfangen müßte. Ich bin allergisch gegen durchorganisierte und autoritäre Umgebungen und Einrichtungen.

Außer daß ich von acht Uhr morgens bis fünf Uhr nachmittags zur Schule ging und ein aktives, phantasiereiches Sexualleben mit wechselnden Partnern führte, präsentierte ich mich an etwa vier Abenden in der Woche auf der Bühne für Nachwuchspoeten. Es machte mir Spaß, aber meine Gedichte eigneten sich nicht zur Veröffentlichung.

Ich versuchte mein Glück auf andere Weise und erfuhr, daß ein Sado-Macho-Club Leute suchte. Als ich gefragt wurde, ob ich der dominierende oder der unterwürfige Teil sei, ließ ich mich als ersteres einstellen, da ich mir vorstellte, daß es in diesem Geschäft besser sei, auszuteilen als zu bekommen.

Der dominierende Teil hat eine bestimmte Verantwortung. Wenn ein Mann verlangt, daß keine ›sichtbaren Merkmale‹ bleiben dürfen, geht man mit ihm durch eine Reihe sich langsam verschärfender Prozeduren. Und obwohl es angesichts der Intensität der erreichten Stimulation unmöglich erscheint, bleiben keine Schrammen oder Striemen. Die Rötung und das heiße Gefühl, das ich einem verschaffe, verschwinden in ungefähr einer halben Stunde, obwohl eine prickelnde Erinnerung noch am nächsten Tag vorhanden sein kann, wenn er ins Büro fährt.

Manchmal möchte ein Mann ›Male‹, um seine Phantasie auf Reisen anzuregen, oder wenn er allein lebt. Hierbei bin ich mit Sorgfalt darauf bedacht, daß sie nie länger als zwei Wochen bleiben. Die einzige Ausnahme, die ich von dieser Regel gemacht habe, war, daß ich einem treuen Sklaven, der darum jahrelang gebeten hatte, einen bleibenden Stift in die Vorhaut gebohrt habe.

S & M unterliegt strengen Regeln. Wenn es den ›Opfern‹ gefällt, ›aufhören‹ zu schreien, sie aber wollen, daß man weitermacht, gibt es einen Code oder ein Schlüsselwort, das dann bedeutet, daß sie wirklich genug haben. Zum Beispiel ›Gnade‹ oder etwas ähnliches. Keine berufsmäßige Domina überschreitet diesen Punkt wesentlich. Das Wort ist immer kurz und einfach und ändert sich nie, so daß sich der Betroffene auch unter größter Belastung daran erinnern kann.

Man kann behutsam anfangen und sich bis zur körperlichen Züchtigung steigern, wenn das eher als erotische Stimulation gewünscht wird. Man fängt leicht und mit schnellen Bewegungen an, um die Haut gut zu durchbluten, wodurch spätere Schrammen vermieden werden; man verwendet Pelze oder Federn, wenn der Schmerz die Lust verdrängt, und langsam fährt man unter Wehklagen bis zum Orgasmus fort. Wenn der Schmerz zu stark ist, so daß es nicht zum Höhepunkt kommen kann, kann man im Nachspiel schnell einen mit der Hand oder einem Vibrator erreichen.

Ich brauche nicht zu sagen, daß ich mit meinem Leben glücklich bin. Ich habe verschiedene Einnahmequellen durch mein Schreiben. Ich habe Pornografie verfaßt, für einen feministischen Verlag gearbeitet, Horrorgeschichten, Science Fiction, Fantasy und Mainstream geschrieben. Wenn ich mir etwas vorstellen kann (was ich meistens kann), dann kann ich es auch in Worte fassen. Ich habe an Colleges Vorlesungen über sexuelle Variationen gehalten. Außerdem habe ich Filme und Videos gemacht – Drehbücher geschrieben, produziert, Regie geführt und die fertigen Werke herausgebracht. Ich werde manchmal für kreative Darstellungen bezahlt, anderes mache ich umsonst, nur für mich selbst. Ich blühe in meiner Umgebung ständig neu auf.

Humphrey Bogart hat einmal gesagt, Sex sei der größte Spaß, den man haben kann, ohne zu lachen. Ich finde, der Spaß ist noch größer, wenn man dabei lacht. Kreative Sexualität, zu der Rollenspiele und Fetische oder Hilfsmittel gehören, ist ein sicheres und entspannendes Mittel zur Befriedigung in unserer kranken Zeit. Ich ficke gern und lecke gern, genau wie alle anderen, aber ich möchte sehr lange leben. Ich empfange meine Stammkunden, eine Klientel, die ich mir in den vielen Jahren, die ich bei dem Spiel mitmache, aufgebaut habe. Und es sind wertvolle Freunde für mich geworden.

Interview mit Nell

Priscilla Alexander

Priscilla: Erzähl mir was über deine Arbiet.
Nell: Ich glaube, in der Prostitution gibt es Klassenunterschiede. Ich gehöre zur Elite, weil ein paar meiner Freundinnen, die jahrelang auf der Straße gearbeitet hatten, sich nach und nach eine andere Klientel aufgebaut hatten, Geschäftsleute. Als sie aufhörten zu arbeiten, haben sie mir ihre Kundschaft überlassen. Das ist der einzige Grund, weshalb ich mich in dieser bevorzugten Situation befinde.

Aber ich identifiziere mich mehr mit den Frauen auf der Straße, denn sie haben den gleichen Hintergrund wie ich.

Wenn die Leute über Nutten und Huren sprechen, dann meinen sie nicht die Callgirls, weißt du, die Frauen mit einem festen Kundenstamm, nein, sie rümpfen die Nase über die Frauen auf der Straße. Das sind diejenigen, die übel dran sind. Wenn man sie angreift, greift man mich an. Ich bin in einem Armenviertel aufgewachsen, und wenn die Leute anfangen, über Schwarze und Frauen auf dem Strich zu sprechen, kommt der ganze Rassismus und Sexismus raus, und die verstehen überhaupt nichts. Ich werde dann wütend. Deswegen verteidige ich alle Huren und die Frauen auf dem Strich.
Priscilla: Hast du immer über Vermittlung gearbeitet?
Nell: Ja, ich habe mit einer Frau zusammengearbeitet, die mich von Fall zu Fall anrief.
Priscilla: Hat sie auch gearbeitet, oder hat sie nur vermittelt?
Nell: Sie hat auch gearbeitet. Wir haben als Gruppe zusammengearbeitet. Wenn sie einen Typen hatte, der mehr als eine Frau wollte, rief sie mich einfach an und sagte: »Komm her.« Das war einfach und bequem, mit ziemlich viel Sicherheit.
Priscilla: Du hast also immer mit anderen Frauen zusammengearbeitet?
Nell: Ja. Die einzige Zeit, in der ich allein war, war, wenn ich auf Reisen war. Es ist interessant, daß sogar Frauen, die auf der Straße arbeiten, in Gruppen zusammenarbeiten. Sie

gehen in ein Hotel, und danach kommen sie zurück, und sie passen aufeinander auf. Wenn eine nicht zurückkommt, dann wissen die anderen Bescheid. Sie beobachten einander.

Die Frauen, mit denen ich gearbeitet habe, waren alle lesbisch, dafür waren die gegebenen Umstände sehr günstig. Die übrige Gemeinschaft der Lesbierinnen bot wenig Unterstützung. Es gibt unzählige Lesbierinnen, die heterosexuelle Frauen oder Frauen, die auch etwas mit Männern haben, nicht mögen, und sie können Prostituierte nicht ausstehen. Sie würden Prostituierte niemals als Lesbierinnen anerkennen, diese beiden Dinge liegen für sie zu extrem auseinander. Es kann da niemals zu einer Verständigung kommen.

Priscilla: Dann wissen sie aber nicht viel.

Nell: Und was sie wissen, stimmt oft nicht. Einmal nahm mich bei einer Party eine Lesbierin, die ich schon länger kannte, beiseite. »Sag niemandem etwas davon.« »Von was?« »Vom Strich.« Ich meine, man würde doch auch nicht auf jemanden zugehen und sagen: »Also, versteck dich im Schrank.« Das wäre dasselbe.

Priscilla: Vielleicht wollte sie dich schützen.

Nell: Schützen vor was? Es ist doch nichts dabei. Was gibt es da zu schützen?

Ich kenne meinen Wert, verstehst du. Wenn man selbst Geld verdient, hat man sofort einen bestimmten Wert, man verkauft sich selbst, seine Persönlichkeit, seinen Charme, sein Äußeres, seine Fähigkeit, jemanden zu überreden, seine Verkaufsbegabung. Es erfordert Geschick, ein ganz besonderes Geschick, und viel Kraft. Ich bin soweit, daß ich diese Qualitäten an mir selbst schätzen gelernt habe.

Ich habe mir überlegt, daß ich im Alter von zwanzig mit hundert Typen ins Bett gegangen bin und nie dafür bezahlt wurde. Nicht ein einziges Mal. Ich hätte ein Vermögen machen können, als ich jung war und mich von all diesen Arschlöchern habe bumsen lassen. Heute denke ich anders darüber.

Ich habe mal mit einem Kerl gesprochen, der sich selbst für so etwas wie eine Hure hält, nicht auf professioneller Ebene, verstehst du, sondern nur so, er lernt Typen auf der Straße kennen, im Bad, überall. Einmal war er finanziell knapp dran, da habe ich zu ihm gesagt: »Also gut, dann mache doch ein paar Nummern für Geld. Mein Gott, du machst jeden Tag so etwas, jeden Abend kommst du heim und erzählst mir von den Freiern, die du wieder hattest, da kannst du es mit ihnen genausogut für Geld machen.« Er konnte es nicht. Er konnte es einfach nicht. Also, ich habe ihn mit in die Stadt genommen, auf den Strich. Ich sagte: »Ich bin gleich hinter der nächsten Ecke. Ich warte auf dich, keine Angst. Ich bin ganz in deiner Nähe.« Er kam zurück, und er erklärte: »Es geht nicht. Ich kann es nicht für Geld machen, es stößt mich ab. Ich kann nicht.«

Für mich war das verrückt. Ich habe nie begriffen, wie schwer es für andere sein kann, diesen Schritt zu tun. Es war doch nur eine Frage, an Geld zu kommen, wenn man Geld brauchte. Ich war mir damals nicht klar darüber, daß ich einen so großen Schritt getan hatte. Ich habe mich selbst für eine Hure gehalten, seit ich sexuell aktiv war, ja sogar schon, als ich sexuell noch gar nicht aktiv war.

Die Fortsetzungsgeschichte von Scarlot Harlot – Teil III

Carol Leigh

Kein Wunder, daß ich vollkommen fertig bin. Diese Arbeit ist abartig. Dieses Stigma ist abartig. Alle, die ich kenne, sind abartig. Für gewöhnlich dauert es eine Stunde, bis man sich nach einer Begegnung wieder abreagiert hat. Was soll ich machen, während ich warte, warte auf den nächsten Anruf?

Vielleicht sehe ich mal ein bißchen fern. Ich sehe im Programm nach. O nein! Das darf doch nicht wahr sein. Margo St. James in einer Talkshow, genau jetzt. Ich schalte ein.

Aha, da ist sie. Wie immer mutig, unüberwindbar tapfer, grinsend nach dem Werbespot in ihrem modischen rosafarbenen Strickkleid und mit dem üppigen, ordentlichen Bauernmädchen-Haar. Ich bewundere ihre Lässigkeit, mache mir jedoch Sorgen, was der Talkmaster wohl daherschwatzen mochte, der sich in seiner lieblosen Sportkleidung betont verführerisch in Pose setzte. Ich bin jedoch erleichtert, als ich feststelle, daß er wohlwollende Fragen stellt.

»Sie sind also jetzt im Ruhestand?« Er klang enttäuscht.

»Ruhe nicht. Stand schon«, antwortet Margo mit ihrer gedehnten Altstimme, während sie sich behaglich auf der Couch räkelte. Ein Schmunzeln geht durch das Publikum. Der Gastgeber macht einen Schmollmund.

»Würden Sie so lieb sein und das erklären?« fragt er und rutscht unruhig auf seinem Sessel hin und her.

»Oh, lieb sind wir nicht, wegen der vielen Bakterien« antwortet sie und richtet sich auf. »Übrigens, warum reiben sie denn dauernd ihre Schenkel aneinander?«

Eine Nutte spricht! Es ist zwar nicht ganz der Aufstand, den ich erwartet hatte, aber sie verdient ohne Zweifel Hochachtung. Das Publikum schnappt nach Luft, kichert und applaudiert dieser Heldin. Sie scheinen auf ihrer Seite zu stehen.

Margo und der Talkmaster werfen sich weiterhin einander

die Bälle zu, bis eine Flöte eine Unterbrechung für einen Werbespot ankündigt.

»Vielen Dank, Margo St. James ...«

Aber Margo unterbricht ihn. Die Kameras bleiben auf ihr stehen. Die Musik hört auf.

»Einen Moment noch, bitte. COYOTE hält während der Versammlung der Demokraten eine Versammlung der Nutten ab. Wir laden die Delegierten ein, bei uns zu wohnen, die weiblichen Delegierten natürlich. Völlig zwanglos. Ich werde einige bei mir unterbringen«, versucht sie die lauter werdende Musik zu übertönen, doch ihre Stimme verklingt hinter den Bläsern.

»Danke«, sagt er, ziemlich verstört. »Und jetzt hören wir ...«

Mein Glück. Ich war drauf und dran gewesen, mich in meinem Nest aus Geld und Gummis zu entspannen, da rief mich eine Fernsehsendung zur Pflicht. Nun, wahrscheinlich wollte ich es nicht anders.

Ich wußte, daß ich mich mit meiner Entscheidung gegen die übliche Katzen- und Kerzenlicht-Frauenbewegung zur täglichen Auseinandersetzung mit meiner Unterdrückung entschlossen hatte. Anstatt mich aus der Welt der Männer zurückzuziehen, hatte ich es vorgezogen, mich der Herausforderung des Feindes zu stellen, genauer gesagt, der meines derzeitigen Freundes. Er war nie ganz meiner Meinung, und schließlich kam ich soweit, meine Verbitterung zu überwinden und mich nur noch wütend flüsternd bei meinen Schwestern zu beklagen.

»Ich verachte die stillschweigende Billigung unserer Unterdrückung durch die Männer. Das ist eine Verschwörung!«

Während die Jahre vergingen, wuchs mein inneres Verständnis und meine äußere Ruhe. Eine Laune des Schicksals machte mich zur Prostituierten. Ich war arm und einsam, als ich in diese offene Stadt kam. Es schien ein logischer Schritt zu sein. Während der letzten Jahre habe ich eine gewisse Empfindung für die Männer in meinem Bett entwickelt. Einzeln und für sich genommen kamen sie mir unschuldig und verletzbar vor. Und außerdem sind sie meine Kunden, meine Geliebten, meine Hüter, meine Arbeitgeber, meine Intimfreunde. Nach und nach verlor sich das Wort Patriarchat aus meinem Vokabular.

Ich habe gelernt, daß die Frauen die Anführerinnen in der Bewegung waren, die für ein Verbot der Prostitution plädierte. Die Suffragetten. Meine Vorgängerinnen.

Und jetzt nehme ich die Herausforderung an und rufe nach neuen Fronten. Wir sind die Nutten. Wo sind unsere Freunde?

Ich muß herabsteigen von meinem eiskalten Nest und an den Brunch-Veranstaltungen teilnehmen, wo die feministischen Ränke geschmiedet werden. Gemeinsam werden wir die Probleme der Prostitution zur Sprache bringen, zusammen mit den anderen Dingen wie die Abtreibung, gleiche Bezahlung am Arbeitsplatz, Rechte der Lesbierinnen und das Problem der Vergewaltigungen. Wir werden uns organisieren und uns Gehör verschaffen, und man wird uns anstarren.

Ich fürchte, genauso ist das. Unser Potential verblüfft mich. Die Tatsache, daß die Prostitution gesellschaftlich im Abseits steht, entsetzt mich, lähmt mich fast. Bin ich überhaupt befugt, eine Versammlung der Nutten organisieren zu helfen?

Ich glaube, ich bin nicht einmal befugt, mit einer anderen Prostituierten zu sprechen. Das ist eine Verschwörung. Angenommen, ich würde ihr von einem neuen sexy Gewand erzählen, das ich mir angeschafft habe, um ein Vermögen zu machen? Über geschäftliche Dinge darf nicht geredet werden.

Ich glaube, ich darf auch keinen persönlichen Geliebten haben. Er würde in den Verdacht geraten, mein Zuhälter zu sein, und beschuldigt werden, mit mir gemeinsame Sache zu machen.

Theoretisch darf ich mit niemandem sprechen. Ich habe sehr wenige Rechte, außer dem Recht auf einen Prozeß und bestimmt keinen, der von mir Wohlgesinnten geführt wird.

Priscilla Alexander, eine Freundin und Aktive, sagte einmal: Das Recht, eine Prostituierte zu sein, ist so wichtig wie das, keine zu sein. Jeder hat das Recht, sich die Voraussetzungen für seine eigene Sexualität zu schaffen, außer dem Recht, sich durch entsprechenden Verdienst ein gutes Leben zu ermöglichen.

Im Massage-Salon

Judy Edelstein

Der Kunde sieht aus wie der Typ des All-American-Football-Spielers. Er ist jung, in mittleren Jahren, blond, breitschultrig und muskulös. Es stellt sich heraus, daß er einer der Geschäftsführer einer Entsorgungsfirma ist. Er ist der Mann, der das ökologische Gewissen der Firma nach außen hin repräsentieren soll.

Während ich ihn bearbeite, spricht er mit mir. Er behauptet, daß seine Firma sich wirklich für die Umwelt engagiert. Sie pflanzen neue Bäume usw., alles, was dazugehört. »Und was soll man machen«, fragt er, »wenn die Durchschnittshausfrau farbiges Toilettenpapier will? Wir versuchen, ihr weißes zu verkaufen, aber wir müssen der Hausfrau geben, wonach sie verlangt.«

Nachdem ich ihn am ganzen Körper mit den Daumen bearbeitet und geknetet habe, fange ich an, seinen Schwanz im All-American-Format einzuölen. Er legt einen seiner muskulösen Arme um mich und zieht mich näher an ihn heran.

Es dauert nicht lange, bis er seine Entsorgungsfirma-Persönlichkeit fallen läßt. »Laß mich dich lecken«, bettelt er. »Nur ein kleines bißchen.«

»Ich mache so etwas nicht«, sage ich und streiche weiter seinen Schwanz auf und ab.

Aber er bittet mich immer weiter, und schließlich kann ich es nicht mehr ertragen. Ich bin bereit, fast alles zu tun, um ihn loszuwerden. »Okay«, sage ich. »Eine Minute.«

Ich ziehe also meinen Rock und die Unterhose aus und lege mich auf den Massiertisch. Er lehnt sich an den Tisch, beugt sich über mich und fängt an, mich zu lecken. Er stöhnt und brummt und beißt mich ein bißchen, ist fast ein bißchen roh. Ich denke, ich sollte ihn stoppen, aber statt dessen lege ich mich zurück und entspanne mich. Und plötzlich komme ich.

Ich hindere ihn daran, daß er mich ganz ausleckt, und liege eine Minute lang nur so da. Er steht immer noch vor mir, und nach einer Weile schiebt er mir seinen Schwanz rein. Ich ziehe mich von ihm zurück. »Leg dich wieder auf den Tisch, und ich mach es bei dir zu Ende«, sage ich.

Also legt er sich auf den Tisch, und ich reibe weiter an ihm rum, und schließlich kommt er.

Hinterher sitze ich in einem der leeren Massageräume, die Lautsprecher mit der Musik aufgedreht, und bin irgendwie durcheinander. Ich kann es einfach nicht glauben, daß ich mit diesem Wichser einen Orgasmus gehabt habe. Ich versuche, ihn zu vergessen, daran zu denken, daß ich mit Laura schlafen werde, der Frau, mit der ich zur Zeit zusammen bin. Aber das einzige, was ich vor mir sehe, ist das All-American-Gesicht meines Kunden.

Es ist mitten am Abend, eine ziemlich geschäftige Zeit, und ich bearbeite einen neuen Kunden. Wir haben ihn nicht in unserer Kundenkartei, und keiner der anderen Massage-Salons, bei denen ich mich nach ihm erkundige, kennt ihn. Deshalb gehe ich vorsichtig mit ihm zu Werke, versuche, ihn einzuschätzen, versuche herauszubekommen, ob er ein Bulle ist.

Wir reden eine Weile miteinander. Ich frage ihn, was er macht, ob er verheiratet ist, all die Standardfragen. Er sagt, daß er alleinstehend sei und für United Grocers arbeite. Es hört sich alles ganz gut an, aber irgendwie bin ich mir über diesen Kerl nicht sicher. Ich nehme mir also vor, ihn nicht mit der Hand bis zu Ende zu bringen.

Ich bitte ihn, sich umzudrehen. Als er auf dem Rücken liegt, sehe ich, daß er eine gewaltige Erektion hat. Es ist kaum zu übersehen, aber ich tue so, als ob ich es nicht bemerke.

Ich bearbeite sehr langsam sein Gesicht, dann seinen Brustkorb und seinen Bauch.

»Komm jetzt«, sagt er. »Machst du's mir nicht mit der Hand bis zu Ende?«

»Nun«, sage ich. »Für gewöhnlich tun wir das nicht.«

»Hör mal«, sagt er. »Ich bin kein Bulle.« Er zeigt mir sogar seinen Ausweis von United Grocers.

Schließlich beschließe ich, daß ich das Risiko eingehe, obwohl ich immer noch nicht sicher bin, daß er okay ist. Ich bin so eingefahren in meinem Beruf, daß ich das Gefühl habe, ich muß es ihm kommen lassen. Also streiche ich an seinem Schwanz auf und ab, und über seine Eier; eine scheinbar unendlich lange Zeit. Die Zeit seiner Massage ist fast am Ende, als er endlich kommt.

Er wischt sich mit einem Tuch ab, das ich ihm gegeben habe. Dann setzt er sich aufrecht auf den Tisch und sieht mir direkt ins Gesicht. »Weißt du was?« sagt er.

»Was?«

»Ich bin ein Bulle«, erklärt er.

Einen Moment lang starre ich ihn an. Ich spüre, wie sich mir der Magen umdreht und mir die Luft wegbleibt. Ich sehe mich schon im Gefängnis und stelle mir die Reaktion meiner Familie vor, wenn sie davon erführe.

Er wendet den Blick ab von mir. »Ich habe nur Spaß gemacht«, murmelt er.

Das alles ist schwer zu verkraften. »Herr im Himmel«, stammle ich. »Damit macht man keinen Spaß!«

»Tut mir leid«, sagt er. Aber ich glaube, es tut ihm kein bißchen leid.

Ich putze die Duschen in einer Pause, während derer die Flut unserer Kunden etwas nachgelassen hat, als Pat zu mir kommt und mir sagt, daß Abe Fisher im Zimmer Nummer zwei auf mich wartet. »Prima«, sage ich. Abe ist ein älterer Jude, der immer ein gutes Trinkgeld daläßt.

Ich nehme mein Fläschchen mit Massageöl und gehe damit in das Zimmer. Wie gewöhnlich sitzt Abe auf dem Tisch, er hat sich ein Handtuch umgebunden und raucht eine Zigarre. Die Luft im Zimmer ist jetzt schon vollkommen verqualmt.

»Hallo, Süße«, sagt Abe mit seinem leichten Akzent. »Bist du bereit für mich?«

»Na klar«, sage ich und lächle ihn an.

Abe will nie eine richtige Massage, er möchte nur, daß ich ihn ›kitzle‹, wie er es nennt. Also verteile ich etwas Talcumpuder auf seinem knochigen Rücken und den Beinen. Dann fange ich an, ihn mit den Fingerspitzen zu streicheln, ganz leicht, über den ganzen Rücken, die Hinterbacken und die

Oberschenkel. Meine Hände bewegen sich im Rhythmus einer sanften Musik, die er bevorzugt.

Manchmal stöhnt er vor Wohlbehagen, besonders wenn ich ihm mit den Fingerspitzen über die Hinterbacken fahre. Ich beobachte, wie ein Beben durch seine Eier fährt und sein Schwanz steifer wird, jedesmal, wenn ich daran entlangfahre.

Schließlich seufzt er und dreht sich um. »Ach, meine Süße, mir geht es bei dir so gut.« Inzwischen ist sein Schwanz sehr hart geworden, viel härter, als man es bei einem älteren Mann erwarten würde. Ich träufele etwas Öl auf seine Eier und seinen Schwanz und streiche sanft darüber.

Abe legt den Arm um mich, dann fängt er an, mir den Hintern zu betatschen. »Warum ziehst du nicht deine Hose aus, meine Süße?« fragt er. »Du bekommst auch ein schönes Trinkgeld von mir.«

»Na klar, Abe«, sage ich. Ich ziehe mir die Hose und die Unterhose herunter und Abe tätschelt mir den Hintern, erst sanft, dann etwas fester, während ich weiter über seine Eier und seinen Schwanz streiche. Dann kommt er mit seiner üblichen Bitte. »Süße«, sagt er, »laß mich zwischen deine Beine.«

Ich sage »ja« wie gewöhnlich, also steigt er vom Tisch und steht mir gegenüber, sein Schwanz ist vollkommen steif. Meine Hose und meine Unterhose hängen mir über die Knie. Ich lege ein Handtuch dazwischen, damit sein Erguß sie nicht schmutzig macht oder womöglich – Gott möge so etwas verhüten – den Keim für einen neuen Abe Fisher in mir pflanzt. Dann legt er die Arme um mich und drückt sich an mich. Er preßt mich immer fester an sich und stößt mit seinem Schwanz vor und zurück, vor und zurück zwischen meinen Schenkeln.

Das macht nichts, rede ich mir selbst ein. Ein gutes Trinkgeld ist die Sache wert. Aber während Abe immer noch drückt und stößt, blicke ich über seine Schulter in den Spiegel hinter ihm. Ich sehe die groteske Skulptur, die wir abgeben.

Es ist spät nachts. Der Kunde ist ein alternder Hippie aus Los Angeles mit graubraunem, schulterlangem Haar und einem ordentlich gestutzten Schnauzer. Er trägt nagelneu aussehende purpurfarbene Kordhosen, Stiefel aus geputztem Leder und die klassische Wildlederjacke mit Fransen.

Er geht zuerst in die Sauna, dann ist er bereit für seine Massage. »Ich möchte eine richtig schön harte Massage«, läßt er mich wissen. Ich knete also kräftig an ihm herum und klopfe auf die ausgeprägten Muskeln an seinem Rücken. »He«, sagt er, »du bist ja wirklich gut. Von jetzt an kannst du mich zu deinen Stammkunden zählen.« Das klingt gut, wenn er nicht zuviel Zicken macht. Ich könnte durchaus ein paar mehr Stammkunden gebrauchen, damit regelmäßig Geld reinkommt.

Nachdem er sich umgedreht hat, massiere ich seine Kopfhaut. Sein Haar ist sauber und seidenweich, angenehm anzufassen.

»Ich mag es, wenn man es mir mit dem Mund macht«, sagt er. »Das machst du doch, oder?«

»Tut mir leid«, sage ich, »nein.«

Sein Gesicht zeigt einen enttäuschten Ausdruck. »Bist du sicher, daß du es nicht mit dem Mund machst? Ich hatte wirklich gehofft, ich könnte das hier bekommen. Ich gebe dir fünfzehn Mäuse, wenn du es machst.« Er legt den Arm um mich und drückt mich ein wenig. Dabei sieht er mich aufmunternd an.

Zum Teufel, denke ich plötzlich. Vielleicht sollte ich es probieren. Ich könnte die fünfzehn ganz gut gebrauchen, und wenn ich dazu überginge, den Kunden einen zu blasen, könnte ich wesentlich mehr verdienen.

»Okay«, sage ich. »Ich mache es.«

»Prima«, sagt er.

Ich beuge mich über ihn, um sofort mit dem Blasen zu beginnen, damit ich es schnell hinter mich bringe. »He«, sagt er mit einem beleidigten Gesichtsausdruck, »ich bin noch nicht so weit. Mach ihn zuerst mit der Hand steif.«

Ich träufele also etwas Öl auf seinen Schwanz und fange an, an ihm auf und ab zu streichen, indem ich ihn zwischen meinen gewölbten Händen halte, wie es mir ein anderer Kunde gezeigt hatte. »Das ist gut«, sagt er. Er knöpft mir die Bluse auf, schiebt meinen Büstenhalter hoch und fährt mir mit der

Hand über die Brüste. Dann fängt er an, an den Brustwarzen zu saugen. Ich halte ihn nicht davon ab. Ich schätze, das ist Teil unseres Fünfzehn-Dollar-Handels.

Schließlich sagt er, daß er jetzt soweit sei, daß ich ihm jetzt einen blasen kann, also beuge ich mich über ihn und nehme seinen Schwanz in den Mund. Er schmeckt ölig und sehr salzig, aber ich bemühe mich, keine Notiz davon zu nehmen.

Während ich an seinem Schwanz lutsche, korrigiert er meine Technik. Als erstes dreht er meinen Kopf, so daß er ganz über seinem Schwanz ist und seinem Gesicht zugewandt. Dann zeigt er mir, wie ich mich richtig bewegen soll. »Bewege deinen Kopf rauf und runter wie ein Kaninchen«, sagt er. Er macht es mir vor und bewegt den Kopf auf und ab.

Es sieht unglaublich komisch aus, wie er da so mit dem Kopf nickt, daß ich mir ein Lachen verkneifen muß. Herrje, denke ich, er ist ein hervorragender Lehrmeister.

Ich bewege den Kopf so, wie er es mir gezeigt hat. »He«, sagt er, und Kritik schwingt in seiner Stimme mit. »ich spüre nichts. Saugst du?«

Ich fange an, fester an ihm zu saugen. »So ist es ganz gut«, sagt er. »Es macht dir doch nichts aus, das zu machen, oder?«

Ich nehme für einen Moment seinen Schwanz aus dem Mund, um ihm zu antworten. »Es ist okay«, sage ich.

Dann mache ich mich wieder daran, den Kopf auf und ab zu bewegen und zu saugen. Langsam bekomme ich das Gefühl, daß ich den Bogen raus habe. Vielleicht kann ich wirklich dazu übergehen zu blasen.

»Das fühlt sich toll an«, sagt er. »Nimm ihn nur noch ein Stückchen weiter in den Mund.«

Also beuge ich mich tiefer über ihn und versuche, noch mehr von seinem Schwanz in meinem Mund unterzubringen. Ich habe das Gefühl, daß mein ganzer Mund voll von seinem Schwanz ist. Ich spüre fast, wie er in meine Kehle dringt.

Er fängt an zu stöhnen und macht mit den Hüften Stoßbewegungen auf mich zu. Mit einemmal muß ich würgen. Es ist zuviel! Ich will seinen Schwanz sofort aus meinem Mund haben!

Ich bäume mich auf, lasse seinen Schwanz los und entwinde

mich seiner Umarmung. Er öffnet die Augen. »Was ist passiert?« fragt er und klingt verdutzt.

»Ich möchte es einfach nicht mehr machen«, sage ich.

Eine Zeitlang starren wir einander an. Er atmet schwer und sieht richtig sauer aus. »He, Kleine«, sagt er. »Dafür wirst du mir doch wohl keine fünfzehn Mäuse abknöpfen?«

»Ich werde dir überhaupt nichts berechnen«, sage ich. Meine Stimme klingt jetzt auch wütend. »Ich mache es mit der Hand zu Ende«, sage ich nach einer Weile.

Er legt sich zurück und sieht ein klein wenig besänftigt aus. Ich öle seinen Schwanz noch ein bißchen mehr ein und fange wieder an, daran auf und ab zu streichen. Er greift nach meinen Brüsten und drückt sie grob. Dann fährt er mit der Hand unter das Gummi meines Schlüpfers. Seine Hand gleitet weiter nach unten, bis er sie mir zwischen die Beine drückt. Er steckt einen Finger in mich hinein.

Ich möchte nicht, daß er mich auf diese Weise berührt, und weiche ein Stück zurück. Aber mit dem Arm, der mich umfaßt hält, zieht er mich zurück und reibt mir weiter mit der Hand über die Scheide. Ich sage mir, daß es keinen Sinn hat, ihn davon abzuhalten. Ich habe keinen anderen Wunsch, als ihn endlich loszuwerden.

Endlich kommt er unter heftigem Keuchen. Im nächsten Augenblick ist er wieder höflich. »Vielen Dank. Das habe ich wirklich nötig gehabt.«

»Ich freue mich, daß es dir gutgetan hat«, sage ich, während ich ihm ein Tuch für seinen Schwanz reiche. Ich bemühe mich, daß es sich ernstgemeint anhört.

Die Fortsetzungsgeschichte von Scarlot Harlot – Teil IV

Carol Leigh

Alle rätseln über die geheimnisvollen Prostituierten, die die Bohemiens ›am anderen Ufer‹ unterhalten. Nun, ich bin eine dieser Prostituierten. Ich nenne mich ›Big Red‹, wie der Schriftzug auf einem Kaugummipapier, das ich auf Karton aufziehe und als Visitenkarten benutze. Ich versuche, Spaß zu machen. »Ich bin Big Red! Bitte sehr, hier ist meine Karte. Nur der Gummi fehlt. Wenn du kauen willst, mußt du mit zu mir ins Zimmer kommen . . .«

Wir gehen um acht oder neun abends in die Bar. Die Veranstaltungen im ›Grove‹ sind um halb zehn oder zehn zu Ende, aber wenn wir Glück haben, erwischen wir einen, der früher gegangen ist. Außerdem ist uns langweilig. Es gibt nichts anderes zu tun. Wir betreten also die Bar, frisch und fein herausgeputzt, nachdem wir eine Stunde vor dem Spiegel verbracht haben. Wir könnten nicht besser aussehen. Wir setzen uns zu unseren Freundinnen, die sofort unser Aussehen in den höchsten Tönen loben. Wir heben die Qualitäten jeder einzelnen von uns hervor und versichern uns gegenseitig, daß wir heute abend unheimlich viel Geld machen werden. Damit kein Mißverständnis aufkommt, wir sind sehr schön, wenn auch auf lächerliche Weise deplaziert in dieser lässigen Golfclub-Bar. Wir wissen das und kokettieren damit, obwohl es uns etwas stört, daß so viele Nichtstudenten da sind. Sie starren uns an und kichern; wenn die Männer betrunken sind, beleidigen sie uns. Wir blicken uns um und fragen uns, wer von ihnen Bulle ist und wer Reporter. Wir reden darüber . . .

Wohlhabende Männer zahlen nur geringfügig mehr als Mittelklasse-Männer. Wir kommen hier auf weniger Verdienst in der Stunde als zum Beispiel in einem Massage-Salon. Manchmal kommen wir uns übers Ohr gehauen vor. Wir finden, daß sie zu billig wegkommen. Bohemiens haben mir erklärt, daß ein Mann kein guter Kerl ist, wenn er für eine Nutte mehr als sein Freund bezahlt. Für manche von ihnen ist es ein Sport, uns übers Ohr zu hauen. Andere sind freundlich und lieb. Sie verlassen die Bar mit uns, sobald wir sie darum bitten, oder sie bitten uns darum – sie fragen, wieviel wir verlangen, und sie zahlen, was wir wollen –, und im Bett sind sie nett und schnell. Sie schmeicheln uns. Viele versprechen, daß sie wieder zu uns kommen würden, machen es aber nicht. Manche kommen tatsächlich zurück und zahlen uns mehr, als wir erwartet haben . . .

Ich jammere: »Ich bin heute abend noch kein einziges Mal draußen gewesen. Ich bekomme Depressionen.« Im Laufe eines guten Abends hat eine Frau drei bis vier Männer.

»Ach, mach dir deswegen keine Sorgen, Red. Niemand macht heute abend ein Geschäft. Die Kerle machen alle einen Schaufensterbummel.« Jamie baut einen immer wieder auf. Außerdem ist sie sehr schön. Wenn sie keinen Freier bekommt, bekommt keine einen. »Laß den Kopf nicht hängen, Liebste«, sagt sie mit einem liebevollen Klaps.

»O je, ich werde nie was verdienen.« Ich jammere ganz gern.

»Glaubst du, nur du hast Probleme?« Martha ist ein Berg von einer Frau und sehr farbenprächtig, aber sie ist neu im Geschäft und verdient noch nicht viel. »Der letzte Knilch hat mir nur die Hälfte von dem bezahlt, was ausgemacht war.«

»Du mußt immer vorher kassieren, Schätzchen«, erinnert sie Jamie. »Du kannst keinem trauen, es gibt hier in der Gegend einige Gauner, die nur darauf aus sind, dir dein Geld abzunehmen. Ich hasse die Männer.« Jamie kichert.

»Wie sieht es mit einer besseren Bezahlung aus? Ich finde, die Typen sollten mehr bezahlen. Ich meine, jemand muß doch auch die Zeit bezahlen, in der wir rumsitzen. Wie machst du es, Jamie?« Ich bin immer neugierig.

»Du mußt ihnen klarmachen, daß du es wert bist, Red«, schlägt Martha vor, stolz, daß sie hilfreich sein konnte.

»Sag ihnen, daß deine Spezialität oraler Sex sei und daß es keine so gut macht wie du«, ergänzt Jamie. »Das sage ich immer.«

»Gute Idee, Jamie. Aber wenn du angeblich die Beste bist, dann kann ich wohl nur die Zweitbeste sein. Ich werde ihnen also sagen, daß ich mir um so mehr Mühe gebe ...« Ich grinse und versuche, das komisch zu finden.

»Peg, wie stellst du es an, daß du mehr bekommst?«

»Ich verlange es. Wenn das nicht funktioniert, bitte ich darum.« Die süße, schüchterne Peg ist Buchhalterin, unterschlägt hier und da etwas und ist außerdem Teilzeit-Prostituierte. Zu fortgeschrittener Stunde erzähle ich an diesem Abend einem Mann, daß ich die Zweitbeste mit dem Mund bin, und mache ihn mit Jamie bekannt, die ich ihm als die Beste vorstelle. Er geht in dieser Nacht mit mir und in der nächsten mit Jamie. Wir greifen einander immer unter die Arme ...

In einem Jahr organisierten wir eine Gewerkschaft. Bei einer Versammlung führten wir hitzige Diskussionen darüber, ob oder ob nicht wir alle Angebote unter zweihundert ausschlagen sollten. Wir verglichen ›angemessenes‹ und ›nuttiges‹ Verhalten miteinander. Einige der Frauen behaupteten, daß sie durch das Benehmen anderer peinlich berührt seien. Wir zogen in Erwägung, uns nur noch an solche Männer heranzumachen, die in Begleitung einer Frau sind. Wir konnten in keinem Punkt eine Einigung erzielen. Ich war stolz auf uns und unsere Versammlung ...

Eine von uns ist Rechtsanwältin, eine andere ist Verwaltungsangestellte, viele von uns sind Mütter. Ich bin Schauspielerin/Schriftstellerin/Produzentin, eine von uns war Grundschullehrerin (jetzt als Ganztags-Prostituierte tätig), eine von uns hat eine taubstumme Tochter, die blind zu werden droht, eine von uns war Lehrerin an der Sonntagsschule, die sich hypnotisieren lassen mußte, damit sie glaubte, daß sie schön und sexy sei, um so das Selbstvertrauen und die Inspiration zu bekommen, die sie brauchte. Sie wollte ihre Hemmungen loswerden, aber ihr Plan war ein Schuß in den Ofen. Schließlich machte sie es umsonst. Wir lachten und trösteten sie am nächsten Tag ...

Wenn so viel Geld um uns herum versammelt ist, fühlen wir

uns angespannt. Manche Mädchen streiten, andere fangen an zu weinen. Eine weint, weil ihr Freund ihr mal wieder Geld gestohlen hatte. Obwohl er ihr versprochen hatte, es nie wieder zu tun! Eine andere weint, weil sie den ganzen Abend noch nichts verdient hat, und der letzte Freier, den sie mit aufs Zimmer genommen hatte, weigerte sich zu zahlen. Eine Frau weint, weil ein Freier, in den sie sich verknallt hat, eine andere Frau bevorzugt. Ich weine, weil ich im Endeffekt den ganzen Abend viel zuviel für viel zuwenig Geld getan habe, einfach weil ich nicht selbstsicher genug auftrete und nicht handeln kann und die beiden Typen, die ich hatte, zu anspruchsvoll waren. Wenn wir genug verdienen, fühlen wir uns bestätigt, und niemand weint . . .

Am Ende des Abends feiern wir Partys ›nur für Frauen‹ in den größeren Zimmern. Meistens werden wir albern, viele von uns betrunken, und die meisten sind begierig, ihre Geschichten zum besten zu geben. Wir nehmen uns gegenseitig in die Arme und streicheln uns und sagen uns Komplimente. Bei einer Party streichelten und küßten wir uns zu zweit oder dritt auf den Betten. Im letzten Jahr haben nur wenige von uns Kokain genommen; die meisten von uns rauchen Pot und trinken. Ich gebe bei diesen Partys meine Vorstellung, mit meinem Tonband und meinem Telefon – und meinen Gedichten. Ich versuche, Spaß zu haben . . .

Interview mit Debra

Carole

Debra arbeitete neun Jahre lang als Prostituierte. Sie ist jetzt zweiunddreißig Jahre alt und arbeitet zur Zeit halblegal.

Carole: Wo bist du aufgewachsen?
Debra: Meine Mutter bekam mich in Louisiana. Meinen Vater habe ich nie kennengelernt. Ich habe auch kein Verlangen danach. Er hatte einfach Lust auf eine Frau, und meine Mutter war zufällig gerade da. Soviel ich weiß, war er ein Arsch. Er war bereits verheiratet. Meine Mutter bekam mich, sagte ihren Eltern nichts davon und gab mich zur Adoption frei. Ich war neun Monate lang von meiner Mutter getrennt. Aber als sie die endgültigen Papiere für die Adoption bekam, sagte sie ›Nein!‹. Inzwischen war sie wieder schwanger. Sie erklärte mir, daß sie erneut schwanger geworden war, weil sie, nachdem sie diese Geburt – meine – durchgemacht hatte, sich leer fühlte. Und da beschloß sie auch, mich zu behalten. Sie ging deswegen vor Gericht, und bis heute fängt sie an zu weinen, wenn sie davon spricht. Es war schrecklich. Man beschimpfte sie im Gericht mit häßlichen Namen.

Meine Mutter zog nach Wisconsin. Ich wohnte bei meiner Großmutter, die wunderbar ist. Ich liebe meine Großmutter! Aber sie war das Produkt ihrer Zeit, und sie lebte in einer sehr engstirnigen deutsch-polnischen Gemeinde in Milwaukee. Vor den Nachbarn wollte sie so tun, als sei ich ein Pflegekind. Aber meine Mutter sagte: »Sie ist meine Tochter, und ich werde sie nie mehr verleugnen.« Das hat sie auch nie mehr getan. Dafür habe ich meine Mutter immer geliebt. Doch sie machte eine Ausnahme, als ich mit der Prostitution anfing. Damit hatte sie ein großes Problem. Sie neigte dazu, sich der Religion zuzuwenden. Ich habe mit Religion gar nichts im Sinn. Ich glaube, daß ein großer Teil des religiösen Glaubens von Menschen gemacht ist, um die Leute zu unterdrücken. Ich glaube an ein höheres Wesen, aber nicht an irgendeinen blonden Mann, der über die Erde wandelte.

Meine Mutter heiratete, als sie zwei Kinder hatte – meine Schwester und mich. Was mich betrifft, ist das mein richtiger Vater. Ich meine, es ist keine Kunst, einen steifen Schwanz zu haben und ihn in eine Fotze zu stecken. Das bedeutet gar nichts. Was für mich Mutterschaft und Vaterschaft wirklich bedeutet, ist das eigentliche Aufziehen von Kindern und die Liebe, die man ihnen schenkt. Meine Mutter hatte immer gesagt, daß sie zwölf Kinder wollte – sechs Jungen und sechs Mädchen –, bevor sie vierzig würde. Und tatsächlich bekam sie ihr zwölftes Kind fünf Tage vor ihrem vierzigsten Geburtstag. Sie liebt Kinder.

Ich hatte während meiner Kindheit viel Verantwortung, ich glaube zuviel. Ich kann mich erinnern, daß ich mein erstes Essen mit einem Truthahn zubereitete, als ich in der sechsten Klasse war. Und ich war Babysitter für alle meine Geschwister. Ich war ein wirklich verantwortungsvolles Kind, vor allem deshalb, weil mir gar keine andere Wahl blieb. Es hieß niemals »Könntest du wohl«, es hieß immer »Mach mal!«. Dann zogen wir weiter aufs Land. Wo sich Hase und Fuchs gute Nacht sagen. Wir kauften ein altes Bauernhaus mit einem Morgen Land. In den oberen Räumen gab es keine Heizung, deshalb mußten wir alle unten schlafen – zu zehnt in einem Bett.

Mein Vater war Alkoholiker, bis ich etwa siebzehn oder achtzehn war. Ein wirklich ernster Fall von einem Alkoholiker. Er hatte große Mühe, Gefühle zu zeigen. Ich habe immer gedacht, daß er mich haßt. Dann schaffte er es mit Hilfe von den Anonymen Alkoholikern vom Alkohol wegzukommen, und seine ganze Persönlichkeit änderte sich. Er wurde ein sanfter, fürsorglicher und nachdenklicher Mann. Ich konnte es kaum glauben. Ich arbeitete in der Bar als Kellnerin, in der er zu trinken pflegte. Es war für mich eines der schwersten Dinge, an die ich mich erinnere, wenn ich ihm Alkohol servieren mußte, obwohl ich wußte, daß er ein Problem damit hatte. Er warf das Geld zum Fenster hinaus, und zu Hause waren wir pleite. Ich erinnere mich, daß ich als Kind Hunger litt und Zwiebelscheiben aß, damit mir der Bauch nicht so weh tat. Meine Eltern taten ihr Bestes. Wir hatten immer eine

Wohnung und Schuhe und das Nötigste, um uns vor dem Verhungern zu bewahren. Ich glaube, daraus habe ich viel gelernt.

Ich arbeite außer Haus, seit ich dreizehn bin. Ich habe schon alle möglichen Jobs gemacht. Bei meiner ersten Arbeit auf einer Farm erntete ich acht Stunden am Tag Gurken. Das ist eine Schufterei, die einem den Rücken bricht. Und die Bezahlung war beschissen. Wir arbeiteten für die Firma Del Monte, die Konservenfabrik. Je älter ich wurde, nachdem ich von zu Hause weg war, stellte ich immer deutlicher fest, daß andere Kinder nicht so viel zu arbeiten brauchten. Da wurde ich so richtig sauer. Da merkte ich erst, wieviel ich arbeiten mußte.

Carole: Wie kamst du dann zur Prostitution?

Debra: Also, meinen ersten Freier hatte ich lange bevor ich eigentlich Prostituierte war. Ich besuchte eine Zeitlang das College, und nebenher arbeitete ich als Bedienung in einer Cocktail-Bar, weil mir meine Eltern kein Geld geben konnten. Und dort erschien dieser Abgeordnete. An den Abgeordneten habe ich erkannt, was Politiker für Typen sind – ich kann dir sagen –, diese Männer waren ekelhaft. Sie waren ordinär. Aber sie waren die Führer unseres Bundesstaates. Die Typen in Washington sind wahrscheinlich noch schlimmer, und sie führen unser Land. Dieser eine bestimmte Kerl verführte mich eines Nachts. Er war schon älter, vermutlich Mitte fünfzig, und ich war achtzehn. Er wußte, daß er etwas Unrechtes tat. Er war verheiratet. Jedenfalls erzählte er mir allerlei Scheiß, und dann sah ich ihn nie wieder, außer da, wo ich arbeitete. Er hatte erreicht, was er wollte, damit war die Sache erledigt. Doch ich beschloß dann, daß ich Bedienung im Repräsentantenhaus werden wollte. Um das zu erreichen, mußte ich von einem Mitglied des Hauses empfohlen werden. Damals habe ich zum erstenmal mich gezielt verkauft. Ich ging zu ihm hin und sagte: »Ich möchte, daß du dich für mich einsetzt.« Er sah mir ins Gesicht und war klug genug, meine Bitte nicht abzuschlagen. Er war Politiker und wollte nicht bloßgestellt werden. Ich benutzte Sex als Werkzeug, wenn auch unbewußt. Als ich dann im Repräsentantenhaus arbeitete, wurde ich sexuell belästigt und kündigte wieder. Aber das ist eine andere Geschichte.

Später ging ich zur Kunstschule. Ich machte einen Abschluß mit einem Notendurchschnitt von drei Komma sechs. Ich habe als Anstreicherin gearbeitet. Viele verschiedene Jobs habe ich gemacht. Ich habe in Konservenfabriken gearbeitet, was eine Knochenarbeit ist. Deswegen erschien mir die Prostitution so verlockend. Weil man so viel Geld verdienen konnte. Man brauchte sich keine Belästigungen gefallen zu lassen, das ließ man nicht zu. Man hatte die Sache voll unter Kontrolle, verstehst du? Wenn mir jemand auf den Hintern klatschte, bekam ich Geld dafür. Niemand erwartete, daß das gratis dazugehörte, wie es bei vielen anderen Jobs, die ich gemacht hatte, der Fall war. Man redete mir immer ein, daß ich für einen Job dankbar zu sein hätte. Küß mir bitte den Arsch und danke mir dafür, daß ich dich diesen Scheißjob machen lasse. Verstehst du? Ich hatte davon vollkommen die Nase voll. Also fing ich mit der Prostitution an und faßte sofort darin Fuß.

Carole: Wo hast du angefangen zu arbeiten?

Debra: Hier in Kalifornien, in der Bay. Ich bin 1976 hier rausgezogen. Zwar habe ich gern gemalt, und ich war eine gute Grafikerin. Aber ich habe monatelang Firmen in San Francisco abgeklappert, und niemand wollte mich beschäftigen. Nicht nur, daß man mir keinen Job gab, die meisten schauten sich nicht einmal meine Arbeitsmappe an. Weil ich nicht die praktische Erfahrung mitbrachte, die sie verlangten, sagten sie mir nicht einmal guten Tag. Die Menschen in Großstädten sind ganz schön brutal. Ich lernte einige Leute kennen, die in der Prostitution arbeiteten, und ich fing im Februar 1977 damit an.

Ich arbeitete mit einer Gruppe von Frauen und einem Mann. Von Anfang an. Gott sei Dank! Ich habe gelernt, wie ich mich und meinen Körper schützen konnte. Eine andere Frau stand während der Arbeit hinter mir. Ich bekam Unterricht, wie man Prostituierte wird. Anders geht es nicht. Ich fing auf der University Avenue in Berkeley an.

Carole: Debra, gab es bei deiner Arbeit Zwischenfälle von Gewalttätigkeit?

Debra: Also, wenn ich eine Nummer machte, dann bestimmte ich, wie es vor sich ging. Ich hatte das Sagen. Ich war der Boß. Ich erlaubte den Freiern nicht, meine Genitalien zu berühren, und ich machte es ihnen mit der Hand. Ich hatte eine bestimmte Art, wie ich es machte, und wenn jemandem das so nicht paßte, konnte er gehen.

Die einzigen beiden Male, daß mir jemand persönlich etwas antat, war direkt, nachdem ich auf den Strich ging. Es passierte gleich in zwei aufeinanderfolgenden Wochen. Als ich den ersten Monat auf den Strich ging, hatte ich zwar Freundinnen in der Nähe, aber ich war jung und naiv. Wenn man sich zu einem Freier ins Auto setzt, befindet man sich auf seinem Territorium. Man muß besondere Vorsichtsmaßnahmen treffen, auch wenn es nur für drei Minuten oder nur drei Blocks weit weg ist. Man hat seine bestimmte Strecke, die man nimmt. Wenn man in ein Auto steigt, untersucht man es – man sieht im Handschuhfach nach. Man läßt die Hand während der ganzen Zeit am Türgriff. Bevor man einsteigt, vergewissert man sich, daß sich die Tür öffnen und schließen läßt. Man beobachtet jede Bewegung des Freiers. Er muß beide Hände am Lenkrad behalten. Wenn man ihm sagt, er soll abbiegen, und er tut es nicht, ist man sofort aus dem Auto.

Beim erstenmal dirigierte ich den betreffenden Freier zu einem Bumsplatz. Es war abends, so gegen zehn oder elf. Er war ein junger Kerl. Auf dem Bumsplatz war Hochbetrieb. Er wollte nicht warten. Ich wußte nicht, daß man nicht mit einem Freier zurückfährt, der seine Nummer nicht gehabt hat. Also fahre ich mit ihm zurück, und während ich aus dem Fenster sehe, zieht der Freier ein Messer raus und hält es mir an die Kehle. Er entführte mich für drei oder vier Stunden in die Hügel von Albany. Ich habe alle Tricks angewandt, die ich kannte. Ich meine, ich habe geschrien und habe so getan, als ob es mir gefiele. Endlich hatte ich ihn soweit, daß er bereit war, ein Zimmer zu nehmen, damit wir die Nacht zusammen verbringen würden. Endlich! Wir fuhren also zurück nach Berkeley, und ich sprang aus dem Auto und rief ihm zu, daß er ganz schnell verschwinden soll. Mit schlagender Autotür fuhr er davon. Er hatte mich mehrmals vergewaltigt.

Carole: War es danach nicht schwer, wieder in ein Auto zu steigen?
Debra: Nein, ich wußte, daß ich einen Fehler gemacht hatte. Es ist ein gefährliches Geschäft, und man muß sich schützen. Weißt du, was eine Nutte rettet, ist ihr sechster Sinn. Ihr Sinn für Menschen. Man muß sich innerhalb von Sekunden über einen Menschen ein Bild machen können. Man bekommt darin unheimlich Übung. Unsere Regel ist, daß, wenn einen jemand auf ungute Weise ansieht oder auf eine Art ›Hallo‹ sagt, die einem nicht gefällt, man die Finger davon läßt, egal wieviel Geld er einem bietet. Man soll immer seinem ersten Eindruck trauen. Man kann jemandem in die Augen blicken und darin Gutmütigkeit und Menschlichkeit sehen oder auch Bösartigkeit und Gewalttätigkeit. Das funktioniert.

Es ist mir trotzdem noch mal passiert, kurze Zeit später. Dieser Kerl hatte es offenbar schon mit einer anderen Frau in San Francisco so gemacht, aber ich war auf dem Strich in Berkeley, und bis hierher war die Kunde noch nicht gedrungen. Denn normalerweise informiert eine, die so etwas weiß, alle anderen. Man schützt sich gegenseitig. Dieser weiße, mittelalte, ehrenwert aussehende Mann nahm mich mit, und wir fuhren wieder zu eben jenem Bumsplatz. Er zog eine Pistole heraus und sagte: »Keine Bewegung, Hure, oder ich puste dir das Gehirn aus dem Kopf.« Ich zertrümmerte seine Windschutzscheibe und zerbrach seine Brille. Aber er fuhr weiter, und ich wurde vergewaltigt. Das war jedoch das letztemal. Und ich war neun Jahre lang Nutte.
Carole: Hast du solche Vorfälle jemals bei der Polizei gemeldet?
Debra: Ich kann dir nicht sagen, wie unzählige Male ich gehört habe, daß die Polizei sagte, eine Prostituierte könne nicht vergewaltigt werden. Das macht mich wirklich sauer, denn viele Männer glauben das auch. Es ist völlig lächerlich. Ich hatte Freundinnen, die dabei verletzt wurden. Aber nach einer gewissen Zeit meldet man es nicht mehr der Polizei. Die Einstellung ist: »Was soll's, das gehört zu eurem Job.« Wahrscheinlich glauben das sogar auch viele Frauen.
Carole: Hast du viel Geld verdient?

Debra: Ja! Ich habe genug verdient. Meine Meinung war immer, daß ich kriegen sollte, was ich wollte. Ich bin so viele Jahre lang ausgenutzt worden, vor allem von Männern. Es ist nun mal so, daß die Menschen, die Fabriken haben und Bosse sind, im allgemeinen Männer sind. Ich war es unheimlich leid, daß Männer das mit mir machten. Ich machte zwischen dreihundert und fünfhundert Dollar in der Nacht, manchmal mehr. Ich habe besser gelebt als je in meinem Leben.

Die Fortsetzungsgeschichte von Scarlot Harlot – Teil V

Carol Leigh

Vorhin ist Hank auf einen Sprung vorbeigekommen. Er besucht mich seit mehreren Jahren, und er gehört zu meinen liebsten Kunden. Wir haben uns niemals im eigentlichen Sinne unterhalten, aber ich glaube, daß er Sinn für Humor hat, denn er lacht, wenn ich etwas Witziges sage. Heute war ich nur mit einer Schürze bekleidet, als ich ihm die Tür aufmachte (das spart das An- und Ausziehen), und ich erzählte ihm, daß ich gerade Hausputz gemacht und vergessen hätte, mir etwas anzuziehen. Das schien ihn zu amüsieren. Wir umarmten uns an der Tür. Ich drehte mich um und sagte: »Schau, ich habe keine Hose an, und ich habe Turnübungen gemacht.«

Wir sprachen über meine Muskeln und darüber, wie schwach sie seien, und er fiel auf die Knie und küßte mich überall.

»Zieh dich aus«, sagte ich und hüpfte wie ein Häschen ins Bett.

Er streichelte und küßte und massierte mich überall. Ich sagte ihm, daß es mir guttue, und das stimmte, denn Hanks Berührungen waren warm und liebevoll, und er hielt seine Ejakulation nicht zurück. Ein paar Minuten später war er wieder auf, zog sich an und hastete zu meiner Tür hinaus. Rin in die Kartoffeln – raus aus die Kartoffeln – oder wie man in unseren Kreisen so sagt.

»Bis bald, mein Liebling«, rief ich ihm nach. Ich habe wirklich etwas übrig für diesen Mann. Aber er macht mich ein klein wenig nervös. Ich meine, wer ist er eigentlich?

Die Fortsetzungsgeschichte von Scarlot Harlot – Teil VI

Carol Leigh

Brrring . . . Brrring . . .

Hoppla! Vielleicht ist das eine kämpferische Prostituierte, die mich anruft, damit ich ihr helfe, die Revolution zu planen.

»He, Süße. Hast du was vor?«

Oh, Scheiße, es ist Frank. Soll ich, oder soll ich nicht? Ich bin so in Gedanken versunken, ich habe eigentlich keine Lust zu arbeiten. Ich habe mich etwas in den Gefilden der Empfindsamkeit verloren. Ich bin eine Künstlerin! Ich sollte es eigentlich nicht nötig haben. Und er ist so anstrengend. Aber ich brauche das Geld.

»Oh, mein Liebling, das ist ja prima. Ich habe gerade gar nichts vor. Warum kommst du nicht vorbei. Ich würde mich wahnsinnig freuen.«

»Bin gleich da.« Er freut sich.

»Laß mir nur eine halbe Stunde Zeit, um ein bißchen aufzuräumen und mich anzuziehen.«

»Mach dir meinetwegen keine Umstände.«

»Doch, das muß sein. Bis nachher.«

Ich räume meinen Schreibtisch auf, mache das Bett, dusche und drehe mir die Haare mit elektrischen Lockenwicklern ein. Hurenzauber. Das wäre doch ein großartiger Markenname, denke ich, während ich mir die Lippen und Wangen mit Waldkirsche bemale.

Ich sollte eine Geschäft aufmachen und unter dem Namen Hurenzauber Kosmetik, Öle und Sexspielzeuge verkaufen. Ich könnte ein Vermögen machen. Ich hadere mit dem Schicksal, während ich mir einen passenden Büstenhalter und Strumpfgürtel aussuche und ein tiefausgeschnittenes Kleid –; ich bin betrübt, denn ich weiß, daß der Dienst am Mann mehr einbringt als jeder andere Diensteifer. Ich wähle die Musik, das Licht und die Räucherstäbchen. Die Türglocke klingelt.

Frank erscheint in Tennisausstattung (das Alibi seiner Frau gegenüber); mit Liebe hat das Ganze nichts zu tun.

Wir umarmen und küssen uns. Ich ziehe ihn ins Bad und wasche ihn mit einem zärtlichen Ritual, seife ihn ein und lutsche an ihm und gurre. Ich ziehe ihn zurück zum Bett und fange mit oralem Sex an. Vielleicht kommt er auf diese Weise, und ich kann mich wieder meiner Kunst und meiner politischen Arbeit zuwenden. Aber ich mache es ihm schön, damit er wiederkommt. Jetzt komm schon, komm, denke ich, während mein Mund und meine Finger an ihm spielen.

»Was hältst du von neunundsechzig«, fragt er mich, als ob ich es ablehnen würde.

»Mmmmm. Oh, ja, ja«, flüstere ich. Scheiße. Ich hatte nicht vor, selbst hineingezogen zu werden. Es paßte mir nicht, wenn es bei mir kommt. Es paßt mir eigentlich nie, aber mir ist es immer noch lieber, wenn es echt ist, als wenn ich es vortäusche, und die Kunden unseres Callgirl-Netzes erwarten von uns, daß wir sagen, wie wir es gerne mögen. Ich wünschte, ich könnte anonym arbeiten, wie in einem Bordell oder einem Massage-Salon. Stammkunden sind irgendwie eine Belastung, aber ich arbeite auf diese Weise, um der Polizei zu entgehen.

»Es ist toll, daß du so gerne fickst und leckst. Du genießt es richtig, was?« stöhnt er mir in den Schritt.

»Oh, ja, und wie undsoweiter undsoweiter . . .«

»Hast du Spaß an meinem Schwanz?«

»Und wie undsoweiter . . .« Los jetzt mach schon, denke ich. Also, wenn Sexarbeiterinnen den Status von Schauspielerinnen hätten, würde ich unter der Belastung dieser Lügerei nicht so leiden. »Ich mag es, bitte fick mich.«

»Ich merke, daß es dir wirklich gefällt. Ich finde, die Frau soll Spaß dran haben. Und ich weiß, du hast Spaß dran. Das macht mich an.«

»Oh, ja. Ich mag es. Ich mag es.« Sage ich. Was mich am meisten ärgert, ist die Tatsache, daß diese Kerle denken, wir seien von einem Sexwahn befallen. Sie bilden sich ein, wir könnten gar nicht genug kriegen. Ich weiß nicht, warum er andauernd fragt. Ich antworte doch weiß Gott leidenschaftlich genug. Frank kommt. Er rollt von mir herunter und streichelt mich.

»Wie oft bist du gekommen?« fragt er.

»Oh je, ich weiß gar nicht. Ich konnte es nicht mehr zählen.« Frank ist ein netter Kerl und ein guter Liebhaber, aber meine Gedanken sind anderswo. Meine Callgirl-Kolleginnen werden mir recht geben: Sexarbeit ist entschieden einfacher, wenn man es mit vielen verschiedenen Männern zu tun hat. Wenn man mehrere Tage hintereinander jeweils drei oder vier verschiedene Männer hat, kommt man in ein Stadium der sexuellen Öffnung. Aber ich habe keine Zeit dafür, deshalb stört mich die Arbeit immer wieder.

Ich weiß, ich sollte ein Buch schreiben, in dem die Freier nachlesen können, wie wir uns wirklich in solchen Situationen fühlen. Wenn die Nutten anfingen, die Wahrheit zu sagen und die Last dieser Lügen abzuwerfen, hätten wir viel Macht und die Zukunft der Prostitution wäre so rosig . . .

Ein Traum wird zum Alptraum

Cecelia Wardlaw

Ich wurde vor achtundvierzig Jahren als Kind einer römisch-katholischen Alkoholiker-Familie geboren. Ich selbst löse mich gerade von dieser Sucht, und erst kürzlich habe ich erfahren, daß ich das Opfer eines Inzestaktes war.

Ich erinnere mich, daß ich als Heranwachsende alle möglichen Bücher verschlungen habe, aus denen ich irgend etwas über Sex erfahren konnte. Meine Mutter versteckte die medizinischen Bücher, für die ich mich so sehr interessierte, also nahm ich Zuflucht zu Nachschlagewerken und Lexika, die ich in der Bücherei fand. In den fünfziger Jahren, als ich ein junger Teenager war, versuchte ich erfolglos, die Jungen der Nachbarschaft zu verführen. Auch sie entstammten alle römisch-katholischen Familien, und zu jener Zeit, in der ›Vater am besten wußte, was gut für einen ist‹, sparten sich Katholiken für die Ehe auf. 1960 war ich eine jungfräuliche Braut und geil wie eine läufige Hündin. Meinem Mann gelang es nicht, meinen Hunger nach Sex zu stillen, und ich dachte, daß ich auf irgendeine Weise schuld an dem Problem sei. Ich machte mich wieder über Bücher her. Ich stieß auf Sex-Anleitungen, die damals noch verhältnismäßig neu waren, aber mein Mann sagte, ich käme dadurch nur auf ›dumme Gedanken‹. Als in den Illustrierten zum erstenmal etwas über Massage-Salons zu lesen war, war ich fasziniert. Ich ließ meiner Phantasie freien Lauf, wie es wohl wäre, wenn ich Prostituierte wäre, doch gleichzeitig dachte ich, daß meine Chancen, je eine zu werden, sehr gering wären. Wie wenig wußte ich!

Als meine Kinder größer wurden, beschäftigte ich mich mehr mit deren Leben, und mein eigenes Leben wurde vielseitiger. Ich fing an, freiwillig Arbeit in der Gemeinde zu leisten, und ich lernte Leute kennen, die eine ähnliche Einstellung hatten wie ich. Ich fühlte mich in meinen Ideen unterstützt. Außerdem entdeckte ich, daß ich Frauen liebte. Mein

Leben war ausgefüllt und zufrieden. Sogar der sexuelle Bereich war nicht mehr so frustrierend.

Dann wurden wir in den Süden versetzt.

Ich erinnere mich, daß ich am ersten Abend in unserer neuen Stadt vor der Statue der Muttergottes kniete und schluchzte. Einige Wochen später, anläßlich unseres zwölften Hochzeitstages, gingen mein Mann und ich zum Essen aus. Ich weiß noch genau, wie ich ihm am Tisch gegenübersaß und dachte: »Ich habe nichts mit dir gemein.«

Es dauerte ein Jahr, bis ich den Mut aufbrachte, ihn zu verlassen.

Als ich dann schließlich auszog, mußte ich feststellen, daß ich nicht die blasseste Vorstellung davon hatte, wie es war, allein zu leben und für mich selbst zu sorgen. Alkohol und Tabletten wurden Bestandteile meines Lebens. Ich brauchte mindestens einen Joint, um den Mut aufzubringen, eine Bar zu betreten. Die Männer, die ich kennenlernte, wollten nichts als Sex. Gratis Sex. Ich machte dabei mit, aber nicht lange. Eines Tages kam eine Frau, in die ich mich verliebt hatte, als ich noch verheiratet war, zu mir zu Besuch. In unserer ersten gemeinsamen Nacht waren wir high; wir lachten und redeten über frühere Zeiten. In der zweiten Nacht liebten wir uns. Dann fuhr sie wieder weg. Ich wußte nicht, was ich tun sollte. Ich war viel zu schüchtern, um in eine Schwulenbar zu gehen, selbst wenn ich high war.

Ich war ausgebildete Krankenschwester und arbeitete als Schwester und Therapeutin in einem Methadon Maintenance Center. So wie mich bisher die Zeitschriftenartikel über Prostitution fasziniert hatten, fesselte mich jetzt alles, was ich über den Strich und das Leben auf der Straße hörte. In meinem anfälligen Zustand dauerte es nicht lange, bis ich mit einem meiner männlichen Patienten in eine romantische Beziehung verstrickt war. Ich fing an, Drogen für ihn zu stehlen. Mein Geliebter landete schließlich in der Besserungsanstalt, und ich stand wieder einmal allein da.

Ich zog wieder in den Norden und endete schließlich wieder in den Bars. Ich fing an, von meinen Freiern Geld zu nehmen; nicht so sehr, um etwas zu verdienen, sondern um meine

Liebe nicht mehr zu verschenken. Ich lernte eine Frau kennen, die auf den Strich ging, sich spritzte und mit mir leben wollte. Ich war verliebt; sie war sehr schön. Sie brachte mich ans Heroin, und zum erstenmal entstand bei mir eine körperliche Abhängigkeit.

Linda und ich lebten zusammen in einem Haus, das ich gekauft hatte, damit wir unter einem Dach sein konnten. Als ich heroinabhängig geworden war, hieß es, zwei Süchtige zu unterhalten, und wir brauchten mehr Geld. Ich dehnte meine kriminellen Handlungen aus und wurde nach einiger Zeit verhaftet. Als ich aus dem Gefängnis kam, brauchten wir dringend und ganz schnell Geld. Ich konnte nicht mehr als Krankenschwester arbeiten, und im übrigen wäre dadurch auch viel zu langsam Geld hereingekommen. Eines Tages setzten wir uns mit dem Telefonbuch hin und blätterten es nach Massage-Salons durch, von denen wir etliche fanden. Am folgenden Tag gingen Lindas Cousine und ich los, um sie uns anzusehen.

Die Etablissements lagen nicht gerade im besten Viertel der Stadt. Beim ersten stiegen wir eine finstere, wackelige Treppe in den zweiten Stock hinauf, wo ein Bulle von einem Mann an einem Tisch saß. Er starrte uns an, als wir auf ihn zutraten. Um ihn herum lungerten fünf oder sechs Frauen in Spitzenunterwäsche in verschiedenen Stellungen auf Couchen oder Sesseln. Sie alle lächelten bei unserem Eintreten. Der Mann wies uns an, eine Karteikarte auszufüllen und unsere Namen, Adressen und Telefonnummern einzutragen, und sagte, er würde uns anrufen.

Der nächste Salon lag etwas weiter außerhalb des Stadtzentrums, in einer Straße mit vielen Bars. Wieder stiegen wir eine Treppe hinauf in den zweiten Stock eines heruntergekommenen Gebäudes. In diesem Fall wurde uns gesagt, wir sollten abends um elf wiederkommen, wenn wir mit dem Manager sprechen wollten.

Wir gingen wieder auf die Straße hinunter und betraten eine Aufreiß-Bar. Ich saß auf einem Barhocker, und bald begann ein Mann, an meinem Bein herumzuspielen. Eine Stimme sagte »Vorsicht!«. Ich drehte mich zur Eingangstür um und sah einen Hünen von einem Bullen. Ich rutschte vom Barhocker, und Lindas Cousine und ich machten uns auf den Weg nach Hause. Unterwegs beschloß sie, daß sie ihr Glück in einer anderen Bar versuchen wollte. Später in dieser Nacht rief sie uns aus dem Gefängnis an; sie war verhaftet worden.

Ich ging um elf Uhr noch mal in den Massage-Salon. Man sagte mir, ich solle durch einen Korridor gehen – der noch finsterer und schäbiger war als die Treppe – und in ein Hinterzimmer, wo ich mich ausziehen sollte. In dem Raum stand ein Bett, nur mit einem Leintuch überzogen, auf dem ein Handtuch lag. Ringsum waren Spiegelwände. Was an Wand noch zu sehen war, war schwarz und rot gestrichen. Ich zog mich bis auf Unterhose und Hemd aus. Der Manager klopfte, trat ein und sagte, ich solle mich ganz ausziehen, dann ging er wieder. Als er zurückkam, zog er sich aus, legte sich aufs Bett und wies mich an, mich zu setzen, wobei er auf die Bettkante deutete. Er sagte, ich solle alles tun, wozu ich Lust habe. Ich erinnere mich, daß ich ihn fragend ansah, aber er gab mir keine weiteren Anweisungen. Ich zuckte mit den Schultern und fing an, an seinen Genitalien herumzuspielen. Ich nahm ihn in den Mund. Er klopfte mir auf die Schulter und sagte, daß ich meine Sache gut gemacht habe und am nächsten Morgen mit der Arbeit anfangen könne. Damit wurde ich verabschiedet. Seit meiner Entlassung aus dem Gefängnis hatten Linda und ich nur von der Sozialhilfe gelebt, abgesehen von ein paar Freiern, die ich hatte aufreißen können. Ich wollte nicht, daß Linda als Nutte arbeitete. Ich bekam eine Gänsehaut bei dem Gedanken, daß ein Mann sie berühren könnte.

An meinem ersten Arbeitstag im Salon kam ich zu spät. Als ich am Abend davor nach Hause gekommen war, hatten Linda und ich uns sofort high gemacht, und wir machten so bis morgens weiter, bis wir keinen Stoff mehr hatten. Ich mußte warten, bis sie wieder welchen beschafft hatte, damit ich den Tag überstehen konnte. Ich nehme an, daß die Frauen im Salon nicht mehr ernsthaft mit mir gerechnet hatten, als ich endlich dort auftauchte. Sie sahen überrascht aus, als ich den Raum betrat.

Ich wurde in einen Ankleideraum geschickt. Offenbar

mußte ich dort zu lange gebraucht haben, denn eine schöne schwarze Frau kam mich holen. Sie dachten, ich wäre zu schüchtern oder ängstlich. In Wirklichkeit war es jedoch so, daß ich dermaßen high war, daß ich mich nicht schnell bewegen konnte und viele meiner Bewegungen unnötig wiederholte.

Ich schaffte es bis zum vorderen Aufenthaltsraum und setzte mich auf den letzten freien Platz auf der Couch. Die Frauen unterhielten sich über Belanglosigkeiten, bis Daisy, die am Empfangstisch saß, in einem strategisch günstig angebrachten Spiegel einen Freier vor der elektronischen Stahltür stehen sah. Als Daisy ›Kundschaft‹ rief, entstand eine hektische Betriebsamkeit. Die Frauen setzten sich in Positur, malten sich die Lippen nach, zogen Kleidungsstücke höher oder tiefer, lächelten auf Befehl und räkelten sich in verführerischen Posen – alles in wenigen Sekunden.

Den ganzen Tag kamen und gingen Kunden, und keiner wählte mich. Wenn ein Mann mit dem Türdrücker eingelassen worden war, ging er zum Empfangstisch, wechselte ein paar Worte mit Daisy und zog einige Geldscheine heraus. Dann wandte er sich an uns, und wir lächelten und setzten uns in Pose. Ich lernte das alles durch die Beobachtung. Niemand gab mir verbale Anweisungen, obwohl man mich am ersten Tag zu ein paar ›Sitzungen‹ mit hineinschickte, damit ich zusähe. Der Freier suchte sich eine Frau aus, die ihn dann in einen großen, üppig dekorierten Raum führte. Überall hingen riesige Spiegel, die Wände waren in dunklem Rot, Blau, Grün und in Schwarz gestrichen, und überall glänzte vergoldeter Schnickschnack an den Wänden, an den Spiegeln und im Bad. Die meisten Zimmer hatten eine große, höhergelegte Badewanne, die bei den teuersten Behandlungen benutzt wurde. So eine Behandlung dauerte etwa eine Stunde. Die Standard-Behandlung begann bei fünfzehn Minuten für fünfundzwanzig Dollar, bei der der Kunde mit der Hand bedient wurde, oder für vierzig Dollar halb und halb (Ficken und Lekken). Preise und Dauer richteten sich nach den speziellen Wünschen des Kunden. Das längste, was man bekommen konnte, war eine Stunde, einschließlich eines Vollbades und einer Halb-und-Halb-Behandlung, für hundert Dollar. ›Englische Sitzungen‹ (Sado/Macho) waren maßgeschneidert auf die Vorlieben und die Brieftaschen der Kunden. Solche Behandlungen wurden nur von ein paar bestimmten Frauen durchgeführt, und mir wurde ziemlich zu Anfang schon gesagt, daß ich mich gut dafür eignen würde. Ich glaube, es war deshalb, weil ich so zornig aussah.

Am ersten Abend blieb ich lange Zeit unerwählt sitzen, bis ein junger Mann eingelassen wurde, der sehr high war. Alle anderen Frauen waren mit Kunden beschäftigt. Er setzte sich, oder vielmehr fiel neben mir auf die Couch, und ich fing an, mit ihm zu reden. Bevor ich richtig begriff, was vor sich ging, hatte ich ihm eine Hundert-Dollar-Behandlung aufgeschwatzt. Nach diesem Ereignis wurde ich die Spezialistin für Betrunkene und ähnliche Fälle. Ich hatte keine Angst vor ihnen, und ich stellte fest, daß ich ihnen so ziemlich alles aufschwatzen konnte.

Als ich schon einige Monate lang dort arbeitete, wurde sehr früh eines Morgens ein stark unter Drogen stehender Mann hereingelassen. Es lief darauf hinaus, daß er den verbleibenden Rest der Nacht mit mir verbrachte und in der folgenden Zeit Stammkunde wurde. Ich hatte inzwischen mehrere Stammkunden und schaffte hin und wieder die höchsten Umsätze. Ich ging jetzt viel seltener auf den Strich, aber die Lebensumstände zu Hause wurden immer unerträglicher.

Linda behauptete, daß ihr nachlassendes Interesse an Sex auf ihrer wachsenden Heroin-Abhängigkeit beruhte. Ich hatte jedoch den Verdacht, es lag daran, daß ich sexuellen Kontakt zu Männern hatten. Wenn ich allerdings versuchte, meine Arbeit aufzugeben, brach sie einen Streit vom Zaun, der damit endete, daß ich Prügel bezog.

Geld war ein ständiges Problem. Es reichte hinten und vorn nicht. Ob ich zweihundert oder zweitausend in der Woche verdiente – so sehr schwankte es wirklich –, das Geld zerrann wie nichts. So kam es, daß wir an Weihnachten dieses Jahres ohne einen Penny dasaßen. Unser Weihnachtsessen bestand aus einem halben Pfund Schinken und Rührei aus drei Eiern. Wir waren beide krank – drogenkrank. Linda sagte, wenn wir nicht zusammengewesen wären, hätten wir beide ein schönes Weihnachtsfest haben können. Sie behauptete immer wieder, daß es unsere unterschiedliche Rasse sei, die uns Probleme bereitete. Doch ich wußte, daß es die Drogen waren. Ich war so weggetreten, daß ich mir wünschte – wie ich mich erinnere –, daß auf magische Weise das Christkind mit einem Baum und auf einem Silberschlitten auftauchen würde, bevor der Morgen heranbräche. Es tauchte natürlich nicht auf, und ich fühlte mich niedergeschlagen wie noch nie in meinem Leben.

Die Monate zogen sich so dahin. Ich verlor mein Haus, weil ich die Hypothekenzinsen seit vierzehn Monaten schuldig geblieben war. Wir zogen in ein Appartement um, und ich empfing meinen frühmorgendlichen Besucher auf eigene Rechnung zu Hause. Ich lebte in einem ständigen Verfolgungswahn. Schließlich wurde ich aus dem Massage-Salon geworfen. Ich war zu oft nicht erschienen, und dann in einem miserablen Zustand. Es fällt mir sehr schwer, über diesen Zeitraum zu schreiben, obwohl ich sehr viel darüber spreche. Der Verlust meines Hauses war vernichtend gewesen. Als ich das Haus gekauft hatte – während einer trockenen Phase im Jahre 1980 – war ich die stolzeste Frau der Umgebung. Ich hatte so große Hoffnungen für Lindas und meine Zukunft. Als ich mein Haus verlor, verlor ich auch alle Hoffnung, daß sie und ich unser gemeinsames Leben meistern würden.

Nachdem ich geflogen war, gelang es mir, eine Stelle als Krankenschwester bei einer Leihfirma zu erhalten. Außerdem empfing ich meinen Freier drei- bis viermal in der Woche. Die finanzielle Situation war besser denn je, aber das Leben war die Hölle. Mein Freier zahlte die Miete, kaufte Lebensmittel ein und gab mir bei jedem Besuch zweihundert Dollar. Ich war jetzt auf Methadon gesetzt, was bedeutete, daß mein physisches Verlangen nach Heroin kein Faktor mehr war. Linda und ich stritten uns ständig über diesen Punkt. Ich wurde regelmäßig geschlagen und unternahm ein paar schwache Selbstmordversuche.

An der Methadon-Klinik gab es eine Beraterin, die ich jedesmal aufsuchte, wenn ich wieder mal geschlagen worden war. Sie sagte: »Wenn du wirklich genug davon hast, wirst du etwas dagegen tun.« Und so war es. Es brauchte Monate, aber schließlich ging ich weg.

Prostitution

Rosie Summers

Heute habe ich eine Amsel beobachtet, die aus dem gespaltenen Baum vor mir herabflog und mich mehr als fünf Minuten lang ansah, während ich versuchte, diesen Artikel zu beginnen. Sie stand ganz nah vor mir und zwitscherte so ausgiebig, daß ich glaube, sie wollte mir etwas erzählen.

Als sie davongeflogen war, verharrte mein Blick weiter auf dem Baumstamm mit seinen Furchen und braunen Rillen, der den Schamlippen einer Frau so ähnlich sah. Es gab sogar einen länglichen Spalt in ihm, durch den der Himmel und die Wolken blinkten.

Ich erinnere mich, wie ich Prostituierte in New York City war und jeden Abend in mein Appartement in East Village heimkehrte, eine Zigarette nach der anderen rauchte und die schmerzlichen Lieder von Wehmut und Einsamkeit sang, die Rock-and-Roll-Sender auch heute noch spielen.

Jeden Morgen staffierte ich mich mit Chanel No. 5, Stökkelschuhen und Minirock aus. Meine teuren Schuhe waren so hochhackig, und ich konnte so schlecht darin laufen, daß ich, nachdem ich die Treppe heruntergestelzt war, mich gleich in ein Taxi warf, um zur Arbeit zu fahren.

Obwohl ich in einem Massage-Salon zusammen mit anderen Nutten arbeitete, habe ich dort so viel Haß erfahren wie in der Welt außerhalb. Jedesmal, wenn ich das Schimpfwort ›Scheißfotze‹ höre, horche ich auf, denn langsam bilde ich mir ein, daß das mein Spitzname ist.

Die große, schwarze Madame, die eine Schwesterntracht und weiße Schuhe anhat, lehnt sich an die eisblaue Wand und führt die Unterhaltung.

»Diese Scheißfotze denkt, daß sie 'ne gute Nutte sei, aber ich hab' gesehen, wie sie den Schwanz des alten Kerls für fünf Dollar geleckt hat. Sie macht keine Mäuse.«

»Scheiße. Barbie? Die macht keine Mäuse.«

»Scheiße. Wenn ich ein Mann wäre, würde ich auf keinen

Fall mehr als fünf Dollar für die Möse einer Nutte ausgeben, egal welcher.«

Niemand, der nicht dazu gezwungen ist, läßt sich ständige Unterdrückung gefallen, und eine clevere Madame dosiert ihre Beleidigungen geschickt. Manchmal, wenn ich in den Massageraum gehe, um einem Mann Freude zu machen (das ist wirklich meine Absicht, nehme ich an, denn ich möchte geliebt werden), höre ich wieder ganz andere Gespräche.

Madame: »Diese arme Barbie. Sie tut mir ja so leid. Sie ist nämlich ein Adoptivkind.«

Ich verlasse den Massageraum mit dem Gefühl, für eine komplette Nummer geliebt worden zu sein, aber manchmal wird mein Geist auch auf etwas anderes gelenkt, auf die grausame Seite.

Ich: »Jemand hat mich die ganze Nacht lang angerufen und mir mit allerlei Drohungen Angst gemacht.«

Madame (beiseite): »Andere Anrufe bekommt diese Scheißfotze nicht.«

Ich fühlte mich von den Menschen isoliert, obwohl ich jeden Tag mit fünf oder mehr Männern sexuellen Kontakt hatte. Zum Einschlafen zählte ich nachts nicht Schafe, sondern schwelgte in Maschinengewehr-Phantasien. Zuerst erschoß ich die Madame und danach jeden einzelnen Freier, an den ich mich erinnern konnte, bis ich einschlief.

»Hat sie etwas getaugt? Sie sind mit diesem Mädchen nicht ganz zufrieden, nicht wahr, Mister Jones?« Es tat weh, wenn jemand mein Inneres benutzt und ein paar Minuten später mit einer anderen Prostituierten sprach und sich von ihr einreden ließ, daß er mich nicht besonders mochte, damit er sie dafür lieber mochte.

»Diese Nutte taugt als Möse nich' viel, hat sich Mister Jones beschwert«, sagte die Madame manchmal. Der Freier war immer Mister, wir indessen immer diese Nutte, diese Hure oder andererseits Baby oder Schätzchen.

Nachdem ich so viele Männer in mir drin gehabt hatte, die mich bumsten, ohne mich zu mögen, fing ich an, nervös zu werden und merkwürdige Dinge zu tun. Manchmal fuhr ich zu einem Freier, der mir nur zwanzig Dollar bezahlte und hundert Kilometer von der Stelle entfernt wohnte, wo ich auf den Strich ging. Jedesmal lachte er mich aus und amüsierte sich darüber, daß er mich dazu gebracht hatte, so weit zu fahren.

Bevor ich zu ihm nach Hause fuhr, hielt ich in einer Schnellgaststätte, und in einer Kleinstadt verrieten mein Gang, mein kurzer Rock, meine Nervosität und die Tatsache, daß ich so spät in der Nacht noch unterwegs war, daß ich eine Nutte war. Ich brach in der Umgebung einer Gruppe von Männern in eine Art hysterisches Kichern aus, die sich aufgeregt über mich unterhielten und Witze machten. »Ich würde sie nicht einmal mit einem drei Meter langen Stiel anfassen«, sagte einer von ihnen. Und dann, falls der Schmerz mir nicht die Erinnerung trübt, nahm er einen langen Besenstiel, kam damit auf mich zu und fuchtelte vor mir herum – eine Frau, die bis zu dem Punkt benutzt worden war, da sie nicht mehr ›hübsch‹ ist.

Er wußte, daß jeder von ihnen in dieser Nacht mit mir hätte schlafen können, und das machte mich für ihn zu etwas Hassenswertem. Als ich auf den Straßenstrich ging, wurde ich manchmal das Opfer von Männern, die sich einen Spaß daraus machten, mir zu winken und dann zu schreien oder Grimassen zu ziehen, wenn ich zu ihnen an den Wagen kam; anschließend brausten sie davon. Vielleicht lag es daran, daß ich den Männern ins Gesicht sah, denn das ist etwas, das sich Frauen, die keine Prostituierten sind, mit Gewalt abgewöhnen und das ich jetzt auch nicht mehr tue, aber ich kann mich erinnern, wie mich die Männer auf der Straße beleidigt haben. Ich erinnere mich, wie ein New Yorker Schwuler mich lange Zeit angaffte und dann mit lauter Stimme zu seinen Freunden sagte: »Also ehrlich, wofür manche Männer ihr Geld ausgeben!« Und während ich dies niederschreibe, fällt mir plötzlich wieder ein Mann in San Francisco ein, der mich angespuckt hat.

Ich bin Mitglied einer Frauentheatergruppe, und mehrere Wochen hintereinander las ich neue Fünfminuten-Stücke vor, und zwar über Prostitution, die ich geschrieben hatte.

Eines handelt davon, daß mich zwei Bullen auf illegalem

Weg eines Verbrechens überführen wollen, indem sie mir eine Brieftasche voller Hunderter-Scheine zeigen und mich damit allein im Zimmer lassen. Ich habe über dieselben Bullen geschrieben, die versucht haben, mich an ein Bordell zu vermitteln, wo sie Provision bekamen, und außerdem darüber, wie sie mir voll prahlerischem Stolz erzählten, daß sie andere Nutten zusammengeschlagen hatten. Ich habe über Freier geschrieben, die versucht haben, mich umzubringen, und Zuhälter, die mir Süßholz raspelten und mich bedrohten. Ich habe darüber geschrieben, wie Richter und Bullen, wenn sie mit Nutten zu tun haben, alle Ritterlichkeit und geheuchelte, abgestandene Sexualität, die Männer gern an den Tag legen, abstreifen und laute Witze darüber reißen, daß sie die Frauen für ihre ungezügelte Sexgier bestrafen.

Wenn ich diese Stücke zu Ende gelesen hatte, lachten die Frauen entweder, oder sie schwiegen vollkommen oder wechselten das Thema. Während sie keinerlei Mitleid zeigten, wenn ich über Männer sprach, die mich umbringen wollten, waren sie voller Mitgefühl, wenn andere Frauen über Autoreparatur-Rechnungen oder nicht funktionierende Kopiergeräte im Büro jammerten.

Manche Menschen glauben, daß der weibliche Körper einst deswegen als heilig galt, weil er menschliches Leben hervorbringt. Ich bin der Meinung, daß wir Frauen, wenn wir unsere seelischen und sexuellen Kräfte nicht unterdrücken würden – die viel stärker sind als die der Männer –, eine vollkommene andere Welt schaffen könnten, die mit der heutigen wenig gemein hätte.

Wir leben in einer Kultur, die das Sterben im Krieg als etwas Erhabenes ansieht, in einem ökonomischen System, in dem die meisten Menschen hungern, während ein kleiner Prozentsatz von Leuten sich auf teure Rauschmittel wie Kokain und auf Sex mit Fremden konzentriert. Wir leben in einer Kultur, die die Menschen dazu ermutigt, flach und seelenlos zu sein und sich damit zu beschäftigen, zu besitzen und andere und sich selbst zu unterdrücken. In dieser Kultur nimmt Sex oft die Form der Prostitution an – bezogen auf eine

Person, die ihre Gefühle ausschaltet, die mit ihrer Seele anderswo ist, während jemand, der sie verachtet, Liebe mit ihr macht.

Vielleicht leben wir eines Tages in einer Welt, die keiner Prostitution bedarf. Vielleicht werden die Orgasmus-Anflüge, die einige weibliche Wünschelrutengänger empfinden, wenn sie in Trance geraten, eines Tages nicht mehr für etwas Abnormes gehalten, auch wenn so etwas nur Frauen widerfahren kann. Vielleicht werden Frauen eines Tages nicht mehr Hausfrauen sein, die in viereckigen Häusern in viereckigen Wohnblocks wohnen und in viereckige Kästen starren und zusehen, wie Menschen einander umbringen. Vielleicht wird es statt dessen nichts Ungewöhnliches mehr sein, eine Aura zu haben, und es wird leicht sein, mit Pflanzen und Tieren zu sprechen. Vielleicht wird man eines Tages heterosexuelle Liebe nicht mehr als etwas ansehen, das eine Frau für einen Mann als Gegenleistung für Geld tut, für ein Abendessen und Wein oder für eine Lebensstellung als Hausfrau. Vielleicht werden wir uns eines Tages gegenseitig mit Respekt und Würde behandeln.

Grimms Märchen

Phyllis Luman Metal

Also, meine Liebe, ich muß zugeben, daß mir deine Geschichte etwas ungewöhnlich vorkommt... sehr ungewöhnlich sogar. Ich kann mir nicht vorstellen, daß eine Frau mit fünfundfünfzig Jahren anfängt, als Prostituierte zu arbeiten. Ich halte das für eines von Grimms Märchen, wenn du mir diesen Ausdruck vergibst. Ich habe Prostitution immer für etwas gehalten, in das unglückliche junge Mädchen hineingeraten, die von skrupellosen Männern dazu überredet werden. Diesen Eindruck hatte ich. Aber in diesem Alter damit anzufangen, und das aus freiem Willen, wenn auch ein finanzieller Druck eine gewisse Rolle gespielt zu haben scheint... Dennoch hätte es bestimmt etwas anderes gegeben, was du hättest machen können. Erzähl mir, welches Gefühl du dabei hattest. Warst du überwältigt von Schuldgefühlen?

Nein, das war ich keineswegs. Es war tausendmal besser als die Ehe. Und die habe ich immerhin fünfmal ausprobiert.

Also, das verstehe ich einfach nicht. Du machst doch einen ganz normalen Eindruck. Du bist eine attraktive Frau, aus gutem Haus mit einer ordentlichen Ausbildung und Erziehung. Die Männer, mit denen du verheiratet warst, müssen Ungeheuer gewesen sein. Aber gleich fünf? Irgend etwas reimt sich da nicht zusammen.

Nun ... für mich war es eine Befreiung, Prostituierte zu sein. Und die Männer müssen es auch sehr befreiend gefunden haben, denn sie waren entschieden bessere Liebhaber als meine Ehemänner. Sie schienen sich mit mir frei zu fühlen, und ich mit ihnen. Worüber regst du dich denn so auf? Du hältst Sex doch nicht für etwas Schlechtes, oder?

O nein, meine Liebe, natürlich nicht. Die Frauen sind heutzutage berufstätig, in allen Arten von Jobs, ob verheiratet oder unverheiratet.

Also, was ist dann unrecht daran, für Sex bezahlt zu werden? Du scheinst dich darüber aufzuregen, wenn du die Schlußfolgerung ziehst.

Es ist, wie wenn man seine Organe verkauft. Einen Teil des eigenen Körpers.

Nun, was ist unrecht daran, Blut zu verkaufen? Dagegen scheinst du nichts zu haben.

Na ja, das dient der Lebensrettung.

Stimmt, aber du wärest überrascht darüber, wie verzweifelt manche Männer nach der Art von Sex lechzen, die sie brauchen, und wie gehemmt sie sind, ihren Frauen zu sagen, was sie brauchen. Und dann gibt es immer noch die Burschen, die gerade niemanden haben oder die nie bei einer Frau landen.

Nun, meine Liebe, das ganze Thema ist ziemlich verwirrend. Warum gehen wir nicht einfach in ein Hotel und entspannen uns etwas?

Bist du bereit, mich dafür zu bezahlen?

Aber nein, wir sind gute Freunde. Du würdest doch kein Geld von mir nehmen, oder?

Behandeltst du Patienten, die deine Freunde sind, umsonst? Mit meinem Körper verdiene ich meinen Lebensunterhalt. Ich habe Unkosten, um attraktiv und verfügbar zu bleiben.

Ich hätte einfach kein gutes Gefühl dabei, wenn ich dir dafür Geld geben würde. Das würde das Ganze für mich verderben. Ich finde, du solltest es mir schenken.

Tut mir leid. Wir können gute Freunde bleiben, aber Sex kannst du dann vergessen. Als ich es zum erstenmal für Geld tat, spürte ich mehr Respekt vor mir und ein größeres Selbstwertgefühl als je zuvor. Ich fühlte mich anerkannt. Als verheiratete Frau wurde von mir erwartet, daß ich eine Menge Scheißarbeit leistete und meinem Gatten und seinen Wünschen zu Diensten war, ohne Berücksichtigung meiner eigenen Wünsche. Ich fühlte mich benutzt und mißbraucht. Kein Freier hat mir je die Rippen gebrochen, wie es mein Ehemann gemacht hat. Kein Freier hat je mein ganzes Geld zum Fenster hinausgeschmissen und mich dann verlassen, als es zu Ende war – wie es ein anderer Ehemann mit mir gemacht hat. Kein Freier hat mich je bedrängt, meine Kinder zu vernachlässigen, um ihm das Leben schön zu machen. Kein Freier rückte mir je mit seiner Sippschaft zu Leibe, die mir das Leben unerträglich machte. Kein Freier kam jeden Abend betrunken nach Hause, wie es ein anderer meiner Ehemänner tat. Und ich hatte immer Geld, was nicht der Fall war, als ich verheiratet war. Und ich bin nie geschlechtskrank geworden. Und noch etwas: Ich habe Menschen aller Nationalitäten kennengelernt, die ich sonst nie kennengelernt hätte.

Nun, meine Liebe, das ist ja alles sehr interessant. Dennoch bin ich überzeugt, daß du von der Norm abweichst. Ich kann mir nicht vorstellen, daß es sich so normalerweise abspielt. Irgend etwas stimmt daran nicht. Was würde aus der Familie, wenn so etwas gang und gäbe wäre?

Ich glaube, in katholischen Ländern, wo der Familiengedanke viel stärker ist als hier, hat Prostitution einen viel höheren Stellenwert und wird viel eher akzeptiert.

Nun, meine Liebe, laß uns etwas trinken und von etwas anderem sprechen. Du hast noch so viele andere Aspekte. Dein Leben bietet eine solche Vielfalt. So wichtig kann doch dieser eine Punkt nicht für dich sein. Du spielst die Rolle einer Sozialreformerin. Oder willst du mir etwa weismachen, du seiest Feministin?

Die Fortsetzungsgeschichte von Scarlot Harlot – Teil VII

Carol Leigh

Also, hier bin ich wieder. Die HURE. Ich gebe es zu.

O nein. Das darf nicht wahr sein, werden Sie denken. Doch nicht eine wirkliche Prostituierte aus dem echten Leben, die aus dem Nähkästchen plaudert? Ist das nicht gefährlich? Wird man sie nicht verhaften? Und wenn ihre Mutter dahinterkommt?

Es ist tatsächlich gefährlich. Doch ich setze mein Wohlbefinden dafür aufs Spiel, daß ich ihre überwältigende Neugier befriedige, wie die Prostitution hinter den Kulissen aussieht.

Übrigens, ich bin stolz. Sexarbeit ist eine edle, wohltätige Arbeit. Man könnte es als hohe Berufung bezeichnen. Prostituierte sind großartige Frauen, wahrhafte Priesterinnen. Vielleicht ist das ein bißchen übertrieben.

Prostituierte verherrlichen stets ihre Arbeit, sagt X. »Sie müssen sie verherrlichen, anderenfalls könnten sie sie nicht aushalten.«

X. ist eine Ex-Prostituierte. Ex-Prostituierte haben keine Berührungspunkte mehr mit der wahren Herrlichkeit des Gewerbes. Dazu kommt, daß sie niemals besonders gut darin waren. Deshalb sind sie Ex-Prostituierte. Aber ich glaube, jeder hat so seine Vorurteile.

Also versuche ich mit allen mir zu Gebote stehenden Mitteln, diesen komplexen Bereich zu durchsieben; etwas zu suchen und darzulegen – die Wahrheit nämlich. Natürlich bin ich mit Briefen aus der neugierigen Öffentlichkeit bombardiert worden. Ich habe ihre Inhalte auf das Wesentliche zusammengestrichen. Zum Beispiel:

Liebe Scarlot,

Ist es wahr, daß Frauen dafür gesorgt haben, daß die Prostitution verboten wurde? Das hast du einmal behauptet.

– Voller Zweifel.

Liebe voller Zweifel,

Nein. Ich habe das zu kraß gesehen. Ich habe übertrieben. Wahrscheinlich bin ich bloß auf alle wütend. Aber einige Frauen haben dazu beigeholfen.

Liebe Harlot,

Stimmt irgendwas von dem, was du behauptest?

– Nur so eine Frage

Liebe nur so eine Frage,

Ja.

Liebe Hure,

Ich und meine Freunde denken nicht einmal je über die Prostitution nach. Sie sollten nicht unterstellen, daß jedermann neugierig ist. Übrigens, was ist Wahrheit?

– Sokrates

Brave Mädchen kommen in den Himmel, schlechte Mädchen kommen ganz schön rum

Aline

Ich bin Amerikanerin, die in Colorado auf die Welt kam und dort aufwuchs. Unter meinen Vorfahren gibt es Engländer, Waliser, Schotten und Indianer aus Massachussetts. Ich bin eine Frau, die sich dafür entschied, in diesem Leben keine Kinder zu haben. Ich bin ein direkter Nachfahre einer der Frauen, die im frühen Amerika der Weißen lebten und auf dem Scheiterhaufen in Salem, Massachussetts verbrannt wurden, nachdem man sie verfolgt und angeklagt hatte, weil sie ›Hexen‹ waren, zusammen mit zahllosen anderen Frauen und Männern, die im Namen Gottes umgebracht wurden.

Zweifellos wäre ich als Hexe gebrandmarkt worden, wenn ich in jener finsteren, wenig Anlaß zum Stolz gebenden Zeit in der Geschichte gelebt hätte. Warum? Ich habe die Mutterschaft abgelehnt, obwohl ich fortgesetzt andere menschliche Wesen nähre und ›bemuttere‹ und mich schon darauf freue, das mein ganzes Leben lang zu tun. Ich habe mehr als ein Jahrzehnt lang eine Laufbahn genossen, in der ich männliche Erwachsene nährte und unterhielt.

Nein, ich passe kaum in die stereotype Schablone einer ›Dame der Nacht‹. Ich war niemals Taschendiebin, und mehr als die Hälfte der Zeit übe ich mein ›Gewerbe‹ am hellichten Tag aus. Ich lehne die Ehe voller Verachtung ab, die nur allzuoft eine Form der unbezahlten oder indirekt bezahlten, lizenzierten und sanktionierten Prostitution ist. Bin ich dazu verdammt, eine wunderliche alte Jungfer zu werden? Wohl kaum! Lieber sauge ich jemandem am Schwanz, als daß ich jemandem in den Arsch krieche!

Ich bin das älteste von vier Kindern und habe beim Aufziehen der beiden jüngsten geholfen, eines Mädchen und eines

Jungen. Ich war das, was man im Psycho-Gesabbel als Ersatzmutter innerhalb einer dysfunktionellen Familie bezeichnet. Für meine Eltern wäre es besser gewesen, wenn sie keine Kinder gehabt hätten.

Im Jahre 1970 machte ich die erfreuliche Erfahrung, für eine Darstellung legaler Prostitution Geld zu bekommen – die zeitlose Arbeit, die man als Striptease oder erotischen Tanz bezeichnet. Um genauer zu sein, ich arbeitete als Oben-Ohne-Tänzerin.

Es machte mir zu jener Zeit Spaß, und die Bezahlung und die Trinkgelder waren gut. Ich stellte mich viel lieber zur Schau, flirtete und ließ meinen Körper bewundern, als in irgendeinem Scheißjob zu arbeiten und irgend jemandes Toilette für einen Lohn an der Armutsgrenze zu putzen.

Wir waren Sexarbeiterinnen, die ihre fast nackten Körper zur Schau stellten und unsere Oberkörper, Hüften und Becken in erotischen Bewegungen wiegten. Von der Bühne aus sahen wir im wahrsten Sinne des Wortes auf die Männer hinab, in ihre glühenden, grinsenden Gesichter. Ihr Gegröle, geiles, männliches Bellen, Pfeifen und Katzengeschrei ließen sie wie ein Rudel Hunde oder Wölfe erscheinen, die alle scharf darauf waren, einen Brocken frisches Fleisch zu ergattern oder eine ›läufige Hündin‹ zu erwischen. Wir hatten das Gefühl, über all dem zu stehen, denn wir waren sexy, begehrenswert, jung, schön, selbstbewußt und stolz darauf, Frauen zu sein.

Einige Male, im Laufe einer privaten Einzelbedienung, bekam ich Geld dafür, daß ich in der Intimsphäre meiner eigenen Wohnung masturbierte, in meinem eigenen Bett, während mir ein Mann schweigend und glücklich dabei zusah, wie ich mich selbst zum Orgasmus brachte. Nein, ich habe ihn niemals vorgetäuscht, aber ich habe ziemliches Stillschweigen darüber bewahrt und immer ein wenig Angst gehabt, was die Nachbarn wohl dazu sagen würden. Man muß das verstehen, denn das war illegal, ein soziales Igittigitt.

Ich blieb nicht lange in dem Nachtclub. Ich war begierig nach neuen Abenteuern und konnte mir nicht vorstellen, daß ich bis in alle Ewigkeit meinen Körper vor einem Rudel Wölfe wiegte. Ich konnte nicht frohgelaunt weiterhin die lüsternen Phantasien, die Betrunkenheit und anzüglichen Worte ertragen. Dabei gingen meine Energie und meine Kreativität verloren. Es wurde Zeit, daß ich eine Zeitlang Toiletten putzte. Ich mache jetzt noch hin und wieder Massagen für ältere Menschen beiderlei Geschlechts, und gelegentlich übe ich auch Genitalbefriedigung an Männern in allen Altersstufen aus.

Wenn ich an die Zeit in dem Oben-Ohne-Club zurückdenke, wird mir klar, daß ich wahrscheinlich beschäftigt wurde, weil ich jung war und kleine Brüste hatte. Ich war erst einundzwanzig, jünger als die anderen Tänzerinnen. Ich hätte sogar noch jünger aussehen können – achtzehn, sechzehn, vierzehn, wenn es der Phantasie eines Kunden so gefallen hätte. Vielleicht war ich Masturbationsmaterial für einige Männer, die besonders geil auf Teenager waren. Ich bedauere, daß es so gewesen sein könnte. Heute bin ich eine Frau in den Dreißigern, und ich erkenne, daß ich unwissentlich ein Bild projiziert oder dargestellt habe, das eine soziale Krankheit widerspiegelt. Obwohl ich in meiner eigenen Familie keine Erfahrung mit Inzest gemacht habe, weiß ich, daß das für zahlreiche Frauen eine traumatische Wirklichkeit war und immer noch ist. Einige davon gingen ins Sex-Gewerbe, andere nicht. Es ist jedoch absurd, so zu verallgemeinern, indem man behauptet, daß alle oder fast alle Frauen im Sex-Gewerbe Opfer von Inzest seien oder als Kinder sexuell belästigt worden wären.

Allgemein wird angenommen, daß die Sex-Gewerbler die sexuell übertragbaren Krankheiten verbreiten, also AIDS, Herpes und Filzläuse. Von mir kann ich sagen, daß ich niemals ein Ungeziefer von einem Kunden gefangen, noch eins auf einen übertragen habe. Allgemein wird außerdem angenommen, daß die meisten ›Huren‹ drogen- und alkoholsüchtig sind. Ich nehme keinerlei Narkotika. Ich bin nicht einmal kaffeesüchtig. Dieses Scheißzeug verursacht Schlaganfälle und Herzinfarkte, aber es ist so wahnsinnig legal.

Allgemein wird angenommen, daß Frauen im Sexgewerbe Männer hassen. Ich hasse die Männer nicht, nicht einmal Präsident Reagan. Meine Empfindungen reichen von Ekel, Ablehnung, Ungeduld, Beunruhigung, Abscheu, Mitleid, Schrecken, Verachtung bis Frustration, aber ich empfinde niemals Haß gegenüber anderen menschlichen Wesen. Ich bin von Natur aus nicht feindselig. Ehrlichkeit, Offenheit und Empfindsamkeit sind Eigenschaften, die ich bei anderen suche.

Ich bin fest davon überzeugt, daß alle menschlichen Wesen im Grunde bisexuell sind. Wir sind alle in erster Linie sexuelle Geschöpfe. In den USA und Nord- und Mitteleuropa sind Berührungen verpönt. Leider ist unsere sexuelle Verhaltensweise diktiert durch den Druck der Obrigkeit, der Medien und der Religion. Das Wort ›Hure‹ drückt eine Beleidigung aus, vernichtend und schneidend, und wird als weitverbreitetes Schimpfwort verwendet, durch das der soziale Mythos der Frauen und der Haß für sie und die Angst vor ihnen aufrechterhalten werden.

Ich werde auch in Zukunft vom anderen Geschlecht genauso fasziniert sein wie von meinem eigenen. Ich werde wahrscheinlich nie heiraten, und ich habe durch eine Tubensterilisation schon vor Jahren sichergestellt, daß ich mich nicht vermehre. Ich werde auch in Zukunft lieben und geliebt werden, soweit es mir möglich ist und wen und von wem ich will. Ich spreche von der Liebe, nicht vom Sex. Ich bin eine Frau, die den Unterschied kennt zwischen der süßen, himmlischen Leidenschaft, die man gemeinsam mit einem anderen Menschen erlebt, und dem einfachen, unkomplizierten Genital-Abschlag.

Das Filmgeschäft

Jane Smith

Als ich den Aufruf las, daß Frauen, die im Sexgewerbe arbeiten, ihre Erfahrungen niederschreiben sollten, dachte ich: »Großartig.« Hier war das Forum, wo ich meine Erfahrungen im Filmgeschäft zu Gehör bringen konnte. Dann beschlichen mich Zweifel. War das fair? Mit einer Schulbildung und meinem Hintergrund der gehobenen Mittelklasse konnte ich wohl kaum eine typische Vertreterin der Frauen im Sexgewerbe sein.

Ich focht es mit mir selbst aus. Niemand ist typisch, dachte ich. Die Frauen im Sexgewerbe kommen aus allen Schichten und geraten aus allen möglichen Gründen in dieses Geschäft. Ich möchte wetten, die Unterschiede unter uns sind genauso groß wie unter den Frauen in der Gesellschaft allgemein.

Ich brachte einen ersten Entwurf zu Papier und zeigte ihn einigen meiner schreibenden Freundinnen. Er gefiel ihnen, doch sie rieten mir, all jene Passagen zu streichen, wo ich versuchte, mich zu entschuldigen, zu rechtfertigen. »Erzähle einfach deine Geschichte, so ehrlich, wie du kannst«, sagten sie. »Du mußt nicht dauernd darauf hinweisen, daß Pornografie etwas Schlechtes ist. Wer du bist, wird man merken. Vertraue dir selbst.« Die Wahrheit spricht mit vielen Stimmen, sagten sie, und meine Stimme ist so gut wie die jedes anderen Menschen.

Also fühle ich mich frei genug zu sagen, daß Zuhälter, Entführungen und Prügel in den Geschichten der anderen Frauen vorkommen mögen, ich jedoch von niemandem gezwungen, hereingelegt oder durch Süchtigmachen in das Gewerbe getrieben worden bin. Niemand besaß mich, nahm meinen Gewinn oder schlug mich, wenn ich versucht hätte, aufzuhören. Ich wurde von den Filmemachern weder verletzt noch vergewaltigt. Ich kam aus einer Art Jux in das Geschäft, wollte etwas anderes ausprobieren und schnelles, leichtes Geld machen. Und ich hatte Glück. Ich kam davon.

Es war 1967. Ich war Hippie, zeitweise nahm ich Rauschmittel und hatte mit meinen neunzehn Jahren das College abgebrochen. Ich stammte aus New York. An der High School hatte ich die Werke der Beat-Generation-Schriftsteller gelesen, also zog es mich nach San Francisco. Als ich das College verließ, machte ich mich auf den Weg.

Ich fand, was ich suchte. Leute, die Pot rauchten, psychedelische Drogen nahmen und verkündeten, daß Worte wie Karriere, Jobs und der ganze Existenzkampf vergiftend und belanglos seien. Das Entscheidende seien die Liebe zu den Menschen und der Respekt vor der Natur, und die Normalbürger sollten ebenfalls angetörnt werden, damit auch sie verstünden. Heute erkenne ich, daß die Vision, von der ich glaubte, daß sie Hunderttausenden von Menschen gemeinsam wäre, für jeden einzelnen etwas anderes bedeutete. Ich sehe die Arroganz des weißen Nordamerikas der Mittelklasse jener Tage vor mir. Mir ist heute auch klar, daß in Haight-Ashbury wie in einem Kleinstadt-Vorort die Frauen kochten, wuschen und auf der Schreibmaschine schrieben – und außerdem oft für den Lebensunterhalt sorgten, damit die Männer ein freies Leben führen konnten.

Meine Freundinnen und ich waren uns einig, daß ein regelmäßiger Job Verdummung bedeutete und in den meisten Fällen nur den Feind unterstützte. Außerdem, was sollten wir mit all dem Geld anfangen? Wir lebten in Kommunen. Unser Essen bezogen wir vom Zweite-Wahl-Laden und unsere Kleider von der Wohlfahrt. San Francisco General war für unsere medizinische Versorgung zuständig. Unsere Autos waren im Unterhalt sehr anspruchslos.

Ich verdiente Geld, indem ich Perlen auffädelte und die Ketten an Hippie-Läden verkaufte und manchmal als Aushilfs-Sekretärin arbeitete. Drei Monate lang verdiente ich zwei Dollar und achtzig Cents in der Stunde, als ich während des weihnachtlichen Hochbetriebs bei der Post arbeitete, was mich in Hippie-Kreisen zum Plutokraten machte.

Meine Freundin Ruby erzählte mir von den Filmen. »Die suchen immer neue Mädchen«, sagte sie. »Man bekommt fünfundzwanzig Dolar und kriegt das Geld gleich bar auf die

Hand.« Fünfundzwanzig Dollar waren 1967 viel Geld. Für einen Dollar bekam man drei Pfund Hamburger, ein Laib Brot kostete einen Vierteldollar. Der Mindestlohn war ein Dollar und vierzig Cents in der Stunde.

»Ich bin nicht hübsch genug«, erklärte ich der blonden, blauäugigen Ruby.

»Ach was, du bist super.« Sie schätzte mich von oben bis unten ab. »Deine Titten sind größer als meine – das mag Joe.«

»Kommen sie für Sozialversicherung und all so was auf?« fragte ich.

»Nein, sie zahlen bar – schwarz.«

»Und man braucht mit niemandem zu bumsen?«

Sie lachte. »Dafür bekommst du erheblich mehr. Hier handelt es sich nur um Filme mit nackten Mädchen.«

Ruby und ich fuhren zum Tenderloin. Ich hatte erwartet, daß das Theater mit prächtigen Plakaten aufgemacht wäre, aber die Fassade war betont schlicht: ein Name, ein Kartenverkauf-Fenster und eine Tür. Ruby erklärte dem ausdruckslosen Kartenabreißer, daß wir nach Joe suchten, und er zeigte zur Tür. Im Innern fiel ein Lichtstrahl aus einem Büro an der Seite in den dunklen Gang. Wir warteten vor dem Büro; Joe telefonierte gerade.

Joe war vollkommen unpersönlich. Ich verspürte keinerlei Angst oder Hemmung, als ich alles bis auf meinen Schlüpfer auszog. Der Film sollte darstellen, was ein Mann alles zu sehen bekommen könnte, wenn er ein Mädchen dabei beobachtete, wie es sich zum Zubettgehen fertig macht, angenommen, sie hatte die Fensterläden offen und das Licht in ihrem Appartement brennen lassen. Ich lief also in einem Bikini-Slip durch den Raum, beugte mich vor, reckte mich, drehte mich, legte mich mit ungeniert gespreizten Beinen auf eine Couch, stand wieder auf, beugte mich wieder vor ... das alles, während die Scheinwerfer heiß auf meine Brüste schienen, die Kamera lief und Joe mir seine Anweisungen gab.

»Okay, steht jetzt auf ... Du hast etwas zu Boden fallen lassen, heb es auf. Recke dich nach rechts hoch, um etwas aus dem Regal zu nehmen. Zieh jetzt deine Hose aus ... langsam. Komm auf die Kamera zu, tu so, als wolltest du die Rolläden herunterlassen ... nein, du hast es dir anders überlegt. Geh wieder zurück zur Couch. Knie auf der Couch ... nimm die Beine auseinander. Leg dich auf den Rücken. Laß ein Bein über die Kante baumeln. Okay, zeig dich jetzt von vorn. Sieh in die Kamera. Öffne den Mund. Lecke dir über die Lippen. Jetzt dreh dich auf die Seite, weg von mir ... zieh dein rechtes Knie an. So ist gut, zeig jetzt etwas von deiner Scheide. Bewege jetzt deine Hinterbacken hin und her, ja, so, das ist gut ...«

Nach einer Stunde sagte Joe, es sei genug. Er überreichte mir fünfundzwanzig Dollar und sagte: »Erzähl deinen Freundinnen davon. Wenn du jemanden für mich findest, ruf mich an, dann bekommst du fünf Dollar.« Das hatte ich nicht gewußt.

Als Ruby kam, sagte ich ihr nicht, daß ich den Job genossen hatte. Die angemessene Einstellung schien zu sein: »Oh, es ist schrecklich, und es wäre peinlich, wenn einen jemand sehen würde, der einen kennt, aber das Geld ist gut.«

Ich erzählte Kate davon, einer Mutter von drei Kindern, deren Mann Künstler war und ständig ohne Arbeit. »Ich habe von den Filmen gehört«, sagte sie. »Glaubst du, wir könnten einen zusammen machen?« Ich rief Joe an. Er sagte, ich sollte sie am nächsten Morgen mit zu ihm bringen. Kate und ich zogen unsere zusammenpassenden Minikleider aus Baumwollsamt an – ihres blau, meines rot – und fuhren gutgelaunt mit dem Bus in die Stadt, froh darüber, daß wir auf diese Weise zusammen rauskamen, ohne ihre Kinder. Joe war einverstanden, uns fünfzig Dollar für ein Doppel zu zahlen, und wir zogen uns aus.

Während wir vor der Kamera warteten, kamen wir überein, daß wir aus diesem Film ein bißchen was Besonderes machen wollten, ihn mit einem Hauch von Künstlerischem würzen, mit Bewegungen, die entfernt an Indien, entfernt an Yoga und entfernt an Ballett erinnerten. »Unsere Körper sind schön«, sagte Kate. »Wir sollten uns ihrer nicht schämen.« Sie weihte Joe in unser Vorhaben ein, und er war mit allem einverstanden, nur nackt mußten wir es machen. Kate kniete sich hin, und ich tanzte vor ihr; ich saß mit überkreuzten Beinen, und sie tanzte vor mir. Joe warf hin und wieder eine Anregung dazwischen. Als wir fertig waren, sagte Kate: »Vielleicht regen wir ein paar Typen damit an. Vielleicht haben sie eine Erleuchtung.« Wir haben uns immer gefragt, wie das fertige Werk wohl ausgesehen haben mochte, aber wir sind nie wieder hingegangen, um es anzusehen.

Joe sagte, daß er mich nicht mehr gebrauchen könnte. Aber Ruby kannte andere Filmemacher. Für meinen nächsten Film, ein Solo, zog ich mir ein sorgfältig ausgewähltes hellrotes, hautenges Kleid an, das bis zur Hälfte der Schenkel reichte, und eine im Schritt offene helle Netzstrumpfhose. Ich hatte mir vorgenommen, einen Strip vor der Kamera zu machen.

Aber Harry schnaubte. »Einen Strip? Was willst du denn ausziehen? Du hast ja kaum etwas an. Mir fällt zu dir eigentlich nichts ein. Du bist äußerlich nichts Besonderes, und ich habe schon alles gemacht, was man sich nur vorstellen kann.«

Mein Gesicht glühte, aber ich zeigte ihm die geschlitzte Strumpfhose. »Kannst du damit vielleicht etwas anfangen?«

»Hmm. Laß mal sehen. Zieh dein Kleid aus.« Ich tat es. »So, jetzt leg dich hier hin.«

Ich legte mich auf einen Stapel Kissen und er fuhr mit der Kamera über mich. »Okay ... heb dein linkes Bein an ... langsam.« Das Licht fühlte sich warm zwischen meinen Schenkeln an. Die Kamera fuhr dicht an meine Scheide heran, meine Genitalien waren voll der Scheinwerferbeleuchtung ausgesetzt, und ohne daß ich es wollte, zog sich meine Vagina zusammen. »Hm?« entfuhr es Harry. »Mach das noch mal.« Ich spannte die Muskeln an, zog die Vagina zusammen, öffnete sie, zog sie zusammen ... »Wie machst du das denn? Ich habe noch nie gesehen, daß jemand das kann«, sagte er.

»Ich weiß nicht – ich konnte das schon immer.«

»Mach weiter. Das könnte interessant werden.« Er brachte die Kamera noch näher heran. »Okay, jetzt mach's noch mal, langsam.« Während der nächsten Viertelstunde spannte und entspannte ich die Scheide, zog ich die Muskeln zusammen und lockerte sie. Ich habe mich immer gefragt, was Harry wohl mit dem Streifen gemacht hat. Vielleicht mit den üblichen Peep-Show-Aufnahmen zusammengeschnitten? Mit einer Riesenvagina andere Bilder überblendet?

Meine letzten beiden Produktionen waren imitierte Lesbierinnen-Filme. Der erste, mit Lee, der Frau eines Freundes, wurde im Salon eines herrschaftlichen Buena-Vista-Hauses gedreht, auf einem Sofa mit Leopardenfell und einem sechs Zentimenter dicken dunkelbraunen Zottelteppich. Angelehnt an Satinkissen streichelten wir, Lee und ich, die wir uns gegenseitig nicht leiden konnten, einander die Arme, Beine und Brüste. Solche intimen Berührungen wären mit Ruby angenehm gewesen, mit Lee waren sie jedoch unerfreulich. Sie beobachtete mich andauernd mit zusammengekniffenen Augen. Jeder von uns bekam jedoch vierzig Dollar, also redete ich mir ein, daß es auszuhalten sei. Für Lesbierinnen-Filme wurde mehr gezahlt als für Peep-Shows, vielleicht weil viele Frauen es ablehnen, sie zu machen.

Der zweite Film stellte einen imitierten Kampf zwischen Lesbierinnen dar. Der Handel kam durch die Vermittlung von Maureen zustande, einer Schriftstellerin und der Freundin einer Freundin. »Wir treffen uns bei Ken«, sagte sie mir am Telefon. »Nimm den Bus – es ist ungefähr sechzig Kilometer die Küste rauf.«

»Fährst du auch mit dem Bus?« fragte ich, weil ich dachte, wir könnten vielleicht zusammen fahren.

»Ne . . . mein Alter fährt mich hin. Ich bin allergisch gegen den Bus.«

»Aber . . .« Ich hielt inne. Sie hatte aufgelegt.

Wie alle Filmemacher, mit denen ich zu tun hatte, war Ken ein unpersönlicher, professioneller Typ, der mir als Individuum gar nichts sagte. Maureen hatte schon zuvor mit ihm gearbeitet, deshalb hatte ich das Gefühl, ein wenig außen vor zu stehen. »Ich möchte nicht, daß sich eine von euch weh tut«, sagte er, während wir uns bis auf die Slips auszogen. »Tut so, als ob ihr kratzen, beißen und treten würdet . . ., aber keine echten Handgreiflichkeiten. Manchmal übertreiben die Mädchen.« Er musterte uns: Maureen blond und hochgewachsen, ich klein und dunkel und stämmig. »Sei vorsichtig«, mahnte er Maureen. »Du bist fast doppelt so groß wie sie.«

Wir standen rum, rauchten und sprachen wenig, während Ken seine Ausrüstung bereitmachte. Wieder war die Szene ausgestattet mit einem dicken Teppich, Sofakissen und Leopardenfell. »Also, los. Maureen, pack sie und wirf sie zu Boden ... aber vorsichtig. Tu ihr nicht weh. Mach es nur so, daß es echt aussieht. Jane, schieb sie weg.« Aber das brauchte er mir nicht zu sagen. Beim ersten unfairen Angriff schoß das Adrenalin in mir hoch. Ich konnte sie mühelos aus dem Stand werfen – mühelos, weil sie keine ernsthafte Anstrengung dagegensetzte –, und ich begann, meine Rolle mit Hingabe zu spielen.

Sie packte mich; ich stieß sie mit Fußtritten weg. »Okay, Maureen, tu so, als ob du ihre Brüste zerkratzen würdest. Gut. Jane, beiß sie jetzt ins Knie. Sehr gut. Und jetzt, Maureen, schling die Beine um sie – als ob du sie in die Scherenklemme nehmen würdest. Jane, schieb ihre Beine weg.«

»Au! Nicht so fest!« schrie Maureen.

»Entschuldigung.« Japsend befreite ich mich von ihrem breiten Brustkorb.

Ken zahlte jedem von uns fünfzig Dollar und fragte mich, ob ich Lust hätte, einen richtigen Fick-Film zu machen. »Ich zahle hundertfünfzig dafür, fünfundsiebzig für jeden von euch, dich und deinen Partner.«

»Ich weiß nicht ... muß ich mir selber einen Typen mitbringen?« Er nickte. »Ich denke darüber nach«, sagte ich, verlockt durch das Geld. Am gleichen Abend fragte ich einen Freund, keinen Liebhaber von mir, ob er Interesse hätte.

»Das ist viel Geld, aber ich weiß nicht, ob ich ihn vor der Kamera hoch kriege«, sagte er. Mir war klar, daß das ein ernstes Problem war. Während der nächsten Wochen erwähnte einer von uns beiden jedesmal, wenn wir uns trafen, die Sache wieder, meistens dann, wenn wir Geld brauchten, um high zu werden. Aber darüber zu reden, war nicht schwer. Zu sagen: »Okay, machen wir es!« war irgendwie ein Schritt über eine kritische Linie. Inzwischen hatte ich außerdem einen festen Freund, der sowieso nichts davon hielt, daß ich Nacktfilme machte. So kam es, daß mein Kampf mit Maureen mein letzter Auftritt im Film war.

Das Recht auf Schutz vor Vergewaltigung

Karen

Vor einigen Jahren arbeitete ich als Prostituierte auf dem Straßenstrich in Fresno, Californien. Ich war mit meinem Geburtstagskuchen gerade auf dem Weg in mein Hotelzimmer, als ich einen Mann traf, der sagte, er wollte für fünfzig Dollar mit mir ins Geschäft kommen. Als nächstes hatte er einen Eispickel in der Hand und vergewaltigte mich. Er hielt mich ungefähr drei Stunden lang fest, dann führte er mich in einen Park in der Nähe, wo er sagte, er werde mich umbringen. In diesem Moment entdeckte mich meine Freundin Alice. Sie sprang aus dem Auto, in dem sie saß, ging auf den Mann los, der mich vergewaltigt hatte, und zog mich von ihm fort. Wir gingen ins Hotelzimmer zurück und setzten uns aufs Bett. Sie versuchten, mich zu beruhigen, als ich ihn durchs Fenster plötzlich über die Fahrbahn unten laufen sah. Ich schrie und zeigte auf ihn, und meine Freundinnen nahmen seine Verfolgung auf. Sie umzingelten ihn, da holte er wieder seinen Eispickel heraus. Jemand entriß ihn ihm, und sie hielten ihn so lange fest, bis die Polizei kam. Wir gingen zurück in unser Zimmer, wo plötzlich laut an die Tür gepocht wurde. Alice fragte, wer es sei.

Es war die Polizei. Sie sagten: »Macht die gottverdammte Tür auf, oder wir brechen sie ein.« Keine fünf Sekunden später fiel die Tür krachend nach innen und erwischte Alice. Sie stürmten herein, und vier Gewehre und zwei Pistolen waren auf uns gerichtet. Sie sagten, wir wären verhaftet, weil wir den Mann beleidigt hätten, der mich gerade vorhin mehrfach vergewaltigt hatte. Alice ging mit einem der Polizisten nach draußen und erklärte, was passiert war. Er entgegnete ihr daraufhin, daß das unmöglich sei, denn ich sei Prostituierte und könne nicht vergewaltigt werden. Außerdem sagte er, daß der Mann viel zu betrunken gewesen sei, um irgend etwas anzustellen. Wir sagten dem Polizisten, wo der Eispickel war. Als ihn schließlich jemand holte, entschied er mürrisch, daß es sich wohl so abgespielt haben mußte.

Als ich ihnen erklärte, daß ich eine Anzeige wegen Vergewaltigung erstatten wollte, weigerte sich der Polizist, ein Protokoll aufzunehmen. Sie steckten ihn nur deswegen ins Gefängnis, weil er in betrunkenem Zustand öffentliches Ärgernis erregt hatte. Nach drei Stunden wurde er wieder freigelassen. Ich war sehr enttäuscht und außer mir über die Polizei mit ihrem überheblichen und gleichgültigen Verhalten. Zu jener Zeit war ich erst siebzehn Jahre alt und glaubte an die Gerechtigkeit in unserem System. Auch wenn ich eine Prostituierte bin, bin ich doch der Meinung, daß ich das Recht habe, von der Polizei geschützt zu werden.

Die Fortsetzungsgeschichte von Scarlot Harlot – Teil VIII

Carol Leigh

Ich sitze an meiner Schreibmaschine und versuche mir auszudenken, was ich tun könnte, um die Welt für die Prostitution sicherer zu machen. Das hört sich irgendwie nicht gut an. Ich weiß warum. Es liegt an dem Wort Prostitution. Ich schlage im Lexikon nach:

1. Die erwerbsmäßige Hingabe des eigenen Körpers zu geschlechtlichen Zwecken.
2. Herabwürdigung, Preisgabe, Bloßstellung.

Es ist die zweite Definition, die unseren schlechten Ruf ausmacht. Dabei gibt es viel Herabwürdigenderes, als für die Ernährung und das Überleben der eigenen Familie zu sorgen. Wie wär's mit Porschestitution? Das wäre die Herabwürdigung für den Preis eines Porsches.

Oh, wie es mir Spaß macht, in diesen komplizierten Zusammenhängen herumzustöbern! Aber, im Ernst, es gibt Frauen, für die die erwerbsmäßige Hingabe des eigenen Körpers zu geschlechtlichen Zwecken nichts Herabwürdigendes ist. Bei einigen Frauen scheint die Karriere der sexuellen Befriedigung zu dienen. Sie haben Spaß an ihrer Arbeit und verdienen viel Geld. Ich finde, sie sollten den gleichen sozialen Status wie Ärzte haben. Und ich? Nun, ich möchte kein Sex-Doktor sein. Ich möchte nur schreiben und denken.

Haben Sie das Neueste von den Prostituierten in Bologna, Italien, gehört? Also, Associated Press hat berichtet, daß achthundert Gymnasialschüler durch die Innenstadt von Bologna marschiert sind und gegen die Aufhebung eines Sexualkunde-Unterrichts, abgehalten von einer Prostituierten, protestiert haben. Die Lehrer hatten sie eingeladen, um über die »Beziehung von Mann und Frau in der Gesellschaft« zu sprechen.

Das Erziehungsministerium in Rom hatte dagegen Einspruch erhoben.

Als Colleen einen Job brauchte

Tracy Lea Landis

Als Colleen auf Job-Suche war, überredete uns Alicia, daß wir Colleen mit uns arbeiten ließen. Eines unserer Ganztags-Mädchen hatte gerade die Stadt verlassen, wir hatten vier unbesetzte Schichten, und Alicia wußte, daß ihrer Freundin die Arbeit Spaß machen würde.

Wir Mädchen führen mehr oder weniger den Salon selbst. Der Besitzer kennt sich mit dem Geschäft nicht besonders gut aus. Er kommt morgens rein und holt sich seinen Anteil ab, bevor irgendeine von uns zur Arbeit erscheint. Wir sahen ihn kaum. Die meisten Entscheidungen wurden auf der Basis einer Art von Ältestenrat getroffen, und zwar von den Mädchen, die den Salon leiteten.

Obwohl sie die neueste Kollegin war, übernahm Colleen sofort die Rolle einer Älteren in unserem kleinen Arbeitskreis. Sie war in dem Gewerbe groß geworden und hatte schon länger in Salons gearbeitet als jede andere von uns. Jacque war mindestens sieben Jahre älter, aber sie war neu im Geschäft. Sie hatte nach ihrer Scheidung angefangen, als Prostituierte zu arbeiten, weil sie von ihrem Gehalt als Buchhalterin ihr Kind nicht ernähren konnte.

Alicia war ebenfalls im Gewerbe groß geworden. Sie war die jüngste in unserer Gruppe. Nachdem sie einige Jahre auf dem Straßenstrich gearbeitet hatte, war sie alt genug, um eine Massage-Lizenz zu bekommen, und hatte von da an in Salons gearbeitet. In einem davon hatte sie Colleen kennengelernt.

Wenn man in unserem Gewerbe arbeitet, kann man von Glück sagen, wenn man überhaupt einen festen Partner finden kann, und man wird ihm den Arsch küssen, wenn er es so einrichten kann, daß er zu Hause ist, wenn man ihn braucht. Wenn er einen nicht mit Schimpfworten belegt, sobald er betrunken oder von der Rolle ist, ist das ein weiterer Vorzug. Wenn er niemals einer festen Arbeit nachgeht, na ja, das ist ein Schicksalsschlag, aber viel mehr kann man wohl nicht erwarten.

Etwas Merkwürdiges geschieht mit den meisten Männern, die mit einer Prostituierten zusammenleben. Irgendwie verlieren sie die Achtung vor sich selbst. Sie verlieren jeglichen Ehrgeiz, falls sie je etwas Derartiges besessen haben, und sie fangen an, sich gehenzulassen und ihre Alte für alles sorgen zu lassen. Wenn sie Schwierigkeiten haben, einen Job zu finden, dann werfen sie sehr bald die Flinte ins Korn. Natürlich sind sie nicht begeistert davon, daß ihre Alte eine Nutte ist, aber irgendwie haben sie die Einstellung, daß sie sowieso nichts daran ändern können.

Sehr oft ist es so, daß sie herumstreunen, während ihre Frau arbeitet, sie betrügen und ihr Geld verspielen. Sie benehmen sich wie ein großer Macker, ein Mann des Müßiggangs. Vielleicht fühlen sie sich einfach nur schuldig.

Colleens Mann hatte sich nie um Arbeit gerissen, aber immerhin konnte sie sich auf ihn verlassen. »Er war bis jetzt immer für mich da«, hatte Colleen einmal gesagt. Jacque und ich waren mit ihr zusammen nach der Arbeit in einer Bar, und sie brachte das Gespräch darauf, daß wir Mädchen alle Männer hätten, die nicht arbeiteten. »He, Will kocht, putzt und sorgt für meine Kinder; er macht all die Dinge, die ich tun würde, wenn er arbeiten würde. Aber er mag es nicht, wie ich mein Geld verdiene, er haßt es, daß ich diesen Job mache.«

Bei all dem anderen Schlamassel, den Colleen am Hals hatte, war die Tatsache, daß sie einen Mann hatte, auf den sie sich verlassen konnte, eine große Erleichterung für sie. Sie liebte ihn deswegen sehr. Sie erzählte, daß es eine Zeit gegeben habe, in der Will sie betrogen habe, aber er hatte es bedauert und versprochen, daß es nie wieder vorkäme.

Sie hatte zwei Söhne. Der ältere stammte aus der ersten Ehe ihres Mannes, aber sie sprach von ihm immer als ihrem Sohn. Colleen hatte ihre Familie mit einem geräumigen Vorstadthaus in einem der Außenbezirke der Stadt ausgestattet. Dazu gehörten all die netten Sachen wie ein großes Tiefkühlgerät und eine Doppelgarage, ein großes Boot auf einem Anhänger und ein paar Wagen in der Einfahrt. Das Wohnzimmer war ein großer Raum, in dem sich die Familie zu versammeln pflegte, mit einem großen Aquarium neben der Tür und einem hübschen Farbfernseher in der Nähe des Kamins.

Wie die meisten Mädchen, die bei uns arbeiteten, hatte Colleen wenig mit ihren Nachbarn zu tun. Es gab zu viele Dinge, über die sie mit beiläufigen Besuchern nicht reden wollte. Colleen und ihr Mann zogen ihre beiden Söhne also in aller Stille auf, und nur ein paar Verwandte und enge Freunde gingen in ihrem Durchschnittsvorstadthaus ein und aus.

In diesem Haus war die Summe all dessen, für das Colleen gearbeitet hatte, mit Ausnahme natürlich dessen, was sie für Drogen ausgegeben hatte. Ihr Mann hielt immer einen gewissen Vorrat an Drogen in ihrem Haus bereit, und manchmal veranstalten sie kleine Drogen-Feten. Solange ich mit ihr zusammengearbeitet habe, hatte sie immer einen Joint dabei, den wir gemeinsam rauchten, oder sie bat Will, einen vorbeizubringen. Wir saßen dann da, rauchten, sahen fern, bürsteten uns die Haare und unterhielten uns.

Da Colleen länger als wir alle im Geschäft war und in fast jedem Salon der Stadt gearbeitet hatte, konnte sie jede Menge Geschichten erzählen. Einmal, als sie uns gut genug kennengelernt hatte, um frei vor uns zu sprechen, kamen wir auf das Thema Ausreißer, die als Prostituierte arbeiten. Colleen erzählte mir die Geschichte einer jungen Ausreißerin, die sie im letzten Etablissement, in dem sie arbeitete, kennengelernt hatte. Colleen hatte im Salon einer Lesbierin gearbeitet, die selbst ebenfalls dort tätig war. Diese Lesbierin, Rita, hatte eine junge Ausreißerin aufgelesen, die völlig am Ende war, und hatte sie in die Freuden der lesbischen Liebe eingeführt. Außerdem hatte sie die Kleine verkuppelt und beutete deren niedlichen kleinen Hintern erfolgreich aus.

Ritas Salon war die Hauptkonkurrenz zu unserem, denn er lag an der gleichen belebten Straße, nur sechs Häuserblocks entfernt. Oft sagten Kunden, daß sie bei Rita bekannt seien, und ein Mädchen, das Rita kannte, konnte durch einen Anruf dort herausfinden, ob ihr Kunde in Ordnung war.

Die Mädchen bei Rita und Rita selbst nahmen während der Arbeit ausgiebig Drogen. Colleen wurde immer stocksauer und total nervös, wenn sie die Nadeln und den Stoff der Leute in den Badezimmerschränkchen versteckt fand. »Wenn ich das Zeug finden kann, verdammt, dann können es auch die Bullen finden«, hatte sie immer gewarnt.

Rita, die ihre Zuneigung durch Großzügigkeit zur Schau stellte, versorgte die kleine Ausreißerin mit Drogen. Es wurde dem Mädchen sehr leicht gemacht, in totale Abhängigkeit zu geraten, mit ihrem eigenen, niemals versiegenden Nachschublager, dem Faß ohne Boden.

Manchmal ging Rita sogar los zum Einkaufen und brachte für ihre kleine Geliebte neue Kleider mit. »Rita brachte ihr immer diese Spitzenreizwäsche für die Arbeit mit; sie kaufte sie in Discountläden, billigstes Zeug.« Colleen schüttelte den Kopf. »Und die Kleine war hingerissen, als ob es Weihnachten oder so etwas wäre.«

Natürlich versuchte Colleen, dem Mädchen zu helfen. »Ich hätte meine Nase da raus halten sollen«, sagte sie, »aber ich konnte es nicht sein lassen.«

Colleen hatte schon genug von solchen Sachen gesehen und wußte, wie sie sich abspielten, so daß sie beim Helfen sehr vorsichtig zu Werke ging. Rita bei ihren verrückten Machenschaften in die Quere zu kommen, konnte für jeden sehr gefährlich werden, ganz zu schweigen davon, daß es Colleen ihren Job kosten konnte, auf den sie zu jener Zeit sehr angewiesen war.

Die kleine Ausreißerin hatte keine Ahnung, wie sie ihr weibliches Werkzeug in Ordnung halten mußte. Sie wußte nicht, wie sie sich bei der Arbeit schützen konnte, und sie wußte nicht, wie sie sich sauber halten konnte. Colleen versuchte, ihr dabei zu helfen, auf sich zu achten.

»Du weißt schon«, sagte Colleen. »Die grundsätzlichen Dinge.« Außerdem versuchte sie, die Kleine davon zu überzeugen, daß sie nicht ihr Geld von Rita verwalten lassen sollte, daß sie selbst darüber verfügen und es niemandem erlauben sollte, sich in dieser Hinsicht einzumischen.

»Ich versuchte, in ihr ein Bewußtsein dafür zu wecken, wieviel Geld sie schon für Rita verdient hatte«, erklärte mir Colleen. »Ich versuchte, ihr klarzumachen, daß die kleinen Geschenke aus dem Discount nichts waren, verglichen zu dem Geld,das sie eingebracht hatte.«

Doch die Kleine beharrte darauf, daß Rita sich um sie kümmern sollte. Sie war so am Boden, bevor Rita sie aufgelesen hatte und der Prostitution zuführte, daß sie sich jetzt umsorgt und geliebt fühlte. Colleen gelang es, etwas über das Zuhause herauszufinden, aus dem die Kleine abgehauen war, und es wäre wirklich schwierig gewesen zu entscheiden, welche Situation die schlimmere war.

Die Kleine bestand darauf, daß gut für sie gesorgt würde, bis ein paar Monate vergangen waren und ihre lesbische Beschützerin sie beschuldigte, ihr Geld gestohlen zu haben, und die Pistole auf sie richtete.

Da riß die kleine Ausreißerin wieder aus.

All die Rockermädchen, die für Rita arbeiteten, nahmen schwere Drogen. Als Colleen längere Zeit in dieser Umgebung war, ließ das eine alte Sucht in ihr wieder aufleben, die zerstörerisch war. Wenn sie außer Kontrolle geriet, konnte sie ihre Gier nach Aufputschmitteln innerhalb weniger Wochen in eine bleiche Vogelscheuche verwandeln.

Als Colleen erkannte, daß sie die Arbeit bei Rita auf diesen selbstzerstörerischen Weg führte, wechselte sie zu uns über. Sobald sie den Salon gewechselt hatte, blieben ihre Stammkunden bei Rita aus und besuchten sie statt dessen hier bei uns.

Weil Colleen eine wirklich freundliche Person war, die auf die Leute einging, hatte sie viele Stammkunden. Der Verlust von Colleens Kunden stank Rita gewaltig. Sie machte Ausflüchte, anstatt uns zu sagen, welche Kunden Dreck am Stekken hatten, wenn wir sie anriefen.

Colleens Familie wußte, auf welche Weise sie ihren Lebensunterhalt verdiente. Sogar ihr ältester Sohn, so erzählte mir Colleen einmal, wußte, mit welchem Geld seine Mama den Schinken bezahlte, der auf den Tisch kam. Sie erwähnte keine Einzelheiten, wie er es erfahren hatte, wieviel er wußte und wie er damit zurechtkam. Sie sagte nur, daß er es wußte.

Colleens Offenheit war das krasse Gegenteil von dem, was Jacque und ihre Freundin, Laura, die ebenfalls bei uns arbeitete, praktizierten. Jacque und Laura, die schon so viele Jahre in dem Gewerbe arbeiteten, bestäubten sich immer noch mit

Scheuerpulver und parfümierten sich mit Ammoniak, bevor sie nach Hause gingen. Sie hielten vor ihren Kindern eine raffiniert gespielte Lüge aufrecht, ebenso vor Jacques langjährigem arbeitslosen Geliebten, der bei ihr wohnte, und einigen Bekannten in der Nachbarschaft. Soweit die Leute, die sie kannten und sich darüber Gedanken machten, wußten, arbeiteten die beiden als Putzfrauen.

Laura, die sehr eng befreundet mit Jacque war und direkt neben ihr wohnte, war vom Vater ihres Sohnes verlassen worden, kurz bevor das Baby auf die Welt kam. Kurz nachdem Jacque angefangen hatte, in einem Salon zu arbeiten, bekam Laura ebenfalls Arbeit im selben Haus. Obwohl Laura von Natur aus ängstlich und zunächst entsetzt über diese Vorstellung war, ließ sie es zu, daß Jacque ihr diesen Job besorgte. Sie überlebte ihre Einführung in die Welt der Prostitution und gewöhnte sich nach und nach immer mehr an den Lebensstandard, den das Geld ermöglichte.

Vier Jahre lang hielt Laura die Lüge aufrecht, daß sie und Jacque einen festen Vertrag als Putzfrauen hätten. Sie zog ihren Sohn allein auf und verwöhnte ihn allein. Die einzige Familie, die sie während der ganzen Zeit hatte, war ihre beste Freundin, Jacque, obwohl die beiden andauernd stritten.

Und dann, aus heiterem Himmel, fing der Vater ihres Sohnes, der jetzt Fernfahrer war und in einem anderen Bundesstaat ein eigenes Haus hatte, an, seinen Sohn alle paar Monate und in den Ferien zu besuchen. Es dauerte nicht lange, da fragte er Laura, ob sie ihn heiraten wollte, und sie, verrückt vor Freude und unfähig zu begreifen, wie ihr geschah, war einverstanden.

Nachdem sie weggezogen war, hörte man kaum noch etwas von Laura. Sie schrieb ein paarmal an Jacque. Aber wir vermuteten, daß sie kein Risiko eingehen wollte. Sie mußte den Rest ihres Lebens damit zubringen, indem sie vorzutäuschen versuchte, daß das Ganze niemals stattgefunden hatte.

Wir alle hofften, daß es Laura gelingen würde, sich in der Vorstadtumgebung zurechtzufinden, in die sie hineingeheiratet hatte. Wir beneideten sie sogar ein wenig – aus diesem Leben herausgeheiratet zu werden.

Es ist drei Jahre her, seit ich Colleen das letztemal gesehen habe. Ich hörte, daß sie eine Zeitlang einen eigenen Salon unterhielt. Doch dann war Wahljahr, und der Boden wurde heiß, deshalb verkaufte sie das Etablissement und zog mit ihrer Familie in eine andere Stadt, mit der Absicht, ein bürgerliches Leben zu führen.

Gerade neulich habe ich Alicia angerufen. Sie erzählte mir, daß Colleen vorübergehend einen ordentlichen Job gehabt habe, bei dem sie irgendwelche Maschinen reparieren mußte. Aber sie kam damit nicht klar und arbeitete wieder in Salons.

»Du erinnerst dich doch an Harvey, oder nicht?« sagte Alicia. »Diesen Freier von mir, den kleinen Orientalen? Er hat mir erzählt, daß er Colleen vor einigen Tagen gesehen hat, und als ich ihn fragte, wie sie ausgesehen habe, sagte er: ›Frage nicht. Du würdest es nicht wissen wollen.‹

Stell dir vor, sie lebt mit Rita zusammen. Kannst du dich erinnern, wie sehr sie Rita haßte? Ich habe ein paar Zeilen auf einer Postkarte von ihr bekommen, und das hört sich ganz nach der alten Colleen an – warmherzig und umsichtig. Aber ich bringe es nicht über mich, sie anzurufen. Ich bin irgendwie selbst zur Zeit nicht so gut drauf, und ich habe einfach Angst, wenn ich jetzt mit ihr sprechen würde . . .«

Alicia, die zu dem Gewerbe kam und dort eine weise und sie umsorgende Colleen vorfand, die sie unter ihre Fittiche nahm, und die jetzt unfähig war, ihr zu helfen, ließ den Satz unvollendet.

Alicia sagte, daß Will dafür gesorgt hatte, daß Colleen das Sorgerecht entzogen wurde. Er hatte ihr die beiden Jungen weggenommen.

Die Fortsetzungsgeschichte von Scarlot Harlot – Teil IX

Carol Leigh

... Jetzt ist Druck drauf. Als wir Scarlot das letztemal verließen, drängte es sie aus ihrem Nest mit Geld und Kondomen, um dem Ruf der Pflicht zu folgen und bei der Organisation einer Nuttenversammlung zu helfen, die kurz vor der Demokratischen Versammlung abgehalten werden sollte.

»Ich habe Angst«, gab sie zu. »Unser Potential verblüfft mich, aber die Tatsache, daß die Prostitution noch in so vielen Ländern illegal ist, lähmt mich einigermaßen. Ist es erlaubt, daß ich mich mit anderen Prostituierten zusammentue? Ich glaube nicht, daß es gestattet ist, daß ich mit anderen Prostituierten spreche. Das könnte als Konspiration ausgelegt werden.«

Aber jetzt bin ich mittendrin. Zwei- oder dreimal in der Woche verlasse ich meine Bordellumgebung, um die verschiedensten Gesetzesbrecher und Abweichler zu treffen. (Abweichler? Nein, wir sind die Norm.) Wir vereinigen uns, um uns gegenseitig das Geheimnis der Kunst des Überlebens zu verraten, unsere Triumphe zu feiern und Mißstände abzuschaffen. Wir sind die Huren. Wir sind die Lesben. Wir sind die Frauen der Arbeiterklasse. Wir sind die schwarzen Frauen. Wir sind dicke, fette Frauen. Wir sind die Überlebenden des Inzestes. Wir sind die akademische Schicht. Wir sind die Experten. Wir sind die Aktiven. Wir bringen unsere Geschichten in Umlauf. Ich krümme mich in meinem Sessel beim Gedanken an unser Potential.

Werden wir die Welt verändern? Ist dies die Geburtsstunde einer Bewegung? Scarlot plädiert dafür, sich zum Glauben und zur Solidarität zu bekennen. »Dies ist die Revolution!« ruft sie aus und rutscht auf die Kante ihres Klappstuhles aus Metall. Fette Frauen lächeln. Schwarze Frauen lächeln. Manche Frauen nicken mit dem Kopf. Andere Frauen starren in sich hinein, sie sind gefangen in ihren persönlichen Dramen. Ich frage mich, was aus diesem Tümpel entsteigen wird. Ich sehe in den Kaulquappen bereits die Frösche. Ich bin ungeduldig.

Möchten Sie vielleicht einer Organisation beitreten? Sie können sich entsprechende T-Shirts kaufen und Mitgliedskarten mit sich herumtragen. Wir werden sie FLOP nennen – Freunde und Liebhaber von Prostituierten. Gute Idee, was? Ich wette, daß all meine Bekannten so was voller Stolz auf der Brust tragen würden.

Ein sehr nützliches Werkzeug

Sunny Carter

Fünf Tage lang lag mein kleiner Sohn mit hohem Fieber in einem Sauerstoffzelt. Er reagierte nicht auf Antibiotika. Seine Lungenentzündung schien einfach nicht weggehen zu wollen. Eine Krankenschwester kam energisch in unser Zimmer gerauscht; sie trug wieder mal ein Tablett herein, auf dem weitere Einführspritzen lagen. Sie entleerte sie eine nach der anderen in Brennans winzigen Mund. Er war zu schwach, um Widerstand zu leisten, und schluckte all die viele Medizin hinunter, wobei sich sein Gesichtchen bei dem widerlichen Geschmack verzog. Dann drehte er erschöpft den Kopf weg und brach alles wieder aus. Die rosafarbene Mischung breitete sich als großer Fleck auf dem weißen Krankenhauslaken aus.

Die Schwester schnalzte voller Verachtung mit der Zunge. »Jetzt sieh dir an, was du gemacht hast. Nun müssen wir noch mal von vorn anfangen.« Brennan fing wieder an zu weinen. Ich zog das Plastikzelt zurück, nahm ihn hoch und wiegte ihn vor meiner Brust.

»Verdammt noch mal, warum lassen sie ihn nicht in Ruhe?« Erschöpft durch die Sorgen und wenigen Schlaf, fing ich ebenfalls an zu weinen. »Lassen Sie ihn doch in Ruhe!«

Sie blickte mich mit kalter Geringschätzung an und drehte sich auf dem Absatz um, um das Zimmer zu verlassen. Dr. Dannon stand in der Tür. »Lassen wir das jetzt mit der oralen Verabreichung«, sagte er. »Wir werden es jetzt intravenös machen. Das wird besser gehen.«

Sie huschte an ihm vorbei und ließ uns allein.

»Sie sehen mitgenommen aus«, sagte er.

»Ja. Sie aber auch«, antwortete ich und blickte in sein angespanntes, freundliches Gesicht.

»Ich habe eine schlechte Nachricht für Sie. Brennan hat eine zystische Fibrose.«

Ich war medizinisch-technische Assistentin. Dunkel erinnerte ich mich an das, was ich über Kinderkrankheiten gelernt hatte. Zystische Fibrose. Zystische Fibrose. »Mein Gott«, sagte ich, als in mir die Erkenntnis dämmerte, »das ist tödlich.«

Er nickte mit kummervollem Gesicht. »Er wird nicht sofort sterben. Jetzt, da wir wissen, was los ist, wird er auf die entsprechenden Medikamente reagieren. Die durchschnittliche Lebenserwartung bei dieser Krankheit beträgt zwölf Jahre. Manche leben jedoch länger. Es tut mir leid.«

Ich hielt mein Baby an mich gepreßt, benommen vor Angst und Erschöpfung. Ich konnte es nicht glauben. Mein Sohn mußte sterben.

»Das ist eine sehr kostspielige Krankheit«, sagte Dr. Dannon. »Während der Zeit, da es dem Patienten verhältnismäßig gut geht, belaufen sich die jährlichen Kosten durchschnittlich auf zehntausend Dollar. Können Sie so viel Geld aufbringen?«

Mein Jahresverdienst war 1976 neuntausend Dollar. Jetzt brauchte ich also weitere zehntausend Dollar jedes Jahr, um meinen Sohn am Leben zu erhalten. Wie, um Gottes willen, sollte ich an so viel Geld kommen?

»Natürlich kann ich das«, antwortete ich.

Eine Woche später wurde Brennan aus dem Krankenhaus entlassen. Ich lernte, die Brustperkussion bei ihm durchzuführen, eine Behandlung, die er für den Rest seines Lebens dreimal am Tag brauchte. Jeden Tag nahm ich ihn mit dem Kopf nach unten in den Schoß und klopfte ihm wahrsten Sinne des Wortes den Schleim los, damit er ihn aus der Lunge husten konnte. Wie konnte ich es vereinbaren, wieder zu arbeiten und ihm gleichzeitig diese Behandlung zukommen zu lassen? Wie konnte ich arbeiten während der Zeit, die er im Krankenhaus war? Und wie, um alles in der Welt, sollte ich zusätzlich zehntausend Dollar auftreiben?

Mein Entschluß stand fest. Ich wollte lernen, Hure zu sein. Ich fragte mich, wie man es wohl im einzelnen anstellte, Prostituierte zu werden. Ich kannte zwei Taxifahrer. Wußten Taxifahrer traditionsgemäß nicht, wo man Huren finden konnte?

Ich fragte sie.

Wie erwartet, kannte Norman eine Dame des Gewerbes namens Linda, die er gelegentlich zu verschiedenen Auftraggebern fuhr. Er sagte, er würde sie bitten, daß sie mich anrief.

Sie tat es. Wir trafen uns zum Mittagessen, und sie beantwortete meine Fragen. Sie hatte ihre Kunden über eine Frau kennengelernt, die früher einmal als Nacktmodell für Ausklappfotos posiert hatte. Der Name des Modells war Marty, und sie setzte Anzeigen in die regionale Zeitung und bot sich als Fotomodell an. Für fünfzig Dollar konnte man Marty in ihrer Wohnung besuchen und eine Stunde lang von ihr Nacktfotos machen. Manchmal fragten die Kunden dabei an einem bestimmten Punkt, ob sie für Geld mit ihnen schlafen würde. Marty erklärte in solchen Fällen, daß sie nur als Modell arbeitete, aber eine Freundin hätte, die an dem Angebot interessiert sein könnte. Sie gab dem Freier dann drei Telefonnummern und erklärte ihm, daß es bei seinem ersten Besuch einer dieser Damen fünfundsiebzig Dollar kosten würde, wovon fünfundzwanzig an Marty gingen. Nach dem ersten Mal wäre der Preis fünfzig Piepen. Das war für jene Zeit kein schlechtes Geschäft. Fünfzig Dollar in der Stunde war ein absoluter Superverdienst.

Nach einem Telefongespräch und einem Treffen mit Marty gehörte ich also zum Kreis ihrer ›Freundinnen‹.

Ich kaufte mir Kleider, die ich für ›nuttengerecht‹ hielt: einen langen, wallenden Morgenmantel, Strumpfgürtel und Netzstrümpfe und lächerlich hochhackige Schuhe. Ich übte, damit in meiner Wohnung auf und ab zu laufen, ohne mich auf die Nase zu legen. Ich war der Meinung, ich müßte die Aufmerksamkeit auf das einzig Schöne an mir lenken, auf meine Beine. Was den Rest von mir betraf, so hatte ich zwanzig Pfund Übergewicht, nicht die Spur einer Taille, und meine Brüste waren groß, aber hängend. Mein Gesicht war annehmbar, aber nichts, das einen vom Hocker riß. Trotzdem hatte mich bis jetzt noch niemand von der Bettkante gestoßen, und als ich auf meinen ersten Kunden, einen Burschen namens Harold, wartete, ging ich auf und ab, um sicher zu sein, daß mir meine Schuhe keinen Streich spielten, rauchte eine Zigarette nach der anderen und ging immer wieder ins Badezimmer, um zu prüfen, ob mein Make-up und meine Frisur in Ordnung waren.

Das Appartement war makellos sauber, das Bett frisch bezogen. Ich zündete die Kerzen an, die ich gekauft hatte, da ich dachte, je weniger man sehen könnte, desto besser wäre es für uns beide. Räucherstäbchen? Sollte ich Räucherstäbchen anzünden? Zum Teufel ...

Du lieber Gott, die ganze Wohnung roch nach Zigarettenrauch. Hatte ich nicht noch irgendwo ein Raumspray. Im Bad? Nein, unter dem Abfluß in der Küche. Wo blieb Harold? Was wäre, wenn er gar nicht erschiene? Mit der Sprühdose in der einen Hand, einer Zigarette in der anderen, den Morgenrock wallend hinter mir herschleifend, hastete ich durch die Wohnung und sprühte wie verrückt.

Mir taten die gottverdammten Füße weh, und der Kerl hatte bereits zwanzig Minuten Verspätung. Ich warf meine Schuhe ab. Er kam nicht. Ich ließ mich auf die Couch fallen, ein Nervenbündel voller Aufregung und Enttäuschung.

Vielleicht war es ganz gut so. Er hätte mich wahrscheinlich vom ersten Augenblick gehaßt. Es wäre auf jeden Fall besser, wenn er überhaupt nicht käme, anstatt daß er nach dem ersten Blick auf mich wieder gehen würde. Es war von Anfang an eine Schnapsidee von mir gewesen, und ich hätte es besser wissen müssen, als mir einzubilden, ich könnte wirklich ...

Die Türglocke!

Mein Gott, da war er. Was sollte ich mit dem Raumspray machen? Unter die Couch damit. Wo waren meine Schuhe? O je, mitten im Zimmer verstreut. Schnell anziehen ... wieder die Türglocke. Herrje, daß bloß nicht der Kleine aufwacht, das hätte mir gerade noch gefehlt. »Eine Sekunde, ich komme ... «

Ich holte tief Luft, verzog das Gesicht zu einem Lächeln und öffnete die Tür.

Da stand Harold Wong. Mit seinen ganzen Einmetersechsundfünfzig. Mit seinen ganzen hundertzwanzig Pfund. Mit einem Meter fünfundsechzig plus sechs Zentimeter hohen Absätzen überragte ich ihn gewaltig, während wir uns in der

Tür gegenüberstanden. Ich wog mindestens fünfunddreißig Pfund mehr als er. Plötzlich wurde mir bewußt, was wir für ein komisches Bild abgeben mußten, und ich brach in Lachen aus. Harolds Gesicht verzog sich zu einem breiten Grinsen.

»Aha! Ich freue mich, daß du so fröhlich bist, und so groß. Ich liebe große, blonde Frauen.«

Es war vorbei, bevor ich wußte, wie mir geschah.

Zwanzig Minuten waren vergangen, seit er die Wohnung betreten hatte bis zu dem Moment, an dem er wieder ging, sich verbeugte und mir für eine wunderschöne Zeit dankte.

Ich saß auf meinem Bett und hielt einen Hundertdollarschein in der Hand. Er hatte mir tatsächlich ein Trinkgeld gegeben. So einfach war das. Er war schlicht und einfach gekommen und wieder gegangen, und ich war nach zwanzig Minuten um hundert Dollar reicher.

Ich ging ins Bad und betrachtete mein Gesicht im Spiegel. Es sah kein bißchen anders aus, nur glücklicher. Und ich fühlte mich . . . nun . . . einfach gut. Kein Anflug von Schuld, keine Reue, keine Scham. Was ich empfand, war ausgelassene Freude. Mein Gott, ich war hier auf einem neuen Weg, und ich beschritt ihn bewußt.

Während der nächsten Wochen empfing ich viele von Martys Kunden. Brennan ging es sehr gut, und die Zukunft erschien rosig genug, um einen Teil des unglaublich reichlich fließenden Geldes dazu zu verwenden, in ein besseres, zentraler gelegenes Appartement umzuziehen. Ich fand eine Wohnung, in deren unmittelbarer Nähe ein Kindergarten war. Ich konnte so für den Nachmittag mehrere Verabredungen treffen, meinen Sohn im Kindergarten abgeben, meine Kunden empfangen und ihn abends zum Essen wieder abholen.

Es war wundervoll. Ich legte ein feierliches Gelöbnis ab, daß ich die Hälfte jedes Dollars, den ich verdiente, zurücklegen würde für den Tag, an dem Brennan wieder ins Krankenhaus mußte. Ich machte ein Hobby daraus – so wie andere Leute Briefmarken oder Modellflugzeuge sammeln –, Fünfzig- und Hundertdollarscheine zu horten. Jedesmal wenn mir jemand einen Schein gab, wurde er in einen Umschlag gesteckt. In kürzester Zeit hatte ich durch mein ›Hobby‹ einen Betrag von viertausend Dollar zusammen.

Eines Nachmittags kam meine Mutter zu Besuch. Es führte kein Weg daran vorbei, ihr die Tatsache zu eröffnen, daß ich nicht mehr in einer Arztpraxis arbeitete, also hielt ich es für das beste, sie über die Art meiner Beschäftigung aufzuklären. Ich reichte ihr den Umschlag. Sie sah hinein, blickte verdutzt auf, dann breitete sich Entsetzen auf ihrem Gesicht aus.

»Mein Gott, Liebes, darin sind mehr als viertausend Dollar! Du hast das doch wohl nicht gestohlen oder sonst etwas ... «

»Mom, ich schätze, man könnte sagen, ich bin so etwas wie eine, nun, berufsmäßige Mätresse für eine Reihe von sehr betuchten, sehr netten Leuten geworden ... Es ist wirklich nicht das Schlechteste, und ich möchte nicht, daß du dir deswegen Sorgen machst ...«

»Wie lange machst du das denn schon?«

»Ein paar Monate.«

Sie zählte das Geld noch einmal, und ihre Augen weiteten sich.

»Ein paar Monate?«

»Ja.«

»Mein Gott, wenn ich nur auch auf die Idee gekommen wäre, so etwas zu tun, als ich in deinem Alter war.«

Das ist meine Mom.

Als die Monate vergingen, fing ich an, unter der Rubrik ›Persönliches‹ Anzeigen in die regionale Zeitung zu setzen. Jede Woche war mein Postfach vollgestopft mit Briefen. Viele davon wanderten auf direktem Weg in meinen Papierkorb; alle mit mangelhafter Rechtschreibung und ungeübter Handschrift auf liniertem Papier hatten keine Chance. Aber jeder wohlformulierte Brief auf feinem Papier, oder noch besser mit Schreibmaschine auf einem Firmenbriefbogen geschrieben, erhielt sofort Antwort von mir.

Bald lernte ich, mich nicht mit sehr jungen Männern abzugeben. Sie wollen einen mit ihrer Männlichkeit beeindrucken und versuchen für gewöhnlich, einem auszureden, Geld dafür zu nehmen.

Bei einer Gelegenheit machte ich jedoch eine Ausnahme von dieser Regel.

Er hörte sich so sympathisch an, und er hielt meiner Reinheitsprüfung stand, deshalb gab ich ihm meine Adresse und wartete auf ihn.

Vierundzwanzig Jahre alt, blond und blauäugig, saß er verkrampft auf der Kante meines Bettes, während wir plauderten. Ich habe es mir zum Grundsatz gemacht, eine Weile mit dem Kunden zu plaudern und dabei alle meine Sinne anzustrengen, um mich zu vergewissern, daß die Situation ungefährlich war, bevor ich zur Sache selbst kam. Ich habe noch nie einen Menschen erlebt, der mir so nervös und ängstlich in die Augen sah wie dieser Junge.

Er entschuldigte sich, um ins Bad zu gehen, und ich dachte, wenn es je einen eindeutig psychisch Gestörten gab, dann war er einer; also ging ich in die Küche und holte einen Hammer. Ich hielt ihn dicht an mich gepreßt und versteckt in dem Faltenwurf meines Morgenmantels und versuchte, so unbemerkt damit an der Badezimmertür vorbeizukommen, um ihn neben dem Bett in greifbarer Nähe zu verbergen. Genau in dem Moment, als ich mich der Badezimmertür näherte, kam er heraus und sah mich erschrocken an.

Ich war genauso erschrocken, und einen Augenblick lang starrten wir uns gegenseitig an, beide in einem Schock.

»Oh Gott, wohin gehst du mit dem Hammer?« Er war blaß vor Angst.

»Ähm, nirgendwohin... das ist so, verstehst du, er war dort, gehört aber dorthin, da wollte ich ihn einfach hinbringen...«

»Oh, Gott, einen Moment lang dachte ich, du wärst vielleicht irgendwie verrückt und wolltest mich mit dem Hammer umbringen. Hör mal, ich kann es dir ja sagen, ich bin noch unberührt.«

Sein süßes Gesicht glühte vor Scham. »Ich weiß, daß dir bestimmt noch niemand begegnet ist, der in meinem Alter noch unberührt ist, aber ich werde jedesmal nervös, wenn ich kurz davor bin, mit einem richtigen Mädchen zu schlafen, nicht, daß du kein richtiges Mädchen bist, ich meine... aber...«

Ich legte ihm die Hand auf den Arm. »Doch, ist mir«, sagte ich. »Fast jede Woche bekomme ich einen Brief von jemandem, wobei manche durchaus auch noch älter sind als du, die noch unberührt sind. Es ist okay, wirklich, das ist ganz okay.«

Ich nahm ihn sanft bei der Hand und führte ihn in mein Zimmer, und sanft, sehr sanft und langsam liebten wir uns. Ich brachte ihm bei, wie er mich berühren sollte, wie man mit dem Körper einer Frau umging.

Einige Monate später rief er mich an, um mir zu erzählen, daß er sich verlobt habe.

Im allgemeinen wurden meine Kunden meine Freunde. Ich lehnte es ab, mich mit Männern abzugeben, die auf mich herabsahen, solche, die zwar meine Dienste in Anspruch nahmen und dennoch über Huren die Nase rümpften. Ich hatte sie nicht nötig. Es schien einen endlosen Vorrat an sehr netten Männern zu geben, deren Gesellschaft ich genoß, Männer, die mein Leben bereicherten (wie auch mein Sparbuch).

Prostitution an sich ist weder gut noch schlecht. Jede Frau macht daraus etwas anderes, es liegt an ihr. Wie wäre es sonst möglich, daß eine Frau ohne die jahrelange Ausbildung, die nötig ist, um Ärztin oder Rechtsanwältin zu werden, genauso viel verdient wie eine Ärztin oder Rechtsanwältin? Mit weniger Zeitaufwand? Wie sonst hätte ich so viel Zeit mit meinem Sohn verbringen können, wo die Zeit etwas so Wertvolles war?

Meine Einnahmen erlaubten uns zu reisen, gaben ihm die Gelegenheit, mehr zu sehen, als es ihm sonst möglich gewesen wäre. Als mein Sohn sieben Jahre alt war, war er schon häufiger im Flugzeug gereist als die meisten Menschen in ihrem ganzen Leben. Wir wohnten ein Jahr lang in New York, wo er im Naturkundemuseum Dinosaurier und Wale sah. Wir wohnten mehrere Jahre lang auf einer Insel der Virgin Islands, wo er lernte, mit seinem Schnorchel die unglaubliche Schönheit der Korallenriffs zu erkunden und die Einzigartigkeit der Unterwasserwelt zu erleben. Er erfuhr die ganze Vielfalt der Natur und machte sie zu seinem Spielplatz.

Ich bot meinem Sohn ein so reichhaltiges Leben, wie ich nur konnte, und Geld war dafür der Schlüssel.

Am ersten Oktober 1985 starb mein Sohn. Er wäre im Dezember zehn Jahre alt gewesen.

Inzwischen habe ich mich ›zur Ruhe gesetzt‹ und arbeite mit an einer Studie über Prostitution und AIDS, die die Regierung durchführt, indem ich Prostituierte befrage und anonym Blutproben entnehme, um zu untersuchen, welcher Prozentsatz an Prostituierten in meiner Heimatstadt mit dem AIDS-Virus infiziert sind. Die Erfahrungen, die ich dabei machte, erweiterten mein Interesse an AIDS, und heute arbeite ich in vielen Bereichen mit AIDS-Patienten.

Die Prostitution hat mir in der Tat sehr gute Dienste erwiesen, sie war ein überaus nützliches Werkzeug.

Ich empfinde kein Bedauern, keine Scham, keine Reue. Ich blicke sogar auf meine Erfahrungen als Prostituierte mit einem gewissen Stolz und mit Befriedigung zurück. Ich habe es getan, ich bin froh, daß ich es getan habe, und ich beglückwünsche die, die es heute tun.

An die Damen der Nacht: Macht weiter so! Spart euer Geld, investiert es klug, und vor allem – liebt euch selbst!

Interview mit Barbara

Carole

Barbara ist eine neununddreißigjährige Frau. Sie hat in Gruppen zur Durchsetzung der Rechte für Prostituierte mitgearbeitet und wohnt in Richmond, Kalifornien. Ich sprach mit ihr, bei ihr zu Hause, wo sie zusammen mit ihrer Tochter, ihrer Mutter und ihrer Schwester lebt.

Carole: Wie lange bist du schon Prostituierte?
Barbara: Ich arbeite seit siebzehn oder achtzehn Jahren als Prostituierte.
Carole: Wo hast du gearbeitet?
Barbara: Hauptsächlich in Kalifornien, aber auch in Alaska, Washington, Hawaii und Nevada. Ich habe auf der Straße und in den Casinos in Nevada gearbeitet. Auf der Straße arbeite ich jetzt jedoch nicht mehr. Was ich jetzt mache, ist eigentlich keine Prostitution. Ich arbeite als Domina. Ich nehme immer noch Geld dafür, und ich mache es immer noch gern. Wenn ich auf der Straße arbeiten könnte, würde ich es tun, aber durch die Polizei ist es zu gefährlich geworden. Sie nehmen einen so oft fest, daß man seine ganzen Ausgaben darauf verwenden muß, wieder aus dem Gefängnis zu kommen. Und außerdem zwingen sie einen, in dunklen Ecken zu arbeiten; man kann zu keiner Tages- oder Nachtzeit im Hellen und in der Öffentlichkeit arbeiten. Sie kommen vorbei und sagen: »Mach, daß du weiterkommst!« Das ist hauptsächlich der Grund, warum ich nicht mehr auf der Straße arbeite. Ich bin zwar auch älter geworden, aber wenn mich die Polizei nicht belästigen würde, glaube ich, würde ich immer noch auf der Straße arbeiten. Es ist viel einfacher, man braucht das Geliebte-Geliebter-Spiel nicht zu spielen, und es geht schneller! *(Sie lacht.)* Wenn man einen Kerl von der Straße nimmt, ist die Sache im allgemeinen in zwanzig Minuten vorbei. Alles in allem, vom Strich bis ins Appartement und wieder zurück.
Carole: Was sind deine Erfahrungen mit den Festnahmen

durch die Polizei? Werden die Freier jemals festgenommen?
Barbara: Freier werden niemals festgenommen. Ich kann mich ganz besonders gut an eine bestimmte Gelegenheit erinnern, als sie mich und vier andere Frauen in San Francisco festgenommen haben. Es waren fünf Kerle dabei, aber anstatt sie festzunehmen, benannte man sie als Zeugen gegen uns vor Gericht.
Carole: Ist das typisch?
Barbara: Das ist typisch, ja. Wenn sie einen zusammen mit einem Kerl erwischen, ganz egal, was der Kerl sagt, sie nehmen ihn nie fest. Ich kann mich an ein Mal erinnern, als ich festgenommen wurde, da war ich mit einem Kerl zusammen, als die Polizei hinter uns auftauchte. Ich sagte zu ihm: »Hör zu, sag du kein Wort, denn solange du nichts sagst, erfahren sie von mir auch nichts.« Na ja, er verlor die Nerven und sagte vor der Polizei: »Ja, sie hat mir soundsoviel Geld abgenommen«, und sie ließen ihn laufen. Sie wollten, daß er gegen mich aussagte, aber das tat er nicht. Der Typ stand auf Züchtigung. Zu jener Zeit wußte ich nicht, was eine Domina war, aber er wollte, daß ich ihn auspeitschte und schlug, und er wollte, daß ich ihn unter den Tisch schickte und ihm Befehle gab, die er befolgte. Ich dachte, daß er verrückt sei, aber ich wußte nicht, daß diese Lust durch Züchtigung so weit verbreitet ist. *(Sie lacht.)* Ich wußte, daß er nicht vor Gericht erscheinen würde, denn wenn er in der Verhandlung ausgesagt hätte, hätte ich ebenfalls alles erzählt. Schließlich wurde der Fall eingestellt.

Obwohl der Fall gar kein Fall war. Ich meine, der Kerl hatte mich angefleht, es zu tun. Und ich hatte den Schaden davon. Ich mußte eine Kaution aufbringen, um aus dem Gefängnis zu kommen, und ich mußte fünfmal vor Gericht erscheinen.
Carole: Wie oft bist du festgenommen worden?
Barbara: Um ehrlich zu sein, ich weiß es nicht genau. Vielleicht dreißigmal, eher fünfzigmal.
Carole: Welche Erfahrungen hast du bei deiner Arbeit mit der Gewalt gemacht?
Barbara: Na ja, ich weiß nicht, ob man das Gewalt nennen kann oder nicht. Für mich war es Gewalt. Es war das erste-

mal, daß ich in San Francisco festgenommen wurde. Ich war mit einem Mädchen zusammen. Ich kannte sie nicht. Sie hatte zwei Kerle dabei. Sie sagte, die beiden wollten eine Nummer mit uns machen, also gingen wir mit ihnen zu der Stelle, wo die Nummer stattfinden sollte. Dort gaben sie sich als Polizisten zu erkennen. Der eine Polizist sagte: »Ihr seid verhaftet« und der andere: »Schlampe, wenn du eine Bewegung machst, dann schlage ich dich auf der Straße zusammen. Hast du mich verstanden?« Ich sagte: »Ich mache gar nichts.« Und er wiederholte: »Hast du mich verstanden, Schlampe?« Verstehst du, er schrie und pöbelte mich an.
Carole: Das geschah in San Francisco?
Barbara: Ja, das war die Polizei von San Francisco.
Carole: Bist du bei der Arbeit schon mal vergewaltigt worden?
Barbara: Ja, im ersten Jahr. Ich arbeitete in Oakland. Der Kerl hielt neben mir. Es war ein junger Schwarzer, und er erzählte mir, daß er einen Freund habe, der fünfzig Dollar besäße, der sich aber schämte, in die Nuttengegend zu kommen. Er sagte, er würde mich zu dem Typen bringen. Zu jener Zeit hatte ich noch keine Erfahrung, und ich war voll mit Pillen, also stieg ich ein. Er hätte mich zu seinem Hotel fahren sollen, aber er fuhr statt dessen in eine abgelegene Gegend. Als er am Straßenrand angehalten hatte, schnappte er sich meine Tasche und sagte: »Schlampe, gib mir dein ganzes Geld!« Ich sagte ihm, ich würde ihm gar nichts geben. Na gut, seit jenem Tag weiß ich, daß man sich niemals wehrt. Aber in jener Nacht habe ich mich gewehrt. Er nahm mir meinen Geldbeutel, meinen Mantel und auch die Perücke ab. Er nahm alles. Das war das einzige Mal, das so etwas wirklich passierte... und ich mache dem Kerl nicht mal einen Vorwurf. Ich mache mir selbst Vorwürfe, denn ich war vollgestopft mit Pillen, und ich hätte nicht so dumm sein dürfen. Aber glaube mir, danach war ich es nicht mehr. Das ist so ungefähr das Äußerste an Gewalt, was mir widerfahren ist.
Carole: Er hat dich also nicht vergewaltigt?
Barbara: Ja, schon. Er hat mich vergewaltigt. Aber die Vergewaltigung war das kleinere Übel. Ich meine, das Nieder-

schmetterndste war, daß er mir alles genommen hat. Er hat mich vergewaltigt – aber die Vergewaltigung war nichts. Weißt du, er bumste vielleicht zwanzig Minuten lang, vielleicht nicht mal so lang, vielleicht nur fünfzehn. Aber das war nicht das Schlimmste, es hat mich nachhaltig erschüttert. Das, was danach kam, war schlimm.

Carole: Als das passiert war, wolltest du nicht zur Polizei gehen?

Barbara: Es kam mir überhaupt nicht in den Sinn, zur Polizei zu gehen, verstehst du. Ich war damals noch so jung. Ich war einundzwanzig. Ich hatte gerade erst angefangen zu arbeiten. Ich dachte, wie könnte ich als Prostituierte es wagen, zur Polizei zu gehen ...

Carole: War es deshalb, weil du nicht wolltest, daß sie erführen, daß du Prostituierte bist?

Barbara: Nun, ja. Aber zu jener Zeit dachte ich, daß ich sowieso keine Rechte hätte. Außerdem war ich voller Stoff. Ich vermutete, daß ich selbst genauso in Schwierigkeiten kommen würde wie dieser Kerl.

Carole: Bist du sonst noch einmal während der Arbeit vergewaltigt worden?

Barbara: Versuche gab's schon noch. Das war nur der einzige Fall, bei dem es geklappt hat. Einmal hatte ich einen Typen. Das war in Emeryville. Er hielt neben mir an und sagte, daß er was mit mir machen wollte.

Ich stieg in sein Auto, und wir fuhren die Strecke, als ob wir zu meinem Appartement führen. Plötzlich fuhr er an den Straßenrand und sagte: »Ich habe kein Geld, und du bumst jetzt auf der Stelle mit mir.« Ich fragte: »Auf dem Vordersitz?« Er hatte ein kleines Messer, es war wirklich ganz klein, wie ein Ritzmesser, und er sagte: »Geh auf den Rücksitz.« Also kletterte ich auf den Rücksitz. Und ich sagte: »Hör mal, alles, was du tun willst, tu es. Ich werde mich nicht wehren, es wird kein Problem geben.« Er bumste mich, und ich war weiterhin nett. Ich sagte: »Oh, zieh dir lieber einen Gummi an.« *(Sie lacht.)* Ich war ganz süß. Er konnte es nicht ertragen. Er bumste weiter, er stieß richtig kräftig zu und schubste mich aus dem Auto. Ich glaube, er wollte unbedingt, daß ich mich wehrte

und mit ihm raufte. Und ich war vollkommen zahm – »Okay, ich verstehe, du brauchst es, aber mach bloß mein Kleid und meine Frisur nicht kaputt.« *(Sie lacht.)* Er konnte mit mir nichts anfangen, weil ich mich nicht zur Wehr setzte.
Carole: Was kannst du aus Erfahrung sagen, wie reagiert die Polizei auf Vergewaltigungen an Prostituierten?
Barbara: Ich habe sehr oft gehört, wie sie sagten, daß man Prostituierte nicht vergewaltigen kann. Einmal wurden meine Freundinnen von ein paar Kerlen angegriffen. Sie waren in Berkeley und riefen die Polizei. Die Polizisten sagten nur: »Das ist der Preis, den ihr bezahlen müßt, das kommt in eurem Gewerbe nun mal vor ... Warum regt ihr euch so auf und schreit herum, ihr seid doch Prostituierte.« Das ist vollkommen lächerlich.
Carole: Hast du von den Morden gehört, die in der East Bay an Prostituierten begangen wurden?
Barbara: Gehört habe ich davon, aber nicht viel.
Carole: Und wie ist es mit den Morden in Los Angeles und Seattle?
Barbara: Ja, die Green-River-Morde. Die meisten Mädchen, die derjenige umgebracht hat, waren Prostituierte. Er kam von Seattle nach Oregon und Los Angeles, soviel ich weiß, und ging dann wieder zurück nach Seattle. Die Bundespolizei wollte sich nicht mit der Sache befassen, denn obwohl sich die Sache in mehreren Staaten abspielte, sagten sie, das falle nicht in ihren Bereich. Warum? Weil es sich nur um Prostituierte handelte. Sie sind alle im Alter zwischen dreizehn und fünfunddreißig oder achtunddreißig. Ich glaube, wenn sich das FBI damit beschäftigen würde, könnte es dem ein Ende setzen.

Und die Angehörigen der Ermordeten wollen sich anscheinend nicht öffentlich äußern, weil sie Prostituierte waren. Aber das Ganze wird so unter der Decke gehalten, daß ich wenig darüber gehört habe, und andere Leute hören erst recht nichts darüber.
Carole: Noch mal zum Thema Vergewaltigung. Barbara, ich habe mit einigen Anwälten über Vergewaltigungsfälle an Prostituierten gesprochen, und einige von ihnen haben mir

erklärt, daß sie den Verdacht haben, daß Prostituierte eine Vergewaltigung zu Protokoll geben, wenn ihnen in Wirklichkeit alles Geld gestohlen worden ist. Was sagst du dazu?
Barbara: Das ist lächerlich! Wenn sie schon die Unannehmlichkeit auf sich nimmt, eine Anzeige zu erstatten, dann ist sie auch mit Sicherheit vergewaltigt worden. In den meisten Fällen geben sich die Frauen selbst die Schuld, wenn sie ausgeraubt werden oder ihr Geld nicht bekommen.
Carole: Du hast mehrmals gesagt, daß du selbst dafür verantwortlich bist, daß dir nichts passiert. Aber schließlich hat doch niemand das Recht, dir etwas anzutun.
Barbara: Nein, nein. Niemand hat das Recht dazu, aber ich habe auch die Pflicht mich zu schützen. Und wenn ich weiß, wie ich mich schützen kann, und es nicht tue, dann kann ich ihnen nicht die Schuld geben. Ja, sie dringen in mein Gebiet ein, und sie nehmen keinerlei Rücksicht, aber ich sage mir immer, wenn ich mich schütze, kann nichts passieren. Ich bin geistig und körperlich ziemlich stark. Körperlich zwar nicht so stark, daß ich gegen einen Mann ankäme, aber grundsätzlich bin ich stark genug, wenn ich meinen Kopf klar und meine Sinne zusammenhalte, verstehst du, wenn ich nichts genommen habe, was ich kaum noch tue. Früher habe ich das gemacht. Aber wenn ich jetzt arbeite, nehme ich keine Drogen mehr, ich trinke auch kaum etwas. Obwohl ich demjenigen natürlich die Schuld gebe, weiß ich, wenn ich mich richtig verhalten hätte, wäre ich nicht in Schwierigkeiten geraten.
Carole: Haben Polizisten jemals versucht, deine sexuelle Gunst zu erringen?
Barbara: Mehrmals. Aber bei mir war es nicht so schlimm wie bei anderen Mädchen. Ein Polizist hatte mich ein paarmal hintereinander erwischt. Und nachdem das ungefähr viermal passiert war, sagte er, daß ich ihm etwas schuldig sei. Er erklärte mir, daß ich ihm etwas geben müßte, wenn ich nicht ins Gefängnis wollte. Ich sagte: »Das kann ich nicht machen. Ich bin Prostituierte und wenn ich so etwas mache, mußt du mich dafür bezahlen.« Er ließ sich schließlich darauf ein, mir einen Dollar und siebzig Cents dafür zu geben. Es machte mir

nichts aus, denn ich machte entschieden lieber eine Nummer für einen Dollar siebzig, als ins Gefängnis zu gehen.

Carole: Stehst du auf dem Standpunkt, daß es besser ist, ihnen keine Gunst zu gewähren?

Barbara: Für mich hat es sich immer als besser erwiesen, wenn ich ihnen nichts gegeben habe. Das ist so, wie wenn man einem Barkeeper eine Nummer gewährt. Wenn du irgendwo verkehrst und er scharf auf dich ist, dann kannst du so lange dort bleiben, bis er bekommen hat, was er wollte. Wenn er dich dann gehabt hat, will er dich nicht mehr sehen. Deshalb habe ich es mit Bullen und Barkeepern immer so gehalten: Ich habe ihnen schöngetan und vorgetäuscht, daß ich es machen würde – »Ich kann es nicht gleich machen, sonst kommst du mir wie einer meiner Freier vor. Dazu bist du ein viel zu netter Kerl.« Aber ich habe es mit vielen Bullen gemacht. Wirklich vielen. Allerdings habe ich es dann immer erst hinterher gewußt.

Carole: War das in ihrer Freizeit?

Barbara: Das weiß ich nicht. Sie sagten mir immer, daß sie nicht im Dienst seien, aber hinterher zeigten sie mir Ausweise und ihre Ausrüstung. Ein Bulle sagte einmal, er wolle sein Geld zurück. Ich sagte: »Du kannst mich.« Ich hatte keine Angst vor ihm. Ich wußte, daß er in größeren Schwierigkeiten wäre als ich, wenn es rauskäme.

Carole: Eine Studie, die in San Francisco von Mimi Silbert durchgeführt wurde, besagte, daß von zweihundert Prostituierten auf der Straße zwei Drittel vergewaltigt oder zu Dingen gezwungen worden waren, die sie nicht machen wollten. Was hältst du von solchen Zahlen?

Barbara: Für mich hört sich das zu hoch an, und ich kenne eine ganze Menge Prostituierte. Verstehst du, die Leute haben keinen Respekt vor Prostituierten, und sie glauben, daß die Kerle sie einfach ausnutzen können. Aber in den meisten Fällen stellen die Prostituierten ihre Regeln auf. Die Freier gehen mit uns dahin, wo wir hin wollen. Wir haben das Sagen. Sie zahlen im voraus, sie kommen mit zu uns, sie waschen sich, sie müssen Gummis benutzen. Die Leute glauben, daß die Freier die Spielregeln machen, aber ich weiß

nicht, mit was für Mädchen die sich unterhalten haben. Junkies allerdings arbeiten ganz anders als Prostituierte, die keine Junkies sind. Ihnen passiert öfter was.
Carole: Barbara, was brachte dich am Anfang zur Prostitution?
Barbara: Ich tat es für Geld. Das war der einzige Grund, warum ich damit anfing. Ich konnte keinen Job finden, bei dem ich mehr als den Mindestlohn verdiente, was immer das zu jener Zeit war, ich glaube, zwei Dollar und fünfunddreißig Cents. Ich hatte zwei Kinder. Ich sah keinen anderen Weg, sie durchzubringen. Ich habe immer in zwei Jobs gleichzeitig gearbeitet, aber selbst mit zwei Jobs konnte ich kaum die Miete bezahlen.
Carole: Zum jetzigen Zeitpunkt, wäre es da sehr schwer für dich, mit der Prostitution aufzuhören, wenn du das wolltest?
Barbara: Das wäre schwer. Ich arbeite zur Zeit nicht als normale Prostituierte. Ich arbeite als Domina. Aber wenn ich beides aufgeben würde, wäre das ein großes Problem, denn meine Mutter lebt bei mir und meine Schwester und meine Tochter. Meine Schwester und meine Tochter arbeiten in Jobs, bei denen sie nicht viel verdienen, und meine Mutter lebt von der Sozialhilfe, also muß ich die Brötchen verdienen. Ich muß die Miete zahlen, zum Teil für sie sorgen. Und ich muß auch für mich selbst sorgen.
Carole: Was würdest du im Bereich der Prostitution ändern, wenn du könntest?
Barbara: Zunächst einmal würde ich sie vollkommen legalisieren. Viele Prostituierte fühlen sich schuldig, wenn sie eingesperrt werden, und glauben, daß sie keinerlei Rechte haben. Ich hätte gern, daß Prostituierte andere Prostituierte ausbilden, damit sich ihr Bewußtsein ändert und sie nicht mehr glauben, sie brauchten einen Zuhälter. Wenn eine Frau meint, daß sie einen Zuhälter möchte, ist das ihre Sache, soll sie ihn haben. Aber wenn sie keinen will, meine ich, dann soll sie nicht gezwungen sein, einen zu haben. Ich würde es so einrichten, daß die Prostituierten einen Ort hätten, wo sie arbeiten können. Und wenn sie auf der Straße arbeiten wollen, dann würde ich es so einrichten, daß sie das können. Ich

würde dafür sorgen, daß sich die Polizei mit anderen Dingen beschäftigt, als Prostituierte zu belästigen. Viele Male haben mich Polizisten dumm angeredet und mir gesagt: »Es ist so schön einfach, hierher zu kommen und mit dir zu sprechen, denn du kannst mir nichts anhaben.«

Carole: Um noch auf ein anderes Thema zu kommen, wie sind deine Erfahrungen mit den Gerichten?

Barbara: Richter sind für mich etwas Fantastisches. Nicht alle, aber die meisten. Ich habe die meisten meiner Fälle vor Gericht gebracht. Ich habe in den meisten Fällen gewonnen, und wenn nicht, dann lief es auf einen Vergleich hinaus, oder die Sache wurde niedergeschlagen, bevor es zu einer Verhandlung kam. In der Frauengruppe, in der ich arbeite, wissen wir alle, daß wir das Recht haben, unsere Belange vor Gericht zu bringen, und daß wir gewinnen, wenn es zur Verhandlung kommt. Aber viele Frauen wissen das nicht. Ich hatte einmal eine Pflichtverteidigerin, die zu mir sagte: »Sieh mal, Barbara, sie wollen dir ein Jahr auf Bewährung geben.« Und weiter: »Du weißt, daß du den Kerl angemacht hast, also nimm das Jahr an.« Ich antwortete: »Aber ich habe ihn nicht angemacht, und ich werde mich nicht schuldig bekennen – ich will nicht ein Jahr auf Bewährung. Ich habe nichts getan, und ich will nichts haben.« Es endete so, daß ich sie offiziell ablehnte und einen Rechtsanwalt bezahlte. Und ich habe gewonnen.

Carole: Wer berät euch in Rechtsfragen?

Barbara: Wir haben viel gelesen. Wir haben Gerichtsverhandlungen beigewohnt und zugehört. Wir wissen, was Kundenanwerbung ist und was nicht.

Carole: Kannst du mir etwas über deine Erfahrungen im Gefängnis erzählen?

Barbara: Als ich das erstemal hineinkam, war es schrecklich. Das war in San Francisco. Die Aufseherinnen waren manchmal unheimlich böse. Ich weinte die ganze Zeit und hatte fürchterliche Angst. Sie hatten dreißig oder vierzig Mädchen wegen Straßenprostitution festgenommen. Alle Betten standen in einer Reihe, und die Aborte hatten keinen Sichtschutz. Wenn man auf die Toilette mußte, mußte man es vor den

Augen aller machen. Und die Schüsseln waren sehr schmutzig.

Im Gefängnis findet keine Rehabilitation statt. Im Gefängnis wird man höchstens schlechter. Als ich beim erstenmal weinte, kam eines der Mädchen zu mir und sagte: »Schätzchen, du bist jetzt besser ruhig, sonst werden die anderen sauer, und sie werden es dir ganz schön besorgen. Man darf hier drin nicht weinen.« Scheiß drauf, sagte ich, und mir war es egal, und ich weinte trotzdem weiter, weil ich wirklich fertig war. Aber sie sind wirklich knallhart und eiskalt.

Wenn man dich verurteilt, erzählt man dir, daß du nach Santa Rita zur Rehabilitation geschickt wirst. Aber auch dort findet keine echte Rehabilitation statt.

Carole: Wenn du die Aussicht auf eine andere Arbeit hättest, die besser bezahlt würde als mit dem Mindestlohn, könntest du dir dann vorstellen, daß du die Prostitution aufgeben würdest?

Barbara: Prostitution ist etwas, das ich gerne nach meinen eigenen Regeln betreiben würde. Damit meine ich, daß ich es nicht dauernd machen möchte. Ich würde dann vielleicht zweimal in der Woche rausgehen, anstatt fünf- oder sechsmal wie jetzt. Ich glaube, ich würde schon weitermachen, denn ich genieße die Macht, die ich über Männer habe. Ich genieße es, wenn sie alles tun, was ich ihnen sage. Aber es kann auch ganz schön anstrengend werden. Man ist ständig gefordert. Es ist jedoch so viel Geld damit zu machen. Und es gibt einem ein Gefühl der Macht, wenn man Geld von ihnen verlangen und sich selbst aussuchen kann, ob man es mit ihnen macht oder nicht. Wenn ich zu jemandem nett sein will, dann ist das meine freie Entscheidung, und wenn ich zu jemandem so richtig ekelhaft sein will, kann ich das auch sein.

Die Stripperin

Debi Sundahl

Während der letzten fünf Jahre hatte ich einen Fulltime-Job als Sex-Darstellerin in San Francisco. Ich bin gern Stripperin. Meiner Ansicht nach ist das Theater, in dem ich arbeite, ein Vorbild dafür, wie Theater für erotische Unterhaltung sein sollten. Wegen des Geldes, das ich verdiene, der wunderbaren Frauen, mit denen ich zusammenarbeite, und des hohen Qualitätsstandards des Theaters genieße ich die Kunst des Varietés, und ich habe mein Wissen und Können anderen vermittelt.

Bevor ich nach Francisco zog und Stripperin wurde, war ich Studentin an der Universität von Minnesota mit zwei Fachrichtungen, Frauenrecht und Geschichte. Ich betätigte mich aktiv sowohl in der feministischen als auch in der marxistischen Politik. Außerdem fungierte ich als Rechtsberaterin im ›Harriet Tubman Shelter for Battered Women‹ in Minneapolis, und zwei Jahre lang arbeitete ich bei ›Women Against Violence Against Women‹ (WAVAW) mit. Zu jener Zeit konzentrierte sich der Feminismus sehr aktiv auf das Thema Gewalt gegen Frauen. Viele Male habe ich einen Dia-Vortrag gehalten, der sich mit der Entwürdigung und/oder der gewalttätigen Darstellung der Frau in den Medien befaßte. Der Vortrag, der ursprünglich von der Organisation ›Women Against Pornography‹ zusammengestellt worden war, beschäftigte sich vor allem mit Vergewaltigung, Mißhandlung und Inzest, und nur am Rande wurde etwas gegen Pornografie ausgesagt.

Der Feminismus und meine Arbeit bei WAVAW führten dazu, daß ich mich als Lesbierin erkannte und meine Geliebte kennenlernte, mit der ich heute noch zusammenlebe. Diese Erkenntnis war der Anfang der Erforschung meiner eigenen Sexualität und des Sex im allgemeinen. Als ich das erstemal mit einer Frau schlief, empfand ich eine physische Lust, von der ich nicht geahnt hatte, daß mein Körper sie empfinden konnte. Es war ein Erwachen, und ich wollte nicht an dieser

Stelle haltmachen. Ich wollte sämtliche Tabuzonen im Bereich des Sex erkunden.

Durch den Feminismus war mir die Theorie der Unterdrükkung wohl bewußt, und ich kannte die Lügen, Geheimnisse und Versteckspiele, mit denen die unterdrückten Gruppen lebten. Für mich war es offensichtlich, daß Frauen im Sexgewerbe eine unterdrückte Gruppe waren, die unter den alten Vorurteilen und ihrer sozialen Abseitsstellung litten, ähnlich wie die Lesbierinnen. Da ich mich gerade als Lesbierin bekannt hatte, scheute ich mich nicht, gleich noch ein weiteres neues Territorium zu betreten, und als ich in San Francisco ankam, schrieb ich auf eine Anzeige im *San Francisco Chronicle:* »Tänzerinnen gesucht. Über 18 Jahre. Teilzeit-Job für Studentinnen und Hausfrauen.« Darin lag ein Hinweis, daß Frauen im Sexgewerbe nicht das sind, für das die Gesellschaft sie im allgemeinen hält.

Meine Vermutung bestätigte sich. Die Betreiber des ›Lusty Lady Theater‹ engagierten sich für die Gründung der Venus-Kirche in Seattle sowie für das Institut zur Erforschung der menschlichen Sexualität in San Francisco. Sie hatten ein ausgeprägtes Interesse an einer positiven Darstellung der menschlichen Sexualität. Das Institut vermittelte Bildung. Die Kirche brachte zum Ausdruck, daß die Öffentlichkeit eine Erziehung auf unterhaltsame Art genießen konnte. In der Kirche wurden erotische Bühnenshows und Masturbations-Phantasien aufgeführt, und zwar in einer sinnenanregenden Umgebung, in der sich die Leute wohlfühlen konnten. Die Geschäftsführer des ›Lusty Lady Theater‹, überwiegend Frauen, betrieben ein sauberes Theater, bezahlten ihre Darsteller gut und unterstützten sowohl ihre Tänzerinnen als auch ihre Klientel darin, ihre Sexualität zum Ausdruck zu bringen. Alkohol und Drogen waren in dem Theater verboten, das Management funktionierte gut, und ich mochte die anderen Tänzerinnen gern, die vor allem aus jungen Studentinnen und arbeitslosen Künstlerinnen bestanden.

Das Schwierigste an dem Job war für mich, damit meine feministischen Prinzipien bezüglich der Benutzung von Frauen als Objekt in Einklang zu bringen. Nackttanz ist typisch für die Frau als Lustobjekt. Während die Wochen vergingen, stellte ich fest, daß es mir gefiel, Lustobjekt zu sein, weil das Drumherum stimmte. Ich lehne es ab, auf der Straße oder im Büro als Lustobjekt behandelt zu werden. Aber als erotische Tänzerin war es meine Bestimmung. Mit meinem Auftritt will ich sexuell erregen, und wenn ich das nicht schaffe, dann habe ich versagt. Die Frauen, die im Sexgewerbe arbeiten, sind nicht verantwortlich für die sexuelle Unterdrückung der Frau, noch fördern sie sie in irgendeiner Weise.

Nachdem ich zwei Jahre lang in der Peep-Show der ›Lusty Lady‹ gearbeitet hatte, war ich soweit, einen Schritt weiter zu gehen. Zum Glück wohnte ich in einer Stadt, die eines der besten erotischen Varieté-Theater der Welt besitzt. Im Mitchell Brothers' O'Farrell Street Theater wurde ich mit der Kunst des Ausdruckstanzes in seiner traditionellen Form vertraut gemacht. Der Ausdruckstanz hat eine lange Geschichte und spielt eine wichtige sexuelle Rolle in der Gesellschaft. Es ist eine echte Kunstform, die im Laufe der Jahre viele große Künstler und Wandlungen im Stil hervorgebracht hat. Es ist ein großer Irrtum und eine Beleidigung zu unterstellen, daß jeder in betrunkenem, enthemmtem Zustand strippen könne. Man braucht Übung und Talent, um eine unterhaltsame und erotische Darstellung zu bieten. Um gute Kunst zu schaffen, muß sich die Künstlerin auf intelligente und einfühlsame Art mit dem Gegenstand ihrer Kunst auskennen. Von den vielen Stripperinnen, die ich kennengelernt habe, waren die besten diejenigen, die ihre eigene Sexualität ergründet hatten und sich dazu bekannten. Das Reservoir der Gefühle und des Wissens, aus dem diese Frauen ihre Kreativität schöpften, war tief und voller Klugheit. Sie waren sich selbst sexuell zugetan und hatten eine hohe Meinung von ihrem Beruf.

In dem Team von sechzig Tänzerinnen (darunter die besten Stripperinnen des Landes) war die Hälfte, und ist noch, lesbisch. Wir bedauerten die Tatsache, daß so wenige Frauen zu uns ins Theater kamen, um unsere Auftritte zu sehen. Die Sex-Industrie und die Institutionen der Sex-Industrie – die Theater, Buchläden und Veröffentlichungen – werden alle von Männern für Männer betrieben, und es sind die letzten großen Jungen-Vereine, die noch vollkommen unberührt vom Feminismus sind. Es gibt kaum eine Stripperin, die nicht Feministin ist, deshalb beschlossen wir, daß es an der Zeit sei, einen gleichberechtigten Zugang zur sexuellen Unterhaltung für alle zu fordern.

Ich führte die erste Strip-Show nur für Frauen in einer Lesbierinnen-Bar in San Francisco im Juli 1984 ein. Die wöchentlich wechselnde Show war auf Anhieb ein Erfolg. Die Tänzerinnen traten gern vor einem durch und durch weiblichen Publikum auf, da sie sich dort freier ausdrücken konnten. Sie waren nicht nur auf ultraweibliches Verhalten beschränkt; sie konnten als Frauen in männlicher Aufmachung die männliche Rolle spielen. Sie waren hingerissen davon, wie sehr das Publikum mitging, begeistert, lauthals und anfeuernd. Nach dem Anklang und dem regen Besuch zu urteilen, waren (und sind) Frauen gierig nach sexueller Unterhaltung und überaus angetan von der Tatsache, daß es zum erstenmal in der neueren Geschichte eine sexuelle Unterhaltung gab, die sie ganz für sich allein in Anspruch nehmen konnten. Da die Mehrzahl nie zuvor eine Sex-Show gesehen hatte, war dies ein sicherer Ort, sich mit der Bedeutung erotischer Unterhaltung vertraut zu machen. Ebenso interessant war es, die Wirkung auf die Stripperinnen selbst zu erleben: Vor ihrem Auftritt waren sie ein wenig befangen, daß andere Lesbierinnen auf diese Weise erfahren würden, wie sie ihren Lebensunterhalt verdienten. Jetzt werden sie jedoch von ihrer Umgebung mit Respekt und Umsicht behandelt. Es war außerdem eine Wohltat zu beobachten, wie sich in lesbischen Gemeinschaften die Haltung zum Ausdruck der Sexualität wandelte. Nicht ein einziges Mal wurden wir von Anti-Pornografie-Gruppen aufs Korn genommen. Statt dessen war die Reaktion überwältigend positiv. Es war ein erregendes Erlebnis, an dem Phänomen teilzunehmen, daß Frauen für Frauen Erotika schufen.

Mir ist bewußt, daß es ein glücklicher Zufall war, daß ich als Sex-Tänzerin eine positive Erfahrung gemacht habe. Wegen dieser guten Erfahrung halte ich enorm viel von erotischer Unterhaltung. Strippen ist jedoch traditionell Frauenarbeit, genau wie die Arbeit als Kellnerin, Lehrerin und Sekretärin. Als Folge davon wird sie gleichermaßen schlecht bezahlt. In Anbetracht der großen Nachfrage an Erotik-Darstellerinnen und dem geringen Angebot sowie der Tatsache, daß ihre Leistungen eine ausgefallene Begabung erfordern, sind die meisten Erotik-Darstellerinnen weit unterbezahlt.

Obwohl die meisten Tänzerinnen über vierzig Stunden in der Woche arbeiten, werden keine Überstunden bezahlt, und es gibt keinen bezahlten Urlaub und kein Krankengeld. Viele Tänzerinnen haben Angst davor, krank zu werden, denn wenn sie einen Tag nicht zur Arbeit erscheinen, setzen sie ihren Job aufs Spiel.

Der soziale Drahtseilakt, den die meisten Tänzerinnen vollführen, bringt eine gespannte Streßsituation mit sich. Einerseits ist der soziale Bedarf für ihre Dienste groß, andererseits werden sie von der Gesellschaft dafür geächtet. Es ist schwierig, eine Stripperin zu sein und die negativen Vorurteile gegen Stripperinnen nicht an sich herankommen zu lassen, zum Beispiel: Sie sind als Kinder mißbraucht worden, stammen aus zerrütteten Familien, sind abhängig von Alkohol und Drogen, führen ein wildes Leben und wurden zu ihrer Arbeit in der Sex-Industrie mit Gewalt oder durch die Verzweiflung getrieben. Diese Einschätzungen lassen wenig Freiraum für Selbstachtung. Die Angst, von ihrer Familie und ihren Freunden abgelehnt zu werden, zwingt die Stripperinnen, ihre Beschäftigung zu verleugnen, besonders wenn sie ihre grundlegenden bürgerlichen Rechte oder gesetzliche Gerechtigkeit nicht gefährden möchten. Andere Menschen in ihrem Leben, an denen ihnen viel liegt, können sich nicht mit ihrer Arbeit abfinden, was zu emotionalen Problemen führen kann. Kurz gesagt, als Stripperin muß man mit der Feindseligkeit der Welt leben, und es bedeutet, daß man ständig um Anerkennung und Selbstachtung kämpfen muß.

Die Zukunft sieht jedoch vielversprechend und herausfordernd aus. Frauen betreiben Sex-Läden, veröffentlichen erotisches Material für andere Frauen, produzieren Erwachsenen-Videos mit besonderer Berücksichtigung der weiblichen Wünsche und machen erotisches Varieté. Diese Frauen haben die Anfänge des Feminismus in den sechziger Jahren nicht vergessen, als das Recht auf Selbstbestimmung über den eigenen Körper gleichzeitig das Recht auf Sexualität bedeutete. Sie werfen die unterdrückende, sexfeindliche Haltung der Anti-Pornografie-Bewegung ab und fordern das Recht, ihre sexuelle Identität zu erforschen, die vielen möglichen Wege, ein sexuelles Wesen zu sein, zu beschreiten und eine Toleranz für alle sexuellen Aktivitäten zu beschwören.

Ich zum Beispiel bin es leid, den Moralwächter über die männliche Sexualität zu spielen und Ächtung und Verdammung über mich ergehen zu lassen, nur weil ich mich entschlossen habe, sexuell aktiv oder unabhängig zu sein. Sexuelle Bildung und die Fähigkeit, über alle Aspekte der Sexualität zu sprechen, sind wesentliche Voraussetzungen für die Erringung einer gesellschaftlichen Achtung für Frauen im Sexgewerbe sowie für alle persönlichen sexuellen Vorlieben und Ausdrucksformen. Wie viele andere unterdrückte Minderheiten haben wir unter der Annahme gelitten, daß wir vor uns selbst beschützt werden müßten. Der pseudo-illegale oder gänzlich illegale Status unserer Arbeit nimmt uns die Möglichkeit, unsere Arbeitsbedingungen selbst zu definieren und zu kontrollieren. Wir selbst wissen besser als jeder andere, was an unserer Arbeit gesund und was daran ungesund ist.

TEIL II

Zusammenhänge

Prostitution: Ein schwieriges Kapitel für Feministinnen

Priscilla Alexander

Die Prostitution war eine harte Nuß sowohl für die gegenwärtige Woge der feministischen Bewegung, die gegen Ende der sechziger Jahre einsetzte, als auch für die frühere, die in den sechziger Jahren des letzten Jahrhunderts anfing. Als Feministinnen verabscheuen wir die Ausbeutung der weiblichen Sexualität durch Profitmacher, und einige von uns haben instinktiv das Gefühl, daß die Prostitution dazu beiträgt, weibliche Sexualität und die Frauen selbst zum Objekt zu machen, was irgendwie im Zusammenhang mit der wachsenden Gewalt gegen uns steht. Außerdem werden wir von uns selbst und von anderen durch unsere gespaltene Situation als Hure/Madonna definiert. In feministischen Kreisen wächst jedoch die Erkenntnis, daß die Gesetze gegen die Prostitution und das Stigma, das der Arbeit im Sexgewerbe anhaftet, alle Frauen davon abhalten, sich zu ihrer eigenen Sexualität zu bekennen.

Es gibt nur wenige Frauen, die die Pubertät erreichen, ohne von der Prostitution erfahren zu haben. Viele Frauen haben zu irgendeinem Zeitpunkt daran gedacht, Prostitution zu betreiben, um Rechnungen zu bezahlen oder von einem Schuldenberg herunterzukommen, obwohl das für die meisten nur ein flüchtiger Gedanke ist. Viele Frauen beschäftigen sich in der Phantasie mit Prostitution, wobei ihnen sexuelle Lust gleichbedeutend ist mit Verderbtheit und ›Schlechtigkeit‹ einerseits oder mit Macht andererseits. Viele Frauen setzen Prostitution gleich mit den negativen Gefühlen über ihre eigenen Begegnungen mit Männern – wenn zum Beispiel die Männer am schnellen, anonymen, beiläufigen Sexualerlebnis interessiert sind, während die Frauen eher an langfristigen sexuellen Beziehungen voller Geborgenheit interessiert wären. Die Folge solcher sich widersprechender Bedürfnisse ist, daß viele Frauen, zumindest zeitweise, das Gefühl haben, sexuell mißbraucht zu werden.

Gleichzeitig wird jungen Mädchen von ihren Eltern, Illustrierten-Beratungstanten, Lehrern, der Kirche und anderen Institutionen die Botschaft mit auf den Weg gegeben, daß sie ihre Jungfernschaft hüten, ihre Sexualität für die Ehe aufbewahren sollten oder zumindest für eine ernsthafte Beziehung. Obwohl es einige gute medizinische Gründe für ein Hinauszögern des ersten Geschlechtsaktes geben mag (z. B. das größere Risiko für Gebärmutterkrebs bei Frauen, die vor ihrem achtzehnten oder zwanzigsten Lebensjahr sexuell aktiv werden), klingen bei diesen Botschaften eher moralische als medizinische Bedenken an. Obwohl der Prozentsatz an jugendlichen Mädchen, die sexuell aktiv sind, jedes Jahr ansteigt, so daß es eher die Norm als die Ausnahme ist, wird dieses Verhalten immer noch verdammt.

Ein anderer Faktor, der eine nüchterne Betrachtung der Prostitution verhindert, ist die Tatsache, daß ungefähr eine von drei Frauen berichtet, von einem männlichen Erwachsenen vor der Erreichung des achtzehnten Lebensjahres mißbraucht worden zu sein. Außerdem laufen alle erwachsenen Frauen mit einer Chance von eins zu vier Gefahr, vergewaltigt zu werden (nach einer neueren Erhebung sogar eins zu drei), entweder von Bekannten oder von Fremden. Wenn die Vergewaltigung in der Ehe mit berücksichtigt würde, wäre der Prozentsatz noch höher. Zusätzlich zu den Schrecken einer Vergewaltigung kommt die Schmach, daß dem Opfer eine Mitschuld zugeschrieben wird, wie wir es alle kennen. Eine inzestuös mißbrauchte Fünfjährige wurde von einem Richter als ›sexuell frühreif‹ beschrieben. Wenn ein Mädchen von der High-School, das Schlabberhosen, einen Rollkragenpullover und ein lose fallendes Hemd darüber trägt, vergewaltigt wird, sagen die Richter von seinem Vergewaltiger, daß er ›normal‹ auf eine Provokation reagiert habe. Eine gern gebrauchte Verteidigung bei einer Vergewaltigung ist die Bemerkung, daß die Frau eine Prostituierte war, und 1986 ließ ein Richter eine Anklage wegen Vergewaltigung, bei der die Überlebende eine Prostituierte war, mit den Worten fallen: Eine Hure ist eine Hure. Der Mann habe keineswegs die ›Erfüllung eines illegalen Vertrages erzwungen‹. Im gleichen Jahr schlug ein Distriktrichter bis auf drei Ausnahmen zweiunddreißig Anklagen wegen des Verbrechens eines erzwungenen Geschlechtsverkehrs nieder, weil mindestens vier der Frauen Prostituierte waren. Dieses Vorurteil reicht bis in den häuslichen Bereich, besonders in Fällen privater Gewalttätigkeit: Viele Männer, die ihre Frauen mißhandeln, beschimpfen ihre Frauen als ›Huren‹, bevor sie sie schlagen, als ob diese Kennzeichnung ihr Handeln rechtfertigen würde. Obwohl die Gesetze gegen die Unzucht in den meisten US-Staaten aufgehoben wurden, bleibt das Stigma doch. Frauen, die außerhalb der traditionellen Ehe sexuell aktiv sind, laufen Gefahr, daß ihnen das Sorgerecht für ihre Kinder entzogen wird, und im Jahre 1986 war das für Richter immer noch ein Grund, das Sorgerecht Vätern zuzusprechen. Dies trifft besonders für Lesbierinnen und Prostituierte zu, die als weit außerhalb der Norm befindlich angesehen werden, aber es ist ebenso ein Problem für Frauen, die eine dauerhafte, monogame außereheliche Beziehung unterhalten.

Die Ausbreitung der Prostitution

Prostitution gibt es in jeder Gesellschaft, über die etwas überliefert ist. Während langer Zeitstrecken in der Geschichte hatten die Frauen nur drei verschiedene Möglichkeiten, wirtschaftlich zu überleben: zu heiraten, Nonne (früher Priesterin) oder Prostituierte zu werden. Die Erfindung des Spinnrades im dreizehnten Jahrhundert versetzte eine Frau in die Lage, für sich selbst zu arbeiten und genügend Garn herzustellen, um ihren Lebensunterhalt zu verdienen. Zum erstenmal konnte sie ihr eigenes Geld als Spinnerin verdienen.

Prostitution gedieh immer besonders in Zeiten sozialen Umschwungs, vor allem wenn sich die Rolle der Frau änderte. Zum Beispiel im Frankreich des Mittelalters nahm die Prostitution immer dann beträchtlich zu und änderte sich die Erscheinungsform des Gewerbes wesentlich, wenn kleinere den zu Städten wurden oder sich das Feudalsystem in eine Struktur vielfältigen Gemeinwesens verwandelte. So war zum Beispiel im Frankreich des dreizehnten Jahrhunderts die Prostitution im wesentlichen eine Art Heimarbeit, bei der offenbar einige wenige Frauen in einigen wenigen Städten unabhängig für sich arbeiteten. Im vierzehnten Jahrhundert, als die Städte größer wurden, war die Prostitution auf gewisse Straßen beschränkt. Im späten vierzehnten und frühen fünfzehnten Jahrhundert, nachdem die Bevölkerungszahlen schwer von der Pest dezimiert worden waren, brauchte man Prostituierte, die in den Bordellen arbeiteten; anschließend wurden die Bordelle zu städtischen Einrichtungen gemacht, wobei die Stadt das Management der Bordelle stellte. Bei jedem Schritt ging die Kontrolle über die Prostitution mehr in die Hände von Männern über. Wachsender Druck wurde auf die Frauen ausgeübt, daß sie ihre Untaten bereuen sollten, und im sechzehnten Jahrhundert, als die protestantische Reformation immer stärker wurde und ein allgemeiner Sexual-Standard für alle Männer Gültigkeit bekam (gegensätzlicher Art für verheiratete Männer und Mönche sowie für Geistliche und alleinstehende Männer), wurde die Prostitution für einige Zeit ganz verboten. Die industrielle Revolution im neunzehnten Jahrhundert wurde von einem deutlich wahrnehmbaren Zunehmen der Prostitution begleitet. Das lag zum Teil an der großen Anzahl von Frauen, die aus dörflicher, ländlicher Umgebung in die industrialisierten Großstädte kamen. Wenn sie keine Arbeit in den neugegründeten Fabriken bekamen oder von den niedrigen Löhnen nicht leben konnten, was für eine große Zahl von ihnen zutraf, wandten sie sich der Prostitution zu. Ein weiterer Faktor, der dazu beitrug, war die Tatsache, daß Frauen, die ihre Familie verließen, um in den Fabriken zu arbeiten, als unmoralisch angesehen wurden und an der Arbeitsstätte Opfer massiver sexueller Belästigung waren. Wenn sie einmal in Ungnade gefallen waren, weil sie ihr Zuhause verlassen hatten, waren die Hürden zur Prostitution nur noch sehr niedrig. Ein ähnliches Verhaltensmuster kann heute in den sich neu industrialisierenden Nationen in Afrika, Lateinamerika und Südostasien beobachtet werden.

Gegenwärtig gibt es Prostitution in jedem Land der Welt. Obwohl sich die Erscheinungsformen von einem zum anderen Ort etwas unterscheiden – gemäß den Unterschieden in der Kultur, der Ökonomie und den Gesetzen –, ist die Institution an sich überall auffallend ähnlich. Einige Länder, darunter Cuba, die UdSSR und China, haben mit großangelegten Projekten die Prostituierten ›rehabilitiert‹ und gleichzeitig die Prostitution ausgelöscht. Trotzdem arbeiten auch in diesen Ländern einige Frauen weiter als Prostituierte, besonders in den riesigen Großstädten und vor allem als Folge eines wachsenden Tourismus aus anderen Ländern. Viele Länder vertrauen auf die Prostitution als Lieferant ausländischer Währungen, die sie für den Handel mit dem technologisch hochentwickelten Westen brauchen.

Warum Prostitution?

Der Grund, daß es Prostitution gibt, liegt zum Teil zumindest darin, daß die Frauen in den meisten Gesellschaften eine untergeordnete Stellung haben. Diese Unterordnung spiegelt sich in der doppelten Moral bezüglich des männlichen und weiblichen Sexualverhaltens wider und schlägt sich in dem unterschiedlichen Verdienstniveau zwischen Männern und Frauen nieder; so verdient zum Beispiel in den USA eine Frau siebenundsechzig Cents, wenn ein Mann einen Dollar verdient. In den meisten anderen Ländern ist das Verhältnis sogar noch ungünstiger. An dieser wirtschaftlichen Ungerechtigkeit hat sich seit den Tagen des Alten Testaments nicht viel geändert; zu jener Zeit verdiente eine Frau etwa sechzig Schekel, wenn ein Mann hundert Schekel verdiente.

Die persönlichen Gründe, die Prostituierte dafür angaben, daß sie sich für diese Arbeit entschieden haben, waren laut einer Studie von Dr. Jennifer James in Seattle vor allem folgende: Geld, Abenteuer, Unabhängigkeit und Flexibilität, ungefähr in dieser Reihenfolge. Bei persönlichen Befragungen nannten Frauen im Sexgewerbe häufig wirtschaftliche Gründe als Hauptmotiv, gekoppelt mit dem Widerstand gegen ihre begrenzten und wenig aussichtsreichen Berufschancen.

Die herkömmliche psychologische Erklärung für den Zusammenhang zwischen einem sexuellen Mißbrauchtwerden im Kindesalter und dem späteren Leben als Prostituierte ist die, daß das Kind gelernt hat, Sex als nützliches Mittel zum Zweck anzusehen, und daß es masochistisch veranlagt ist. Nach den Aussagen von Prostituierten liegt der Zusammenhang jedoch eher darin, daß sie in ihrer Arbeit einen Weg sehen, eine Situation zu beherrschen, die sie als Kind nicht beherrschen konnten. Es ist bezeichnend, daß viele von ihnen sagten, sie hätten zum erstenmal ein Gefühl von Macht empfunden, als sie ihren ersten Freier hatten.

So überzeugend diese Statistiken auf den ersten Blick auch sein mögen, so darf man doch nicht aus den Augen verlieren, daß auch Frauen, die niemals sexuell mißbraucht worden sind, als Prostituierte arbeiten (und andererseits viele Frauen, die sexuellen Mißbrauch im Kindesalter durchgemacht hatten, niemals Prostituierte geworden sind), so daß der Zusammenhang zwischen Prostitution und einem frühen sexuellen Trauma alles andere als eindeutig ist.

Zahlreiche Autoren haben auch auf die Tatsache verwiesen, daß Männer und Frauen dem Anschein nach eine unterschiedliche Einstellung zum Sex haben und daß Männer als Klasse im Sex ein Machtinstrument sehen, wobei die Vergewaltigung die extremste Anwendung von Sex als Machtmittel darstellt. Frauen als Klasse genommen hingegen neigen dazu, Sex als Mittel zum Lebensunterhalt zu betrachten, und diese Verallgemeinerung ist Gegenstand vieler Meinungsverschiedenheiten. In der Prostitution liegt auch eine Gleichsetzung von Sex mit Macht: Für den Mann/Kunden besteht seine Macht darin, daß er sich so viele Frauen ›kaufen‹ kann, wie er will; für die Frau/Prostituierte besteht die Macht darin, daß sie die Spielregeln der Sexualität festlegt und für ihre Zeit und ihre Künste erhebliche Geldbeträge fordern kann. Daher ist die Prostitution ein Bereich, in dem Frauen von altersher und unverblümt Sex als Machtinstrument angesehen haben.

Obwohl man annimmt, daß die Prostitution eine ausschließlich den Menschen vorbehaltene Tätigkeit ist, gibt es einige gegenteilige Beweise, die sich bei Forschungen mit nicht-menschlichen Primaten sowohl in der Natur als auch im Labor ergaben. So hat man Schimpansen beobachtet, die sich in freier Wildbahn sexuellen Spielen im Austausch gegen Futter hingaben, und bei einer Laboruntersuchung, bei der man den Schimpansen Spielgeld als Belohnung für bestimmte Verhaltensweisen gegeben hatte, stellten die Beobachter plötzlich fest, daß ein paar weibliche Schimpansen alles Spielgeld besaßen. Weitere Beobachtungen ließen eine Form von Prostitution erkennen.

Die grundsätzlichen Kategorien der Prostitution

Straßenprostitution: Die bekannteste Form der Prostitution und diejenige, die die meiste Aufmerksamkeit auf sich zieht, ist die Straßenprostitution. In den USA sprechen etwa zehn bis zwanzig Prozent der Prostituierten ihre Kundschaft auf der Straße an. Die herkömmliche Beziehung Zuhälter/Prostituierte ist in diesem Bereich sehr verbreitet, obwohl ungefähr vierzig Prozent der Straßenprostituierten unabhängig arbeiten.

Massage-Salons: Die zweite Form der Prostitution findet zwar nicht auf der Straße statt, entzieht sich dem Auge der Öffentlichkeit jedoch nicht. Dazu gehören Massage-Salons, ›Begegnungsstätten‹ und ähnliche einschlägige Etablissements. Diese Einrichtungen sind meist von außen deutlich als das zu erkennen, was sie sind, und die Betreiber werden mit Recht Zuhälter oder Kuppler genannt. Unter den Geschäftsführern von Massage-Salons ist der Anteil von Männern und Frauen ziemlich ausgewogen, wobei die Männer unter ihnen häufig von den Prostituierten verlangen, daß sie mit ihnen unentgeltlich sexuell verkehren – was nach den üblichen Maßstäben sexuelle Belästigung am Arbeitsplatz wäre.

Prostitution in Bars und Cafés: Für die Öffentlichkeit weniger augenscheinlich ist die Prostitution in Bars und Cafés, bei der sich die Frauen und ihre Kunden an der Bar einig werden und dann zusammen in ein Zimmer über dem Lokal gehen (diese Form ist in Europa und Südostasien weiter verbreitet als in den USA) oder in das Hotelzimmer des Kunden. Diese Art der Prostitution ist oft mit einem Zuhälter verbunden, vor allem, wenn die Frauen ihre Kunden in einen Raum führen, der zu dem Lokal gehört. Manche Frauen arbeiten jedoch auch unabhängig auf diese Weise, sie gehen dann meistens mit dem Mann in sein Hotelzimmer. Im letzteren Falle geben die Prostituierten dem Barkeeper und/oder dem Besitzer des Lokals großzügige ›Trinkgelder‹, aber sie arbeiten nicht im eigentlichen Sinne für sie.

Bordelle: Das nächste sind die Bordelle, die abgeschlossene Gebäude sind, der allgemeinen Öffentlichkeit verschlossen, in denen der Prostitution nachgegangen wird. In Ländern, in denen das System der Bordelle legal ist, ist der Bordellbereich oft ein von der übrigen Straße abgesondertes Viertel, manchmal von hohen Zäunen umgeben. Illegale Bordelle verbergen sich meistens geschickt vor dem Auge der Öffentlichkeit, damit Polizeiaktionen dagegen vermieden werden. Der Eigentümer eines Bordells kann ein Mann oder eine Frau sein, geführt wird ein Bordell jedoch in den meisten Fällen von einer Frau, mit Vorliebe ›Madame‹ genannt.

Frauen, die in einem legalen Bordellbetrieb arbeiten, werden ständig auf Geschlechtskrankheiten oder das Vorhandensein des AIDS-Virus untersucht. In einigen Systemen mit legalen Bordellen ist die Prostitution streng auf bestimmte Gebiete beschränkt, wie zum Beispiel in den iranischen Städten der Vor-Ayatolla-Zeit. In anderen Ländern ist nur die ›sichtbare‹ Prostitution auf spezielle Viertel beschränkt, wie zum Beispiel in Holland.

Prostitution auf Bestellung: Eine große Zahl von Prostituierten, wahrscheinlich die meisten, arbeiten nicht in geschlossenen ›Häusern‹. Das traditionelle ›Callgirl‹ arbeitet unabhängig mit einem festen Kundenstamm. In den letzten paar Jahren hat sich so etwas wie ein ›Begleiterinnen-Dienst‹ entwikkelt (ursprünglich als Dienst auf Bestellung ›frei Haus‹ von Massage-Salons angeboten), der als Vermittlerdienst fungiert und die Verbindung zwischen Kunden und Prostituierten herstellt, die sich dann an einem anderen Ort treffen. Ob sie nun mit einem Vermittlerring zusammenarbeiten oder ganz unabhängig agieren, die Prostituierten, die auf diese Weise arbeiten, haben die größte Unabhängigkeit und die beste Kontrolle über ihr Leben und ihren Job.

Hotels, die an der Prostitution beteiligt sind

Obwohl die Hotels oft die ersten sind, die die Polizei rufen, um Prostitution zu unterbinden, gehört es doch zu ihren Dienstleistungen für ihre Kunden, stets eine größere Anzahl an Prostituierten verfügbar zu haben. Dies trifft besonders für die Großstädte zu, wo der Rückgang der Arbeiterindustrie den Tourismus von Geschäftsreisenden zu einer wichtigen Steuereinnahmequelle gemacht hat, auf die sie angewiesen sind. In den USA gibt es eine emsige Tagungsindustrie, und wegen der fortgesetzten Diskriminierung der Frauen im Beruf, besonders auf Managementniveau, sind die Tagungsteilnehmer mit überwältigender Mehrheit Männer. Die meisten sind ohne ihre Familien unterwegs. Eine beträchtliche Anzahl dieser Männer ist der Ansicht, der Besuch in einer fremden Stadt sei nicht komplett ohne den Besuch einer Prostituierten. Als Folge davon floriert das Geschäft der Massage-Salons und Vermittlerringe für Damen immer mehr, und weltweit blüht die Industrie des Sex-Tourismus.

Hotels lassen Prostituierte durch ihre Sicherheitsleute durchleuchten, um unerwünschte auszusieben. Ein früherer Sicherheitsmann eines der großen Hotels in der Innenstadt von San Francisco berichtete, daß von einer Prostituierten, die vorhat, einen Kunden in einem First-Class-Hotel aufzusuchen, erwartet wird, daß sie sich am Hauptempfang anmeldet und ihre Absicht zu erkennen gibt, indem sie sagt, daß sie dem Kunden eine Massagebehandlung oder irgendeinen anderen Dienst leisten wolle. Wenn die Frau eine Massagegenehmigung besitzt, sollte sie sie am Empfang vorzeigen. Wenn sie dann in dem entsprechenden Stockwerk angekommen ist, wird sie mit großer Wahrscheinlichkeit noch einmal von einem Sicherheitsbeauftragten des Hotels aufgehalten, der unten am Empfang anruft, ob sie sich angemeldet hat. Wenn nicht, wird sie in ein bestimmtes Zimmer des Hotels gebracht, meistens im Untergeschoß, wo man sie fotografiert und sie warnt, sich nicht mehr in diesem Hotel blicken zu lassen. Man droht ihr an, ihr Foto in allen Hotels des Viertels herumgehen zu lassen. Wenn sie schwarz ist, aufdringlich gekleidet, zu laut oder betrunken, ist die Wahrscheinlichkeit größer, daß sie angehalten wird, als wenn sie elegant gekleidet ist. Vor einigen Jahren hatte eine schwarze Frau das Hilton Hotel in San Francisco angezeigt, weil sie dort auf diese Weise belästigt worden war, während sie an einer Feministinnen-Konferenz teilnahm. Das Hilton bekam vor Gericht eine Geldstrafe von fünfzigtausend Dollar auferlegt. Erst vor kurzem wurde eine Freundin von mir, die einen Kunden in einem Hotel in einer absolut legalen Angelegenheit aufsuchte und bei dieser Gelegenheit ein Anzugjackett und Hosen trug, von den Sicherheitsleuten angehalten und aufs peinlichste belästigt.

Ein Mann in einem Hotel, der eine Prostituierte wünscht, braucht nur den Empfangschef nach einer Empfehlung zu fragen. Außerdem wird ihm fast jeder Taxifahrer weiterhelfen.

Wie auch die Produzenten von Pornografie, so profitieren die Hotelbesitzer von einem streng überwachten Bordellsystem.

Die Gesetze

Im Verlauf der Geschichte hat sich mit dem Thema Prostitution eine große Zahl von offiziellen und religiösen Stellen auf die verschiedenste Weise befaßt. Zu Zeiten in der Geschichte, in denen ›gute‹ Frauen strengen Beschränkungen unterlagen (d. h. Schleier tragen oder von Anstandsdamen begleitet werden mußten oder in besonderen Gemächern lebten), wurden Prostituierte toleriert und konnten ohne größere Einschränkungen arbeiten. Im Gegensatz dazu waren die Verbote und Beschränkungen für Prostituierte strenger in Zeiten, in denen die Frauen mit einigem Erfolg für mehr Unabhängigkeit kämpften. Während der Renaissance, einer Zeit, in der die Frauen einen gewissen Grad an Unabhängigkeit erreichten, war den Prostituierten häufig auferlegt, spezielle Kleidung zu tragen und/oder sich nur in bestimmten Gegenden aufzuhalten. Interessanterweise mußten sie in den gleichen Vierteln wie die Juden wohnen, die auf ähnliche Weise ihre Kleidung kennzeichnen mußten. Und im neunzehnten Jahrhundert, als die Frauen das Wahlrecht für sich forderten, wurde in England ein Gesetz zur Bekämpfung ansteckender Krankheiten (Contagious Diseases Acts) erlassen, nach dem jede Frau, die in den Verdacht geriet, Prostituierte zu sein, verhaftet und in ein Krankenhaus zur Verwahrung eingeliefert wurde, wo sie in bezug auf Geschlechtskrankheiten untersucht und behandelt wurde. Viele ›unschuldige‹ Frauen wurden festgenommen. Und nicht nur das, viele Frauen steckten sich erst durch die nicht sterilen, damals neu erfundenen Spekula an, die zu ihrer Untersuchung benutzt wurden.

Im Jahre 1949 brachten die Vereinten Nationen ein Papier heraus, mit dem sie forderten, die Prostitution zu entkriminalisieren und die Gesetze gegen die Ausbeutung von Frauen und Kindern durch Prostitution zu verschärfen. Dieser Gesetzesvorschlag, den Eleanor Roosevelt vor der Generalversammlung der Vereinten Nationen verlas, wurde in mehr als fünfzig Ländern angenommen, nicht jedoch in den Vereinigten Staaten. Die meisten europäischen Länder haben die Prostitution entkriminalisiert, indem sie Gesetze aufhoben, die es verboten, den Akt der Prostitution durchzuführen, obwohl die meisten die Gesetze gegen Zuhälterei, Kuppelei, das Führen eines ›zwielichtigen‹ Hauses und das ›Anmachen‹ auf der Straße aufrechterhielten, sowie gegen den ›Transport von Frauen über nationale Grenzen zum Zwecke der Prostitution‹. Die Vereinigten Staaten hingegen haben das Gesetz gegen den eigentlichen Akt der Prostitution selbst beibehalten (außer in ländlichen Gegenden im Staate Nevada mit geringer Einwohnerzahl, in denen legale, beaufsichtigte Bordelle möglich sind). Prostitution ist außerdem in Japan bedingungslos verboten und in vielen asiatischen Ländern, einschließlich derer, in denen der ›Sex-Tourismus‹ eine Haupteinnahmequelle darstellt. In der Sowjetunion ist Prostitution nicht illegal, doch werden dort Frauen, die als Prostituierte arbeiten, wegen der Übertretung des Gesetzes gegen ein ›Parasitendasein‹ verhaftet (d. h., weil sie keinen rechtmäßigen Arbeitsplatz nachweisen können).

Die Bundesrepublik Deutschland hat über die Entkriminalisierung des Aktes an sich hinaus eine Vielfalt von Einrichtungen entwickelt, von einem streng kontrollierten, abgeschlossenen Bordell-Sperrbezirk in Hamburg bis zu einem großzügigen Laissez-faire-System in Westberlin. Dänemark hat die meisten Gesetze, die die Rechte der Prostituierten einschränkten, aufgehoben und statt dessen Gesetze erlassen, durch die es Frauen leichter gemacht wird, von der Prostitution wegzukommen.

Nachdem vor einigen Jahren in Holland eine Prostituierte ermordet worden war, beschloß die Regierung, die Gesetze zu überprüfen und zu überlegen, ob es Wege gäbe, die Situation der Prostituierten zu verbessern. Die Regierung arbeitet seither eng mit der feministischen Bewegung für die Rechte der Prostituierten zusammen – dem ›Roten Faden‹, einer Organisation aus Prostituierten und Ex-Prostituierten, und dem ›Rosa Faden‹, einer feministischen Solidaritätsgruppe. Ende 1986 stellte die Regierung Geldmittel bereit, damit der ›Rote Faden‹ ein Büro mit drei Angestellten unterhalten konnte.

Die Länder mit den strengsten Gesetzessystemen, einschließlich der Vereinigten Staaten und vieler Länder in Südostasien, haben die größten Probleme mit Gewalttaten gegen Prostituierte (und Frauen, die in der allgemeinen Meinung mit Prostituierten gleichgesetzt werden), Diebstahl an Prostituierten, Zuhälterei (vor allem brutaler Zuhälterei) und der Verwicklung von Jugendlichen in Prostitution. Andererseits haben die Länder mit der großzügigsten Gesetzgebung, einschließlich Holland, der Bundesrepublik Deutschland, Schweden und Dänemark, die geringsten Probleme dieser Art. In keinem Land jedoch sind die Prostitutierten vollkommen sicher. Das Stigma, das ihnen anhaftet, isoliert die Frauen immer noch, und die jetzt gültigen Gesetze dienen immer noch dazu, dieses Stigma zu erhalten, anstatt die Frauen, die als Prostituierte arbeiten, davon zu befreien und sie vollständig zu legalisieren.

Zuhälterei

Die offizielle Definition für Zuhälterei lautet, ›einen anderen bei der Ausübung der Prostitution eines Vermögensvorteils wegen zu überwachen‹. Mit dieser Definition werden nicht nur jene Zuhälter beschrieben, die einen ganzen Stall von Frauen für sich arbeiten lassen, sondern auch Partner, die zum Einkaufen gehen und die Wäsche waschen, Taxifahrer, Hotelportiers, die geschäftstüchtigen Besitzer und Manager von Massage-Salons und Callgirl-Ringen, Madames und alle anderen, die persönlich und direkt Geld von Prostituierten erhalten und/oder Kontakte zwischen Prostituierten und Kunden herstellen. Weiterhin eingeschlossen sein müßten die Verleger von Yellow-Press-Zeitungen und Zeitschriften und einiger Magazine, Banken, die Kreditkarten anbieten, Reiseveranstalter, die Sex-Tours organisieren, und ein ganzer Schwarm von Kreaturen, die diese oder jene Gunst vermitteln, die aber niemals mit dem Gesetz gegen Prostitution in Konflikt geraten.

Die meisten Leute denken bei Zuhältern an schlechte Zuhälter, die arglose Frauen in die Prostitution locken und sie körperlich mißhandeln, wenn sie sich weigern oder nicht genug Geld nach Hause bringen. Die meisten Leute bringen die Gewalttätigkeit in solchen Beziehungen nicht in Zusammenhang mit der Gewalttätigkeit in Beziehungen schlechthin, wie zum Beispiel in der Ehe. Wenn man bedenkt, daß ungefähr fünfzig Prozent der erwachsenen Prostituierten entweder körperlich oder sexuell während ihrer Kindheit mißhandelt worden sind, häufig vom eigenen Vater, ist es nicht überraschend, daß viele von ihnen auch in ihrem Erwachsenendasein in Beziehungen voller Gewalttätigkeit leben. Damit sollen solche Beziehungen nicht in Mißkredit gebracht, sondern es soll nur auf die Zusammenhänge verwiesen werden. Viele von den Prostituierten, die ich kenne, geben an, daß sie zwar einige Prostituierte kennengelernt haben, die über längere Zeit Opfer von Mißhandlungen waren, gleichzeitig aber mindestens genauso viele kannten, die kaum je oder niemals verletzt oder mißbraucht worden sind.

Die Bewegung für die Rechte mißhandelter Frauen hatte eine entscheidende Wirkung auf das Bewußtsein der Prostituierten, und immer mehr mißhandelte Prostituierte wenden sich hilfesuchend an die Einrichtungen für mißhandelte Frauen. Oft haben sie noch mehr Angst, die Sache vor einem öffentlichen Gericht zur Sprache zu bringen, als mißhandelte Ehefrauen, aber langsam begreifen sie, daß ihnen unter Umständen dabei geholfen werden kann, aus ihrer Situation herauszukommen. Jedenfalls zum Teil, denn leider lehnen es zu viele Einrichtungen für mißhandelte Frauen ab, sich mit Prostituierten zu befassen, und wenn sie es tun, dann gehen sie von der Voraussetzung aus, daß das Problem in der Prostitution liegt und nicht in der Mißhandlung. Sie gestatten zum Beispiel nicht, daß die Frauen außerhalb der Frauenhäuser weiterhin ihrer Arbeit als Prostituierte nachgehen, obwohl von allen anderen Frauen erwartet wird, daß sie weiterhin arbeiten. Zum Teil mag das an den Gesetzen liegen, aber in Staaten, in denen homosexuelle Handlungen ein Verbrechen sind, erwarten die Frauenhäuser von mißhandelten Lesbierinnen auch nicht, daß sie aufgrund des Gesetzes ›normal‹ werden.

Erzwungene Prostitution

Der Punkt der erzwungenen Prostitution wird oft als Argument gegen das Recht der Frauen, als Prostituierte zu arbeiten, eingesetzt. Deshalb ist es wichtig, dieses Thema separat zu behandeln. Gleichzeitig möchte ich unterscheiden zwischen dem Zwang, der von einer dritten Seite ausgeht (also einem Zuhälter beispielsweise), und dem Zwang durch die wirtschaftliche Notwendigkeit. Die meisten Menschen, die gegen ein Entgelt arbeiten, tun das, weil sie Geld brauchen – für sich selbst, für ihre Kinder. In jeder Gesellschaft entscheiden sich die Menschen für eine Arbeit unter Abwägung all ihrer Möglichkeiten. Und die meisten Menschen wählen eine Arbeit, die sie gemessen an ihren Talenten für die am besten bezahlte halten. Es ist leicht für Außenstehende, den Charakter einer Arbeit zu beurteilen, aber es ist die Sache jedes einzelnen, sich für die Arbeit zu entscheiden, die er oder sie machen möchte. Dies sei der Bemerkung vorausgeschickt, daß in den technologisch hochentwickelten westlichen Ländern, wo die meisten Frauen zumindest grundlegende Kenntnisse im Lesen und Schreiben haben und es doch eine beträchtliche Auswahl an Berufen gibt, etwa zehn Prozent der Frauen, die als Prostituierte arbeiten, dazu von dritter Seite durch eine Mischung aus Überrumpelung und Gewalt gezwungen wurden.

In den Philippinen gibt es nach Schätzung von Frauenrechtsexperten ungefähr dreihunderttausend Prostituierte, von denen die Mehrzahl in der Nähe von amerikanischen Militärbasen arbeitet, einige freiwillig, viele jedoch unter Druck (unter anderem dadurch, daß sie in die Prostitution verkauft wurden). Einige verlassen die Philippinen, um eine andere Arbeit zu finden oder um sich heiraten zu lassen, und müssen dann feststellen, daß die Arbeit in ihrer neuen Heimat auch nichts anderes als Prostitution ist. Ihre Isolation wird durch die Tatsache untermauert, daß sie in vielen Fällen keine rechtsgültigen Einwanderungspapiere besitzen. Beim Zweiten Weltkongreß der Prostituierten in Brüssel im Jahre 1986 berichtete eine Frau von den Philippinen, daß ihr in ihrer Heimat von einem hohen Regierungsbeamten ein Job in einem Hotel in Europa angeboten worden sei. Sie war zu jener Zeit keine Prostituierte, und es fiel kein Wort über Sex. Nach langem Überlegen beschloß sie zu gehen. Als sie ankam, mußte sie feststellen, daß es sich bei dem Job tatsächlich um Prostitution handelte, und sie hatte keine Wahl, als sich darauf einzulassen. Es gelang ihr, mit Hilfe eines sympathisierenden Kunden zu entkommen, und jetzt versucht sie, den Regierungsbeamten rechtlich zu belangen, jedoch ohne viel Aussicht auf Erfolg. Außerdem schwebt sie in ständiger Angst um ihr Leben, da der Beamte auch nach der Wahl von Corazon Aquino noch immer im Amt ist.

In Indien werden junge Mädchen manchmal von ihren Eltern an Händler verkauft, angeblich, um der ›Göttin‹ zu dienen, in Wirklichkeit jedoch, um in den Bordellen der großen Städte zu arbeiten. Bombay, eine Stadt mit acht Millionen Einwohnern, hat zwischen hunderttausend und zweihunderttausend Prostituierte und fünfzigtausend Bordelle. Auch hier haben die Prostituierten wenig Möglichkeit zu entkommen.

Das Verbot der Prostitution, wie es in den Ländern mit dem höchsten Anteil an erzwungener Prostitution gleichermaßen üblich ist wie in denen mit dem geringsten Anteil, ist keine Lösung des Problems. Die Gesetze gegen die ›Verschiebung‹ von Frauen, die eigentlich verhindern sollen, daß Frauen und Mädchen gegen ihren Willen über nationale und internationale Grenzen verschoben werden, bewirken statt dessen, daß freiwillig als Prostituierte arbeitende Frauen am Reisen gehindert werden. Gegen die erzwungene Prostitution läßt sich nichts ausrichten, solange die freiwillige Prostitution nicht legalisiert ist. Feministische Bestrebungen, sie einfach zu unterbinden und die Frauen zu ›erretten‹, die so gemein mißbraucht worden sind, müssen fehlschlagen, solange die Gesetze, die Prostitution unter Strafe stellen, nicht abgeschafft und die Geschäftspraktiken nicht in einer Weise geregelt werden, wie hier an anderer Stelle noch gesagt werden soll. Die Organisationen, die mit großer Wahrscheinlichkeit am meisten bewirken, sind jene, die danach trachten, den Frauen in der Prostitution die nötige Macht einzuräumen, daß sie über ihr eigenes Leben selbst entscheiden, und ihnen die Voraussetzungen und Fähigkeiten zu vermitteln, das auch zu können, ohne über ihre Arbeit ein Urteil – moralisch oder sonstwie – zu fällen.

Gewalt gegen Prostituierte

Die Gefahr der Gewaltanwendung gegenüber Prostituierten droht nicht nur von Zuhältern, sondern auch von Kunden und der Polizei. Eine Untersuchung unter den Straßenprostituierten über sexuelle Übergriffe ergab, daß siebzig Prozent der befragten Frauen bei ihrer Arbeit schon mal vergewaltigt worden waren, und zwar zwischen acht und zehnmal im Jahr. Nur sieben Prozent von ihnen hatten sich an irgendeine Seite um Hilfe gewandt. Nur vier Prozent hatten die Vergewaltigung bei der Polizei angezeigt.

Ermordet zu werden ist eine ernste Gefahr für Prostituierte, besonders, da Reihenmorde an Prostituierten von der Polizei nicht sehr gründlich verfolgt werden, bevor nicht mindestens zehn Frauen umgebracht wurden oder der Mörder, den sein ›Erfolg‹ angestachelt hat, anfängt, ›redliche‹ oder ›unschuldige‹ Frauen umzubringen. Der ›Hillside Strangler‹ und der ›Southside Slayer‹ in Los Angeles, der ›Leeds Ripper‹ in England und der ›Green River Killer‹ in Seattle sind nur vier Beispiele.

Die Polizei, die nach ihrem Gelöbnis dazu da ist, Menschen gegen Gewalt zu schützen, vernachlässigt ihre Pflicht weitgehend, wenn es sich um Menschen handelt, die keinerlei Macht haben, und dazu gehören Prostituierte. Da man davon ausgeht, daß die Prostituierten in der Gesellschaft nicht viel Sympathie genießen, glauben Polizisten – besonders in Zivil arbeitende Beamte –, daß sie die Freiheit hätten, die Prostituierten, die sie festnehmen, zu beleidigen und grob zu behandeln. Nur wenige Prostituierte legen jedoch Beschwerde gegen eine solche Behandlung ein, da sie glauben, sie hätten keine andere Wahl, als solche Übergriffe als Teil ihres Jobs zu akzeptieren, und deshalb muß man die wenigen Fälle, die ans Tageslicht kommen, nur als die Spitze eines Eisberges ansehen, als Symptome für ein viel tiefergehendes Problem. Wenn das Gesetz lediglich das ›Anmachen‹ auf der Straße oder die Aufforderung zur Prostitution unter Strafe stellt, haben die Prostituierten das Gefühl, daß sie es einigermaßen vermeiden könnten, in eine Polizeifalle zu geraten – sie können zumindest versuchen, einen potentiellen Kunden einzuschätzen und einen Polizisten rechtzeitig zu erkennen.

Drogen

Prostitution ist Schwerstarbeit, sowohl in physischer als auch in emotionaler Hinsicht. Deshalb ist es nicht verwunderlich, wenn eine große Anzahl von Prostituierten in der einen oder anderen Weise zu Drogen greift, um sich die Arbeit zu erleichtern. Zu diesen Drogen gehören auch Heroin und andere harte Sachen, ebenso jedoch so weitverbreitete wie Marihuana und Kokain (auch ein Lieblingsmittel in einigen durchaus ehrenwerten Kreisen). Eine Untersuchung über Prostituierte und Drogen zeigte, daß fast hundert Prozent aller Straßenprostituierten zeitweise Heroin genommen hatten und vierundachtzig Prozent süchtig waren, während gleichzeitig von den ›Nobel‹-Prostituierten nur zweiundzwanzig Prozent Heroin versucht hatten und keine einzige süchtig war. Eine zweite Untersuchung ergab, daß von den süchtigen Prostituierten achtundvierzig Prozent bereits vor der Prostitution süchtig gewesen waren.

Und eine neuere Untersuchung zeigte, daß ein Drittel bis die Hälfte aller inhaftierten Prostituierten in New York City sich Rauschgifte spritzten.

Durch sexuellen Kontakt übertragbare Krankheiten

Eine Begründung, die oft zugunsten eines Verbots der Prostitution angeführt wird, ist die angebliche Schuld der Prostituierten an den sich immer mehr verbreitenden Geschlechtskrankheiten. In Ländern, in denen die Prostitution legalisiert wurde und ständig überwacht wird, werden meistens regelmäßige Untersuchungen auf Geschlechts- und andere durch sexuellen Kontakt übertragbare Krankheiten verlangt. Solche Programme bewirken jedoch wenig, denn der Anteil an Prostituierten, die mit Geschlechtskrankheiten zu tun haben, ist sehr gering, vor allem in den wohlhabenden westlichen Ländern, wo Kondome leicht zu erhalten sind. Obwohl eine Untersuchung von Prostituierten (durchgeführt an verschiedenen Kliniken für Geschlechtskrankheiten) ergab, daß zwanzig bis dreißig Prozent der Frauen irgendeine Geschlechtskrankheit hatten, besagte eine Studie über die legal arbeitenden Prostituierten in Nevada, daß weniger als zwei Prozent positiv waren. Als ›Chicken Ranch‹, ›der schönste kleine Puff in Texas‹ geschlossen wurde, stieg die Zahl der Gonorrhöe-Fälle deutlich. Das gleiche geschah in den Jahren 1917 bis 1920, als nach der Schließung der Bordelle die Geschlechtskrankheiten deutlich zunahmen. Das US-Gesundheitsministerium hat dazu übereinstimmend berichtet, daß nur etwa fünf Prozent der durch sexuellen Kontakt übertragbaren Krankheiten in den Vereinigten Staaten auf die Prostitution zurückzuführen sind, verglichen mit einem Anteil von fünfunddreißig Prozent, der auf Teenager entfällt.

Die Untersuchungen, die hier herangezogen werden, wurden alle vor der Verbreitung von AIDS durchgeführt. Es hat zahlreiche Untersuchungen bezüglich der Infektionsrate unter den Prostituierten mit dem AIDS-Virus gegeben, und es sieht so aus, daß etwa vier oder fünf Prozent der Prostituierten in den Vereinigten Staaten – die meisten von ihnen spritzen sich Rauschgift oder haben Partner, die sich Rauschgift spritzen – Antikörper gegen das Virus in sich tragen. Eine eingehendere Behandlung des Themas AIDS und Prostitution folgt in dem Artikel ›Prostituierte als Sündenböcke für AIDS‹.

Prostituierte fühlten sich immer sehr betroffen hinsichtlich sexuell übertragbarer Krankheiten. Sie lernen schnell, die Symptome für eine Geschlechtskrankheit bei einem Mann zu erkennen, und sie weigern sich, mit einem Mann Verkehr zu haben, den sie für infiziert halten. Prostituierte wenden schon lange alle verfügbaren Vorsichtsmaßnahmen an, einschließlich der Schutzmaßnahmen zur Empfängnisverhütung, wie Kondome und Diaphragmen sowie Spermizidgelees und -schaum. Seit des Bekanntwerdens von AIDS wurden diese Vorsichtsmaßnahmen noch verstärkt. Sogar die Geschäftsführer von Bordellen, die in der Vergangenheit die Frauen dazu ermutigt hatten, keine Kondome zu benutzen, weil sie für Sex ohne Schutz mehr verlangen konnten, wenden sich mehr und mehr einer Kondom-Total-Politik zu.

Die Prostituierten, bei denen ein Schutz gegen Geschlechtskrankheiten am unwahrscheinlichsten ist, sind jene, die ernsthaft heroinsüchtig und finanziell in einer zu verzweifelten Lage sind, um auf derartigen Vorkehrungen zu beharren. Das Verbot der Prostitution hat in keiner Weise dazu beigetragen, dieses Problem zu lösen. Was wahrscheinlich gefragt ist, besonders im Hinblick auf AIDS, ist die Aufklärung der Klientel, das heißt aller heterosexuellen Männer, damit sie sich nicht länger der Einsicht über die Notwendigkeit von Kondomen verweigern.

Jugendprostitution

In erster Linie beschäftigen wir uns in diesem Buch mit der Prostitution von Erwachsenen. Da jedoch nach einigen Schätzungen nur in den USA fünfhunderttausend bis eine Million Jugendliche in Prostitution und Pornografie verwickelt sind, ist es unumgänglich, daß man ein Augenmerk auf dieses ernsthafte Problem lenkt.

In den Vereinigten Staaten wurden im Jahr 1983 ungefähr 128.000 Jugendliche wegen Vergehen verhaftet, wie dem Weglaufen von zu Hause oder Versäumnis der Schulpflicht, das bedeutete einen sechzigprozentigen Rückgang seit 1973. (Im Jahre 1984 stieg die Zahl wieder an auf 147.000.) Siebenundsiebzig Prozent davon waren Mädchen. Da die meisten Ausreißer von zu Hause wenig beruflich nutzbare Ausbildung mitbrachten, wandten sie sich der Prostitution zu, um überleben zu können.

Verschiedene Untersuchungen von ausgerissenen Jugendlichen, Drogen- und Alkoholsüchtigen und/oder Prostituierten ergaben, daß ein hoher Prozentsatz (zwischen fünfunddreißig und fünfundachtzig Prozent) Opfer von Inzestakten waren. Nach der allgemeinen Meinung landen diese jungen Menschen gleich bei ihrer Ankunft an den Busbahnhöfen der großen Städte bei der Prostitution, wo sie von süßholzraspelnden Zuhältern empfangen werden, die sie eine Zeitlang gut behandeln und dann zwingen, als Prostituierte zu arbeiten, um ›ihre Schuld zu begleichen‹. So etwas passiert natürlich, aber in vielen Fällen fahren die Mädchen mit der freiwilligen Absicht in die Städte, einen Zuhälter zu finden, der sie auf dem Strich überwacht. Bei diesen jungen Frauen ist die Wahrscheinlichkeit groß, daß sie einen Zuhälter verlassen, der ihnen nicht gefällt, entweder um zu einem anderen Zuhälter zu wechseln oder um unabhängig zu arbeiten und manchmal auch, um zu ihren Familien zurückzukehren.

Andererseits fanden die Sozialarbeiter in Schutzhäusern für ausgerissene Jugendliche und Mitarbeiter anderer Programme heraus, daß zumindest ein Teil der jugendlichen Prostituierten unabhängig von einem Zuhälter arbeitet. Bei ihnen ist es häufig der Fall, daß sie in Gruppen zusammenleben und ihr Geld zusammenwerfen und nur dann auf den Strich gehen, wenn das Geld ausgegangen ist.

Wenn die Polizei diese jungen Leute aufgreift, stützt sie sich auf die Gesetze gegen Prostitution und Stadtstreicherei sowie auf das Gesetz, das ein Weglaufen von zu Hause verbietet. Im allgemeinen inhaftieren sie die Festgenommenen in einer Anstalt für kriminell gewordene Jugendliche unter achtzehn Jahren. Diese Anstalt ist dann verpflichtet, die Eltern über die Inhaftierung ihres Sohnes oder ihrer Tochter zu unterrichten. Wenn der oder die Jugendliche wegen eines kleineren Vergehens festgenommen wurde, wird er oder sie zu den Eltern zurückgeschickt. Da die meisten von ihnen vor den Schrecken des Inzestes und/oder der Kindesmißhandlung und Vernachlässigung weggelaufen sind, ist es sehr wahrscheinlich, daß sie wieder weglaufen. Die Jugendhäuser haben die gleiche Verpflichtung, die Eltern zu benachrichtigen, weshalb viele Jugendliche gar nicht erst in solche Häuser gehen.

Jugendliche Straßenprostituierte bedienen etwa im Durchschnitt dreihundert Kunden im Jahr (also entschieden weniger als die fünfzehnhundert, die eine erwachsene Prostituierte jährlich bedient). Wenn es stimmt, daß etwa fünfhunderttausend Heranwachsende in den USA als Prostituierte arbeiten, dann gibt es dort etwa einhundertfünfzig Millionen Fälle von sexuellem Mißbrauch Jugendlicher, die von dieser Gesellschaft weder verfolgt noch beachtet werden. Und sogar Leute, die über den sexuellen Mißbrauch von Kindern schreiben und versuchen, ein Bewußtsein für das Überhandnehmen solcher Vergehen zu wecken, verschweigen oft das Ausmaß von Gewalttätigkeiten von Kunden gegenüber jugendlichen Prostituierten, auch wenn das nur ihr Anliegen untermauern würde, den Leuten klarzumachen, daß der Mißbrauch von Kindern ein Problem oberster Rangordnung ist.

So ernst das Problem der Jugendprostitution auch sein mag, ein hartes Durchgreifen der Polizei bei den entsprechenden Kunden würde das Problem jedoch nicht lösen. Wenn ihre Kunden verfolgt würden, hätten diese jungen Prostituierten keine Einkommensquelle mehr und befänden sich in einer noch schlechteren wirtschaftlichen Lage. Die Lösung muß anderswo gefunden werden.

Wer profitiert von dem System?

Es ist nicht leicht zu erkennen, wer von dem gegenwärtigen System profitiert. Zu der Zeit, als in den Vereinigten Staaten ein vollständiges Verbot erlassen wurde, war das immerhin zum Teil eine Antwort auf feministische Bestrebungen gegen den Mißbrauch von Kindern und Frauen in der Prostitution. Nach einer großangelegten Kampagne der Presse, bei der viel schmutzige Wäsche gewaschen wurde und die den ›Horror‹ der Bordellprostitution bloßlegte (romantisiert dargestellt in dem Film *Pretty Baby* vor einigen Jahren), gab es einen starken öffentlichen Druck, Bordelle zu schließen. Es bestand im übrigen der Verdacht, daß weiße Frauen gekidnappt und in andere Länder in die Sklaverei verkauft wurden (natürlich nicht nach Europa), so daß es ebenfalls einen Druck gab, die ›Verschiebung‹ von Frauen über internationale Grenzen zu unterbinden. Es war in der Tat so, daß chinesische Frauen gleich en gros importiert worden waren und in Bordelle an der Westküste der USA verkauft wurden, während es wenig oder gar keinen Handel in die andere Richtung gab. Prostitution war stets eine Beschäftigung, der immigrierte Frauen mit Vorliebe nachgingen, denn dazu bedurfte es weniger Kenntnisse der Landessprache.

Während in den USA die Einführung der Gesetze vor dem ersten Weltkrieg, die Prostitution, das Führen von Bordellen und das Verfrachten von Frauen über Grenzen zu ›unmoralischen‹ Zwecken etc. nichts dazu beitrug, die Prostitution zu mindern, hatten sie ganz andere Auswirkungen. Vor dem Verbot wurden die meisten Bordelle von Frauen geführt, von denen die meisten selbst Prostituierte waren. Nachdem die legalen Bordelle geschlossen wurden, ging das Bordellgeschäft in den Untergrund und wurde von einer männlichen kriminellen Hierarchie angeführt, die heute noch besteht. Die meisten Massage-Salons und Hostessen- oder ähnliche Dienste werden von Männern geführt. Das Schließen der Bordelle zwang viele Frauen außerdem dazu, auf der Straße zu arbeiten, wodurch sie sich in stärkerem Maße der Gefahr von Gewalt aussetzten. Die grundsätzlichen Lebensbedingungen hatten sich für die Frauen nicht geändert, so daß sie weiterhin keine andere Wahl hatten, als den Beruf der Prostituierten auszuüben.

Während der meisten Zeit, die aus der Geschichte überliefert ist, war die Prostitution zum Wohle der Kunden angelegt, ungeachtet dessen, welches System am Ruder war. Das Stigma, das der Prostitution in den USA anhaftet, wird genauso in Systemen bestärkt, die die Prostitution kontrollieren, indem sie Prostituierte zwingen, bestimmte Kleidung zu tragen und in bestimmten Bezirken zu leben und zu arbeiten, oder ihnen das Recht auf Partnerschaft absprechen. Die Gesundheitsprogramme, die vorschreiben, daß sich Prostituierte wöchentlich einer Untersuchung unterziehen müssen, um eventuelle Geschlechtskrankheiten festzustellen, dienen ebenfalls dem Wohle des Kunden, da es andererseits keine entsprechende Vorschrift gibt, nach der sich die Kunden einer Untersuchung unterziehen müssen, um die Prostituierten zu schützen, oder Auflagen an Bordelle, Kondome zu Verfügung zu stellen, für eine Arbeitsunfähigkeit Vorsorge zu treffen oder zur Krankenversicherung oder Arbeitslosenversicherung beizutragen. Was immer wieder verblüfft, ist die Tatsache, daß von allen Nationen so wenig getan wird, um mit dem Problem der Prostitution fertigzuwerden, während man sich in jedem anderen Bereich der menschlichen Gesellschaft soviel einfallen läßt.

Die Zahl der Prostituierten, die jedes Jahr in den USA seit

des Inkrafttretens des Verbotes bis 1983 inhaftiert wurden, steigt ständig an, was vermutlich darauf hindeutet, daß die Zahl der Frauen, die als Prostituierte arbeiten, ebenfalls ständig zunimmt. Gleichzeitig verlagerte sich das Durchschnittsalter der Prostituierten immer weiter nach unten. In Europa, wo in diesem Bereich weniger Unterdrückung herrscht, ist das Durchschnittsalter fünfundzwanzig, während es in den USA achtzehn Jahre ist. Also wieder einmal scheint hier, in einer jugendorientierten Gesellschaft, das System dem Kunden zu dienen (wenn man es so nennen will).

Hoffnung auf eine Veränderung

Im Jahre 1949 plädierten die Vereinten Nationen für eine Entkriminalisierung der besonderen Transaktion zwischen einer Prostituierten und einem Kunden, die die Prostitution ausmacht, während sie empfahl, alle angrenzenden Aktivitäten als Verbrechen zu behandeln. In jenen Ländern, die das, was diese Konvention vorsah, übernommen haben (die meisten der nordeuropäischen Länder), sind die Probleme etwas gelindert worden. Das weiterhin bestehende Verbot angrenzender Aktivitäten jedoch, wie die Zuhälterei (also das Leben vom Verdienst einer Prostituierten), Kuppelei und Mittelsgeschäfte (das Zusammenbringen von Prostituierten und Kunden sowie das Anwerben von Prostituierten), das Zurverfügungstellen einer Örtlichkeit zum Zwecke der Prostitution, das Führen eines ›zwielichtigen‹ Hauses, das ›Anmachen‹ über Anzeigen oder auf der Straße, macht es immer noch fast unmöglich, einen Ort zu finden, an dem man in wohlanständiger Legalität arbeiten oder auf eine Weise aktiv werden kann, die nötig ist, um mit zukünftigen Kunden in Kontakt zu kommen. Das zwingt die Prostituierten, sich in die Hände von kriminellen Dritten zu begeben, Vermietern, Barbesitzern, Portiers und ähnlichen. Das Gesetz gegen Zuhälterei und Kuppelei wird sogar da angewandt, wo es darum geht, Frauen zu verhaften, die nur zu ihrer eigenen Sicherheit zusammenarbeiten, auch wenn kein Geld von Hand zu Hand geht.

Die Kriminalisierung der Zuhälterei und Kuppelei in den USA macht keinen Unterschied zwischen einer erzwungenen Beziehung und einer, die von beiden Seiten freiwillig besteht, oder zwischen einer Liebesbeziehung, in der eine den anderen durch die Arbeit als Prostituierte unterstützt, oder einem Arbeitgeber-Arbeitnehmer-Verhältnis, in dem mehrere Prostituierte einen Teil oder alles von ihrem Verdienst einem Dritten abgeben. Das macht es für Prostituierte schwierig, außerhalb ihrer Arbeit ein normales Leben zu führen, und es gibt ihnen keinerlei Schutz gegen ausbeuterischen Mißbrauch. Wenn Prostituierte, die von ihren Zuhältern mißhandelt und/oder vergewaltigt wurden, dieses Verbrechen bei der Polizei anzeigen, weigern sich die Polizisten und Staatsanwälte nur allzuoft, das eigentliche Verbrechen zu verfolgen, sondern verhängen statt dessen Strafen wegen Zuhälterei und Kuppelei, mit denen die Prostituierte vielleicht ganz einverstanden war. Es läßt sich ungefähr damit vergleichen, daß ein Mann, der seine Frau vergewaltigt hat, deswegen bestraft wird, daß er sie geheiratet, nicht weil er sie vergewaltigt hat. Prostituierte in jenen Ländern, die zwar die Prostitution an sich legalisiert haben, Zuhälterei aber weiterhin unter Strafe stellen, sind der Ansicht, daß dieses Verbot ihre Abhängigkeit von Männern, die sie ausnützen, verstärkt, und sie arbeiten dafür, diese Gesetze zu verändern.

Es gibt zwei Alternativen zu einem Verbot, allgemein ausgedrückt, eine Entkriminalisierung und Legalisierung. In Europa wird eine Entkriminalisierung manchmal gleichgesetzt mit Abolition und Abschaffung aller Gesetze bezüglich der Prostitution. Das Wort ›Abolition‹ wird jedoch auch von einigen Kampfgeistern wie Kathleen Barry in den Vereinigten Staaten und der ›Abolitions-Gesellschaft‹ in Europa benutzt, die damit das langfristige Ziel der Abschaffung aller Prostitution bezeichnen.

Im Idealfall würde eine Entkriminalisierung die Aufhebung aller bestehenden Paragraphen zur freiwilligen Prostitution bedeuten, dadurch würden alle Transaktionen zwischen einverstandenen Erwachsenen, einschließlich beiderseitig freiwilligen Beziehungen zwischen Prostituierten und Agenten oder Managern (Zuhälter/Nutte-Beziehungen) und zwangfreie Kuppelei (Vermittlerdienste) straffrei. Damit dürfte keine neue Gesetzgebung verbunden sein, die sich wieder speziell mit der Prostitution befaßt, sondern die geschäftlichen Transaktionen, die mit der Prostitution verbunden sind, müßten genauso behandelt werden wie alle anderen geschäftlichen Transaktionen, und die gleichen Paragraphen müßten zutreffen, die das allgemeine Geschäftsleben regeln. Vergehen wie Diebstahl, Betrug, Veruntreuung, geheime Absprachen und Gewaltanwendung könnten nach den existierenden Paragraphen geahndet werden. Als Alternative könnten existierende Teile der Paragraphen abgewandelt werden, um speziell auf den Punkt der Gewalttätigkeit einzugehen, und es könnten neue Paragraphen eingeführt werden, die das Management in allen Bereichen des Geschäftslebens verpflichten, für Urlaubs- und Krankengeld sowie für Sozial- und Krankenversicherung zu sorgen. Die Entkriminalisierung der Prostitution und die Kontrolle von Zuhälterei und Kuppelei, so scheint es, böte den Frauen, die mit Prostitution zu tun haben, die besten Möglichkeiten, Selbstbestimmung über ihre Arbeit zu erlangen. Dadurch würde es viel einfacher werden, jene zu verfolgen, die Prostituierte mißhandeln, sei es körperlich oder wirtschaftlich, denn jede freiwillige, gewaltfreie Situation würde unberücksichtigt bleiben.

Eine Entkriminalisierung würde die Voraussetzungen schaffen, daß das Leben der Prostituierten weniger gefährlich sein könnte. Zum einen wäre es durch eine umfassende Entkriminalisierung für Prostituierte möglich, sich Gewerkschaften anzuschließen und gemeinsam ihre Interessen zu vertreten, um ihre Arbeitsbedingungen zu verbessern. Außerdem wäre es den Prostituierten möglich, Berufsverbände zu gründen, um einen Verhaltenscodex zu erarbeiten, der die jetzt noch vorhandenen Probleme im Zusammenhang mit der Prostitution verringert. Und schließlich hätten erfahrene Prostituierte die Möglichkeit, Anfängerinnen zu unterweisen, so daß deren erste Erfahrungen weniger gefährlich wären.

Eine Legalisierung hat andererseits bis jetzt im allgemeinen ein System der Kontrolle über die Prostituierten geschaffen, mit einer Beaufsichtigung von staatlicher Seite, mit der Pflicht, Steuern zu bezahlen, und/oder mit erforderlichen Genehmigungen für die bestimmte Form der Prostitution, die nach dem Gesetz erlaubt ist, wodurch alle anderen Formen illegal bleiben, ohne daß die persönlichen Belange einer Prostituierten berücksichtigt werden. Die herkömmliche Art der Kontrolle von offizieller Seite führte häufig zur Einrichtung spezieller staatlicher Stellen, die sich mit der Prostitution befassen, wodurch die Rechte und Freiheiten der Prostituierten wiederum eingeschränkt werden.

Bevor viel getan werden kann, um den Prostituierten zu helfen, müssen die Gesetze geändert werden. Jede Transaktion zwischen einer Prostituierten und einem Kunden darf nicht Gegenstand einer gesetzlichen Regelung sein, und die anderen Gesetze über die Prostitution müssen neu überdacht und, wenn nötig, aufgehoben oder abgeändert werden. Da die Straßenprostitution als ein besonderes Problem hervorgehoben wird, ist es für die Anwohner der entsprechenden Gebiete, für Geschäftsleute und Prostituierte wichtig, Kompromisse zu finden, bei denen das Recht der Prostituierten, ohne Belästigungen ihrer Arbeit nachzugehen, berücksichtigt wird, wie auch das Recht der Anwohner und anliegenden Betriebe, ihr Leben und ihre Geschäfte ohne Belästigungen zu führen.

In der Zwischenzeit, bis die Prostitution vollends entkriminalisiert ist, bis die Geschäftsführer von Etablissements ihre Prostituierten nicht mehr unterdrücken können und alle, die Gewalt und Betrug anwenden, gerichtlich belangt werden, bis dahin muß Druck ausgeübt werden auf die Polizei, auf Staatsanwälte, Verteidiger, Richter, Untersuchungsorgane und Bewährungshelfer, damit die Behandlung der Menschen, die auf der Grundlage der unzeitgemäßen und unterdrückenden Gesetze verhaftet wurden, besser wird.

Was immer man persönlich von der Prostitution halten mag, Frauen haben das Recht, für sich selbst zu entscheiden, ob sie als Prostituierte arbeiten wollen oder nicht, und unter welchen Bedingungen. Sie haben das Recht auf den Status als freiberuflich Tätige, wie Krankenpfleger(innen), Maschinenschreiber(innen), Schriftsteller(innen) und Ärzte oder Ärztinnen. Gleichzeitig haben sie das Recht, für einen Arbeitgeber zu arbeiten, einen Dritten, der ihnen die bürokratische und verwaltungstechnische Arbeit abnimmt. Sie haben das Recht auf Partnerschaft außerhalb ihrer Arbeit, auch auf eine Partnerschaft, in der sie allein für den Lebensunterhalt sorgen, solange das in beiderseitigem Einvernehmen geschieht. Sie haben das Recht, Kinder aufzuziehen. Sie haben das Recht auf ein erfülltes, menschenwürdiges Dasein. Wir als Feministinnen müssen das ganz klar zum Ausdruck bringen. Wir müssen Schluß machen mit der Einteilung der Frauen in Huren und Madonnen.

Unsere Erfahrungen mit den Errungenschaften der Gleichberechtigung und mit den Abtreibungsparagraphen – ganz zu schweigen von denen über sexuelle Angriffe, häusliche Gewaltanwendung, sexuelle Belästigung, Diskriminierung von Sex, die Gesetze zur Homosexualität und all die anderen in diesen Bereich fallenden Punkte – haben uns gezeigt, daß die Ergebnisse einer neuen Gesetzgebung, wenn wir sie männlichen Gesetzgebern überlassen und sie unter dem Druck männlicher Interessengruppen entstehen, nicht in unserem Interesse ausfallen. Dasselbe gilt hinsichtlich der Prostitution.

Und schließlich muß die Beweisführung bei der Mißhandlung von Prostituierten auf eine Weise geschehen, die sich gegen die Mißhandlung und nicht gegen die mißhandelte Prostituierte richtet. Wir müssen sicherstellen, daß in der Prostitution die Prostituierten das Sagen haben – und nicht die Zuhälter, die Kunden und die Polizei –, dann haben die Prostituierten die Macht und die Unterstützung von außen, diese Institution zu ändern. Wir alle werden davon profitieren.

Die sozialen Folgen der Unkeuschheit

Gail Pheterson

Die Prostituierte ist der Prototyp der stigmatisierten Frau. Sie wird durch das Wort ›Hure‹ gleichzeitig gekennzeichnet und entehrt. Das Wort ›Hure‹ wird jedoch nicht nur für Prostituierte verwendet. Dieses Etikett kann jeder Frau aufgedrückt werden. Das entsprechende Adjektiv, mit dem ›Hure‹ belegt wird, ist ›unkeusch‹. Bezeichnenderweise ist ein unkeuscher Mann noch lange keine Hure, obwohl sein Status in anderer Beziehung ebenfalls durch diesen Begriff beschrieben werden kann. Das Stigma der Hure ist speziell auf das weibliche Geschlecht bezogen und kann als ›Makel der Schande und der Krankheit, mit dem eine unkeusche Frau behaftet ist‹ definiert werden. Dieser Artikel möchte einen Rahmen liefern, in dem dieses Stigma im Hinblick auf zwei seiner sozial bedenklichen Dimensionen verständlich wird, Dimensionen, die in den Begriffen Unreinheit und Verdorbenheit zum Ausdruck kommen. Diese Begriffe wurden gewählt, weil sie als soziale Rechtfertigung für die Unterdrückung von Rassen, ethnischen Gruppen und bestimmten Klassen herangezogen werden (begründet auf der Vorstellung, es gäbe eine unreine Identität), wie auch für psychische und sexuelle Gewalt (begründet auf der Vorstellung, daß gewisse Erfahrungen zur Verdorbenheit führen). Jede dieser Dimensionen wird in ihrer Auswirkung auf Frauen ebenso wie auf Männer anhand von wissenschaftlichen Untersuchungen und Interview-Zitaten ergründet. Da es eine der Funktionen des Huren-Stigmas ist, jene, die damit belegt werden, zum Schweigen zu bringen und zu erniedrigen, ist dieser Artikel bewußt so angelegt, daß er den Personenkreisen Stimme und Respekt verschafft, denen traditionsgemäß dieses Recht verweigert wird.

Unreinheit

Eine Definition von unkeusch ist unrein. Und unrein wiederum wird definiert als ›unsauber, nicht frei von Verunreinigungen, von andersartigen Bestandteilen, mit Makel behaftet, von gemischter Farbe‹. Unmißverständlich ruft eine solche Definition Assoziationen von rassischer und ethnischer Andersartigkeit hervor, wobei nur die weißen, nicht fremdartigen Menschen rein sind. Menschen anderer Hautfarbe, Fremde (Menschen mit einer anderen Abstammung als die ethnische Norm) und Juden werden zu den Unreinen, Schmutzigen. Reinheit wird definiert als ›sauber, weiß, ohne Makel‹. Rein, im Gegensatz zu schmutzig also, wird oft im Zusammenhang mit ›sich die Hände nicht schmutzig machen‹ benutzt, was nicht nur vor allem für Weiße, sondern speziell für weiße Angehörige der Mittel- und Oberschicht zutrifft. Hauspersonal, Arbeiter und Frauen mit Kindern machen sich die Hände schmutzig. Eine Analyse der Unreinheits-Dimension von Unkeuschheit liefert die direkte Verbindung zwischen dem Stigma der Hure und rassistischem, antisemitischem und Klassen-Denken.

Farbigen Frauen, Jüdinnen und Frauen der Arbeiterklasse wird gern der Stempel ›Hure‹ aufgedrückt, um sie als Frauen von ›zweifelhaftem Gesellschaftsstatus‹ zu kennzeichnen. Männer, die von der weißen, hetereosexuellen männlichen Norm abweichen, tragen ebenfalls häufig ein Stigma, nicht das der Hure, sondern eines in rassischer, sexueller oder klassenbezogener Hinsicht. In Wirklichkeit ist niemand gefeit gegen die Beschuldigung, unkeusch zu sein; es kann wohl niemand ganz und gar allen Normen entsprechen, und es scheint, daß »die Dynamik schändlicher Abartigkeit . . . ein allgemeines Charakteristikum des sozialen Lebens ist«.[1)]

Rassismus und das Huren-Stigma

Huren und Farbige wurden schon immer als Sklaven und als Verbrecher behandelt. Man hält sie für unsauber. Und man hält sie für sexy. Von schwarzen Frauen wird oft angenommen, daß sie Huren seien. Eine schwarze Frau, keine Prostituierte, erzählte einmal: »Wenn ich irgendwo stehe und auf den Bus warte, besonders in einer weißen Gegend, glauben die vorbeifahrenden Männer, daß ich meiner Arbeit nachgehe. Meine Hautfarbe signalisiert ihnen ›Hure‹.« Von schwarzen Männern wird oft angenommen, daß sie Zuhälter seien. So erzählte eine weiße Frau: »Seit ich einen schwarzen Freund habe, sehen mich die Leute mißtrauisch an, als ob ich eine Hure wäre und er mein Zuhälter. Ein Weißer fragte mich tatsächlich einmal, ob mein Freund mein ›Macker‹ sei, obwohl es keinen Zweifel daran geben konnte, daß wir ein Paar sind. Er hatte sogar die Nerven zu fragen, ob ich Hilfe brauchte, um ihn loszuwerden.«

Bei schwarzen Frauen wird vorausgesetzt, daß sie sexuell verfügbar seien; sie müssen ihre Ehrenhaftigkeit unter Beweis stellen. Bei schwarzen Männern wird vorausgesetzt, daß sie sexuell unersättlich sind; sie müssen ihre ehrenvollen Absichten unter Beweis stellen. Weiße Männer haben immer schon schwarze Männer beschuldigt, weiße Frauen zu vergewaltigen, eine Beschuldigung, die in der Geschichte schon zu etlichen Morden an Schwarzen geführt hat.[2)] Weiße Männer haben immer schon schwarze Frauen vergewaltigt, und diese Übergriffe werden der sexuellen Veranlagung der schwarzen Frauen angelastet. Sowohl der Sex als auch die Rasse werden als etwas Dunkles angesehen, etwas Geheimnisvolles und Schmutziges. Beides gilt als unrein und damit als störend für das öffentliche Leben. Die Beschuldigung, unrein zu sein, wird dazu benutzt, den ›sexy‹ und ›dunklen‹ Typen das Recht auf Sichtbarkeit, auf eine Stimme und auf Macht zu verweigern. Die Begriffe sexy und schwarz zusammen haben einen aufregend verführerischen Symbolgehalt. Menschen mit farbiger Haut werden für käuflich (Frauen) oder für Monster (Männer) gehalten, ungeachtet ihres wirklichen Sexualverhaltens. Grundsätzlich spricht die Stigmatisierung als Hure zusammen mit einer rassistischen Stigmatisierung farbiger Menschen den Entsprechenden die Menschlichkeit ab und läßt menschliche Sexualität als eine tierische Kraft erscheinen.

Prostituierte haben den Ruf von dunklen Gestalten, ganz gleichgültig, welcher Hautfarbe sie sind. Als eine schwarze Prostituierte nach dem Unterschied zwischen weißen und schwarzen Nutten gefragt wurde, gab sie zur Antwort: »Wir stehen alle an der gleichen Ecke. Wir lecken alle am gleichen Schwanz. Sicher, manche weiße Männer nehmen mich, eine Schwarze, nicht mit in ihr Hotel, da sie Angst haben, sie könnten schief angesehen werden, aber im privaten Bereich oder auf der Straße ist eine Nutte eine Nutte.« Es stimmt, daß in einigen Ländern (wie zum Beispiel in den Vereinigten Staaten) ein größerer Prozentsatz von schwarzen als von weißen Frauen wegen Prostitution verhaftet wird.[3] Und in vielen Ländern (wie zum Beispiel in Holland, Frankreich und Deutschland) ist es wahrscheinlicher, daß Frauen aus der Dritten Welt in der Prostitution ausgebeutet werden als einheimische weiße Frauen. Solche rassistischen Mechanismen vertiefen das Stigma der Prostituierten mit nichtweißer Hautfarbe, aber sie verringern keineswegs den ›finsteren Makel‹, der jeder Prostituierten anhaftet.

Rassische ›Unreinheit‹ wird als Rechtfertigung für ein Verbot und eine Rassentrennung herangezogen. Das Verbot bezieht sich in erster Linie auf Beschränkungen, was in den Körper dringen darf. Die Rassentrennung ist ein Versuch, die Keuschheit von körperlicher Versuchung und Beschmutzung fernzuhalten. Die Unreinheit, die einer Rasse zugeschrieben wird, ist nicht zu trennen von der Schande, die mit Sex in Zusammenhang gebracht wird. Die Unterteilung in die Reinen und die Unreinen, die Heilige und die Hure, die Ehefrau und die Prostituierte oder die Weißen und die Schwarzen spiegelt die Schranken wider zwischen Bewußtsein und Vergnügen, Glauben und Handeln sowie Rassentrennung und Schwesterlichkeit. Gesetze werden gemacht, Städte werden geplant, und Kinder werden erzogen mit dem Ziel, diese Abgrenzung offiziell und inoffiziell zu sichern.

Obwohl die Unkeuschheit nur Frauen als Huren stigmatisiert, werden auch bestimmte Gruppen von Männern in anderer Hinsicht stigmatisiert. Genau wie Männer, die sich mit Prostituierten einlassen, werden homosexuelle Männer und

Männer mit nichtweißer Hautfarbe als minderwertig eingestuft. Homosexuelle Männer werden zum Opfer des Schwulen- oder Tunten-Stigmas, denn sie werden von der herrschenden Gesellschaft als weibliche Männer erachtet; Männer mit nichtweißer Hautfarbe werden zum Opfer des Zuhälter-Stigmas, da sie von der herrschenden Gesellschaft als gewalttätige und verantwortungslose Menschen angesehen werden. Durch die Stigmatisierung wird homosexuellen und farbigen Männern wirkungsvoll das Vorrecht der weißen Männer vorenthalten, und es werden gleichzeitig die heterosexuellen weißen Männer von dem offenen Bekennen zu sexueller Freizügigkeit oder der Verantwortung für sexuelle Gewalt befreit. Eine Prostituierte in Italien drückte es so aus: »Viele verheiratete Männer bevorzugen transsexuelle Prostituierte in der präoperativen Phase (also Männer auf dem Weg der Umwandlung zur Frau, die sowohl Brüste als auch einen Penis haben); sie möchten Schwulensex, ohne ihre heterosexuelle Identität preiszugeben.«

Antisemitismus und das Huren-Stigma

Auch die Juden wurden als unrein eingestuft. Doch während die Unreinheit der Schwarzen vor allem mit der sagenhaften, geheimnisvollen Sexualität schwarzer Frauen und physischer Gewalt schwarzer Männer in Zusammenhang gebracht wird, liegt dieser Zusammenhang bei den Juden vor allen Dingen in den Überlieferungen über die sexuelle Ausbeutung jüdischer Frauen und die finanziellen Machenschaften jüdischer Männer. »Die schöne Jüdin ist jene, die die Kosaken zur Zarenzeit an den Haaren durch die Straßen ihres brennenden Dorfes schleiften«.[4] Oder, vielleicht mehr in Anlehnung an moderne Vorstellungen, die schöne Jüdin ist jene, mit der in den Konzentrationslagern der Nazis sexuelle Experimente durchgeführt wurden. Eine Holländerin, deren beide Elternteile nationalsozialistische Konzentrationslager überlebt haben, sagte: »Ich weiß nicht, ob es wegen meines dichten schwarzen Haares ist, das in Holland auffällt (rassische Andersartigkeit), oder der Lagervergangenheit meiner Eltern (Geschichte der Mißhandlung), jedenfalls sprechen meine nichtjüdischen Freunde immer davon, wie aufregend es sei, eine jüdische Geliebte zu haben und wie sehr sie sich als meine Beschützer fühlen und wie anders ich sei als andere Holländerinnen. Ich komme mir ungefähr vor wie ein Waisenkind als Hure.« Was die Männer angeht, so ist der jüdische Mann jener, der nach Geld strebt und Intelligenz besitzt, beides Eigenschaften, die ihn anstiften, »Böses zu tun, nichts Gutes«.[5] Ein jüdischer Mann erzählte: »Sie wollten meine Ideen, aber sobald ich davon profitierte, beschuldigten sie mich, sie auszubooten.«

In den heutigen Gesellschaften ist es häufig so, daß die Klischees über die Juden nicht mehr geschlechtsbezogen sind, sondern daß sowohl jüdische Frauen als auch jüdische Männer als Opfer und Erdulder betrachtet werden. Jüdisches Opfertum trägt das Stigma der Unreinheit aufgrund eines unterstellten rassischen Makels (der als Rechtfertigung für Quälerei herangezogen wird) und der Besudelung (als Zustand des Verdorbenseins aufgrund von Mißhandlung). Jüdische Intelligenz trägt das Stigma der Unreinheit, weil ihr unterstellt wird, abartig, manipulierend und dem finanziellen Selbstzweck dienend zu sein. Die Darstellung der Jüdin als Hure und des Juden als Zuhälter entsteht, ohne besonders mit Sexualität in Bezug gebracht zu werden. Diese Darstellung ist widersinnig. Opfertum und Intelligenz sind Klischees, die widersprüchliche Gefühle hervorrufen, Gefühle des Mitleids, des Vorwurfs, des Hasses, der Schuld, der Hochachtung und des Neids. Unreinheit im Fall der Juden ist sowohl Anlaß zu Neid als auch zum Mißtrauen: Zumindest finden Juden Anerkennung als Leidende und Bestätigung als Überlebende. Andererseits wird ihnen Mißtrauen entgegengebracht, und zwar sowohl wegen ihrer Vergangenheit als Verfolgte wie auch als Überlebende. »Warum wurden sie verfolgt? Wie konnten sie überleben?« Mit solchen Fragen werden Juden mißtrauisch beäugt. Indem man darauf verweist, daß in der Geschichte die Juden ihre Unterdrückung überstanden haben, seien es die Steuereintreibungen der Vergangenheit oder der westliche Imperialismus in der Gegenwart, bringt man die Glaubwürdigkeit der Juden in Verruf. Der Antisemitismus besteht im wesentlichen darin, den Juden die Schuld an den Mißständen und der Ungerechtigkeit der Gesellschaft zuzuschieben. Die Juden werden also nicht nur von der herrschenden Klasse als unrein beschuldigt, sondern auch, und das schmerzt besonders, von anderen unterdrückten Gruppen.

Die Unterdrückung der Juden und die Unterdrückung der Prostituierten weist viele Parallelen auf. Wie die Juden, so werden auch die Prostituierten aufgrund konservativer Ideologien als unrein eingestuft (wegen ihrer sexuellen Freiheit) wie auch aufgrund radikaler Ideologien (weil sie sich mit sexistischen und kapitalistischen Männern einlassen). Sowohl die Juden als auch die Prostituierten werden verunglimpft und idealisiert und für grundsätzliche soziale Probleme verantwortlich gemacht. Außerdem wird die Realität ihrer Verfolgung und täglichen Mißhandlung häufig angezweifelt oder in Abrede gestellt. Sowohl die Juden als auch die Prostituierten werden aufgrund ihrer Erfahrungen in der Vergangenheit, ihrer nicht angepaßten Intelligenz, der ihnen unterstellten Geldgier und der ihnen unterstellten Sexualität stigmatisiert. In der Geschichte waren beide Gruppen gezwungen, sich zu identifizieren (und zu isolieren), indem sie besondere Kleidung oder Symbole, wie einen auffallenden Hut oder ausgefallene Farben, tragen mußten. Beide Gruppen mußten sich verstecken oder ›übertreten‹ oder auswandern, um zu überleben. Und beide werden gleichzeitig als passive Opfer und schuldige Mittäter (die Juden im Hinblick auf den Kommunismus/Kapitalismus, die Prostituierten im Hinblick auf Krankheit/Verfall der Ordnung) betrachtet.

Ob nun Juden im speziellen Fall als Huren oder als Zuhälter stigmatisiert werden oder nicht, als Juden sind sie Opfer der Paradoxe des Huren-Stigmas. Eine jüdische Prostituierte berichtet: »Sex- und Geldstigmata sind nichts Neues für mich, und ich habe aufgrund meines Lebens als Jüdin in einer nichtjüdischen Gemeinschaft gelernt, ein Doppelleben zu führen. Und als Jüdin habe ich ebenfalls gelernt, daß es gut und notwendig ist, sich sein eigenes Leben einzurichten, ohne Rücksicht darauf, was andere Menschen von einem denken mögen. Im übrigen weiß ich, daß die Leute genau die Dinge an mir respektieren, auf die sie neidisch sind und die sie ablehnen, es ist also unmöglich, es ihnen recht zu machen. Ich habe gar keine andere Wahl, als mein eigenes Leben zu führen.«

Klassenschranken und das Huren-Stigma

Während ein Mensch mit anderer Hautfarbe als schlecht und ein Jude als andersartig hingestellt wird, wird ein Mensch der Arbeiterklasse als Niemand angesehen. Als Folge davon betreibt die maßgebende Gesellschaft eine Politik, die die Farbigen zähmt, die Juden vertreibt oder ausrottet und die Arbeiter ignoriert. Keuschheit bedeutet für die Arbeiterklasse unsichtbare Unterwerfung. Die Arbeiterklasse schließt natürlich auch Farbige und Juden ein; im Vergleich zu weißen Arbeitskollegen und erst recht zu weißen Bossen wird von Juden und Farbigen unbedingt verlangt, daß sie ›ihren Platz kennen‹ oder sich als ›niemand‹ oder ›jedermann‹ unauffällig benehmen. Ihre Situation mag sich von der ihrer weißen Arbeitskollegen noch etwas unterscheiden, aber im Prinzip bedeutet die Unterdrückung einer Klasse eine Dynamik, mit der alle Arbeiter zur Gleichschaltung und zum Gehorsam gezwungen werden können. Frauen unterliegen den gleichen Anforderungen wie die Männer, wenn sie ihre Arbeit an Fremde verkaufen, zusätzlich aber ist jede Frau, die kein Hausmädchen fürs Grobe und keine Gouvernante für die Kindererziehung hat (also die große Mehrzahl), noch Arbeiterin im eigenen Haushalt. Und dort wird ihre Keuschheit an der Unsichtbarkeit ihrer Arbeit gemessen.

Der Arbeitsprozeß wird assoziiert mit Schmutz, Geld, Unrat, Lärm, Muskelkraft, Schweiß, Tränen, Schmerz und Fließband-Eintönigkeit. Von Arbeitern wird erwartet, daß sie sich im Interesse der menschlichen Reproduktion und der Produktion schmutzig machen. Sie werden als Arbeitspferde der Gesellschaft betrachtet, und als solchen wird ihnen eine eigene Meinung abgesprochen. Sie werden in Hinterzimmer oder Keller oder die häßlichen Stadtteile verbannt. Sie werden ausgeschlossen von guten Gelegenheiten oder Möglichkeiten, von Kultur, öffentlicher Diskussion und von der Macht. Nach der klassischen Methode werden Männer wegen ihrer Muskelkraft in ein Arbeitsverhältnis genommen, nicht wegen ihres Gehirns, und Frauen werden wegen ihrer Erscheinung beschäftigt und nicht wegen ihrer Leistungen. Die Quintessenz ist also, daß die Muskeln der männlichen Arbeiter und das Lächeln der weiblichen Arbeiterinnen gemäß den Bedürfnissen der Mittel- und Oberschicht wie in der Prostitution zu Markte getragen werden.

Die Unkeuschheit, die weiblichen Arbeiterinnen nachgesagt wird, führt zu sexuellen Unterstellungen und Nachstellungen. Ein Mann rief einmal einer Frau in einem Strandbad in Chicago nach: »Wenn du nicht so reich wärst, wärst du eine Hure!« Er sprach auf krasse Art eine allgemein herrschende Meinung aus, daß arme Frauen Huren sind und reiche Frauen Huren wären, wenn sie Geld brauchten. Mit anderen Worten, Frauen, die für Geld arbeiten, werden Huren genannt. Es stimmt, je mehr Geld und Privilegien eine Frau hat, desto weniger wahrscheinlich ist es, daß sie ihre Arbeitskraft verkauft, vor allem wenn sie dabei ihre Legitimität einbüßt. Wenn es eine Frau schafft, das Image der Unkeuschheit abzustreifen, dann darf sie hoffen, vor einer Stigmatisierung als Hure sicher zu sein. Doch selbst dann bleibt sie immer noch ein Niemand. Im besten Fall können Frauen darauf hoffen, die Identität ihrer Ehemänner zu übernehmen.

In früheren Zeiten gehörte jede Frau, die in einem Arbeitsverhältnis beschäftigt war, zur Arbeiterklasse. Und alle arbeitenden Frauen wurden von den Männern der Oberschicht wie Huren behandelt.[5] Arbeitende Frauen in den verschiedensten Berufen kämpfen auch heute noch gegen die sexuellen Nachstellungen und Belästigungen von seiten der Männer an.[6] Der Kampf der arbeitenden Frauen für ihre Rechte richtet sich jedoch im allgemeinen dagegen, wie Huren behandelt zu werden, und nicht gegen die schlechte Behandlung der Huren. Prostituierte sind das Sinnbild der stigmatisierten arbeitenden Frauen. Frauen, die arbeiten, werden vielfach schlechthin als Huren stigmatisiert, ungeachtet ihrer Klassenzugehörigkeit. Besonders in Ländern, wo die Öffentlichkeitsarbeit für Frauen kulturelles Gewicht hat, wie zum Beispiel in Holland, ist das Huren-Stigma eine Art von Markenzeichen, untrennbar verbunden mit den Bedürfnissen und Wünschen der Frauen bezüglich ihrer Arbeit.

Die Unterdrückung bestimmter Rassen, die Unterdrükkung von Juden und die Unterdrückung bestimmter Klassen sind eindeutig Mechanismen zur Unterwerfung und Beherrschung. Makel des Blutes, der Geschichte und der gesellschaftlichen Stellung werden den verfolgten Gruppen unterstellt und dazu benutzt, eine soziale Ächtung, physische Mißhandlung oder Quälerei, das Vorenthalten von Rechten und den sexuellen Mißbrauch von Frauen zu rechtfertigen. Unterdrückten Männern wird unterstellt, gemein, unersättlich oder unmenschlich zu sein. Unterdrückten Frauen wird unterstellt, Huren oder hurenartig zu sein, falls sie nicht das Gegenteil beweisen; für eine Frau, die ihre Identität gefunden hat und Lebenserfahrung besitzt, gibt es jedoch keinen Beweis für Keuschheit. Selbst eine weiße Hautfarbe, nichtjüdische Vorfahren und die Zugehörigkeit zur gesellschaftlichen Mittelschicht garantieren den Frauen keine Immunität gegen eine Stigmatisierung.

Verdorbenheit

Während Unkeuschheit im Sinne von Unreinheit sich auf das Wesen bezieht, bezieht sich Unkeuschheit im Sinne von Verdorbenheit auf die Erfahrungen. Weibliche Jungfräulichkeit wird im allgemeinen als das Gegenteil von Verdorbenheit angesehen: Die Jungfrau ist unverdorben, das entjungferte Mädchen (oder die Frau) ist ›verdorben‹. Nicht-Jungfräulichkeit bezieht sich ganz besonders auf sexuelle Erfahrung; Verdorbenheit bezieht sich auf physische wie auch auf sexuelle Schändlichkeit und Unmäßigkeit. Knaben und Männer sind nie mit dem Makel der Nicht-Jungfräulichkeit (heterosexuell) oder der Verdorbenheit belastet. Tatsächlich ist es sogar so, daß die verlorene Unschuld, die ein Mädchen entehrt, bei einem Knaben dazu dient, seinen Status zu heben. Sex und Gewalt entehren Frauen und ehren Männer. Frauen werden durch den *Scharlachroten Buchstaben* entehrt; Männer werden mit dem *Roten Siegel* geehrt.[7] Ihre Schande gereicht ihm zur Ehre!

Gemäß der Tradition wird von einem Mädchen erwartet, daß es bis zur Hochzeit Jungfrau bleibt, bis zu dem Zeitpunkt, zu dem ihr Ehemann ›sie nimmt‹. Wenn sie vor der Ehe sexuelle Beziehungen unterhält, wird sie unkeusch, und in einigen Kulturen kommt sie für eine standesgemäße Verheiratung nicht mehr in Frage. Ob der Geschlechtsakt freiwillig oder erzwungenermaßen stattgefunden hat, spielt im Hinblick auf den sozialen Schaden, der durch den Verlust der Jungfräulichkeit entstanden ist, keine Rolle. Einerseits kann das Mädchen, falls der Geschlechtsakt erzwungen war, immerhin geltend machen, daß es sich passiv verhalten hat; andererseits bedeutet es, daß sie als doppelt geschädigt angesehen wird – durch sexuelle Erfahrung und ihr Mißbrauchtwordensein. In jedem Fall werden Mädchen das Huren-Stigma tragen, sobald sie mit Sex in Berührung gekommen sind, sei es unter Zwang oder aus eigenem Willen. Der Eifer, mit dem Eltern bemüht sind, ihre Töchter gegen sexuelle Versuchung oder Gewalt zu schützen, beweist, wie sehr sie sich des Huren-Stigmas bewußt sind. Da das Stigma so verheerende Folgen für die Zukunft des Mädchens hat, arbeiten die Eltern mit allen Mitteln daran, den guten Ruf ihrer Tochter zu wahren, selbst um den Preis ihrer Sicherheit, ihrer Entwicklung oder physischer Integrität. Eine derartige Verschiebung der Werte treibt einige Väter zu einem pathologischen Verhalten, um ihre Töchter gegen andere Männer zu schützen, indem sie sie peinlichen Verhören unterziehen, sie schlagen und/oder sie sexuell für sich selbst beanspruchen. Eine Frau berichtet: »Ich war Daddys kleines Mädchen. Als ich die High School verließ, so etwa mit fünfzehn, fing ich an, ziemlich viel rumzubumsen . . . Sobald mein Vater dahinterkam, fand er einen Vorwand, um mich grün und blau zu prügeln. Das passierte jedesmal, wenn ich einen neuen Freund hatte.« Eine andere Frau erzählt:

»Mein Vater hat niemals physische Gewalt gegen mich gebraucht, obwohl ich mich erinnere, daß ich nie abspülen wollte, weil er mich dann immer aus ›Zuneigung‹ überall abschlabberte; jeden Sonntagmorgen jedoch unterzog er mich einem strengen Verhör und wollte ganz genau wissen, was ich in der vergangenen Nacht gemacht hatte. Außerdem wetteiferte er mit meinen Freunden, indem er ins Zimmer kam, wo sie gerade waren, und seine Muskeln spielen ließ. Und er sagte zu mir: Er werde schon einen Freund für mich finden, wenn die Zeit reif dafür wäre; oder ich würde eines Tages als Straßendirne enden; oder kein Mann würde ein Mädchen heiraten, das nicht mehr Jungfrau ist; oder wenn ich schwanger würde, müßte ich von zu Hause abhauen.«[8] Eine weitere Frau sagt: »Mein Vater benutzte mich sexuell, seit ich fünf war. Und als ich dann anfing, mit Jungen auszugehen, beschimpfte er mich als Hure. Ich fragte ihn, warum ich jetzt plötzlich eine Hure sein sollte, weil ich Freunde in meinem Alter hatte, wo er mich doch jahrelang gefickt hatte! Er sagte, daß das etwas anderes wäre, denn er liebte mich und es geschähe innerhalb der Familie.«

Der sexuelle Mißbrauch von Kindern ist das klassische Szenarium dafür, wie Mädchen mit dem Attribut der Schändlichkeit belegt werden. Die Beschuldigung, ein unkeusches Mädchen zu sein, wird dann benutzt, um männliche Sexualgewalt zu rechtfertigen und zu entschuldigen. In einem überzeugenden Beispiel sprach ein Richter in einem Fall von Kindesbelästigung: »Ich stelle fest, daß wir es hier mit einer sexuell ungewöhnlich hungrigen jungen Dame zu tun haben (es handelte sich um ein fünfjähriges Mädchen). Und er (der Angeklagte) sah keinen Weg, sich ihr zu entziehen. Ich glaube auf keinen Fall, daß er (der Angeklagte) den sexuellen Kontakt herbeigeführt hat.«[9] Und – weniger extrem, aber dennoch im wesentlichen typisch – eine Frau erinnert sich, wie sie ihrem Freund davon erzählte, daß sie im Alter von acht Jahren von einem Mann sexuell belästigt worden sei: »Es war, als ob ein Geist aus der Vergangenheit auftauchte, als ein bekanntes Grinsen über sein Gesicht huschte und er sagte: ›Du mußt als kleines Mächen ganz schön sexy gewesen sein.‹«[10] In die gleiche Kerbe schlägt das, was ein Rechtsanwalt über das vierzehnjährige Opfer eines Inzestaktes sagte: »Ich kann ihren Vater verstehen, sie ist ein hübsches Mädchen.« Weibliche Schönheit, auch die eines unreifen Mädchens, wurde dadurch als Rechtfertigung für sexuelle Notzucht angeführt.

Im Gegensatz zu Vätern mißbrauchen Mütter ihre Töchter äußerst selten sexuell. Die Gesellschaft verlangt von ihnen, daß sie die Keuschheit ihrer Töchter behüten, sei es durch Warnungen, Beschuldigungen oder Verbote. Man weiß von Müttern, daß sie sich im allgemeinen Sorgen machen, wenn sich ihre Töchter frühzeitig körperlich entwickeln oder allzu ausgeprägte weibliche Merkmale zeigen. Eine Mutter sagte einmal zu ihrer Tochter, als diese einen neuen Badeanzug anprobierte: »So kannst du dich nicht in der Öffentlichkeit zeigen. Ein Mann wird dich vergewaltigen!« Daraus spricht die Einstellung, daß ein Mädchen selbst schuld ist, wenn es von einem Mann sexuell belästigt wird. Und wenn sie wirklich das Opfer einer Notzucht wird, kann es passieren, daß man sie beschuldigt, sie provoziert zu haben, oder daß ihre Mutter sich selbst die Schuld gibt, weil sie ihr zuviel Freiheit gelassen hat. Es gibt andere Fälle, in denen die Notzucht zwar nicht dem Mädchen zur Last gelegt wird, man jedoch von ihr erwartet, daß sie so tun soll, als sei nichts geschehen. Eine Frau erinnert sich, wie sie sich bei ihrer Mutter über die ›matschigen‹ Küsse ihres Onkels beschwert hatte. »Ich dachte, sie würde meinen Onkel zur Rede stellen, statt dessen gab sie mir eine Ohrfeige.« Die Neigung der Mütter, die Sexualität ihrer Töchter zu unterdrücken, und die der Väter, sich der Sexualität ihrer Töchter zu bedienen, ist ein Teil des Rollenspiels von Mann und Frau. Ungewollt können diese ›Maßnahmen‹ beider Elternteile eher dazu führen, das kleine Mädchen fürs ganze Leben zu prägen, als es vor Schlimmem zu bewahren.

Auch Psychotherapeuten kommen nach klassischem Muster oft zu dem Schluß, daß ein Mädchen selbst an einem sexuellen Mißbrauch schuld sei. Ein männlicher Psychologe beschreibt mit folgenden Worten das weibliche Opfer eines Inzestes: »An einigen Einzelheiten, die sie über die Beziehung zu ihrem Vater preisgab, war deutlich zu erkennen, daß sie keinesfalls so unschuldig war. Aber sie war emotional nicht in der Lage, ihre eigene sexuelle Bindung an ihn zu akzeptieren.« Andere Psychologen, vor allem die Anhänger der klassischen Freudschen Tradition, neigen dazu, einen tatsächlichen sexuellen Kontakt zwischen Vätern und Töchtern ganz und gar auszuschließen. In diesem Fall wird der sexuelle Mißbrauch nicht auf die Verführung durch das Mädchen zurückgeführt, sondern er hat überhaupt nur in ihrer Phantasie stattgefunden. Und wirklich ist oft die erste Reaktion, wenn ein Kind einen Inzestakt enthüllt, die Beschuldigung, daß das Kind lügt. Das lehrt die Mädchen, ihre Erfahrung mit sexuellem Mißbrauch geheimzuhalten und über ihren Schmerz zu schweigen.

Wenn sie erst einmal den Makel der Unkeuschheit tragen, werden einige Mädchen sicher sexuell aktiver und identifizieren sich eher mit der Frau als Hure denn mit dem Weiblichkeitsbild der braven Hausfrau. Eine Frau, die Prostituierte geworden war, sagt: »Ich war schon als Teenager als Hure abgestempelt, warum sollte ich dann nicht wenigstens auch Geld dafür bekommen?« Eine andere junge Frau, die sich mit großer Sorgfalt für die Ehe ›bewahrt‹ hatte, berichtet: »Ich war ein Musterbeispiel eines ›braven Mädchens‹, und dann wurde ich vergewaltigt. Es war nie besonders erfreulich gewesen, mich zu ›bewahren‹, und nun, nachdem es einmal passiert war, machte ich es häufig.« Und noch eine andere Frau erklärt: »Ich wurde als Hure geboren. Mein Vater hat mich viel mitgenommen, und all seine Freunde pflegten zu sagen: ›He, wer ist denn deine hübsche kleine Geliebte? Komm, gib mir einen Kuß, Schätzchen.‹ Da ich jung war, habe ich mich mit den Bildern der unmoralischen Frau, die ich aus dem Kino kannte, identifiziert. Ich liebte den strahlenden Glanz, der damit verbunden war.« Eine Frau, die von ihrem Vater mißbraucht worden war, berichtet: »Mein Vater hat mich mit allen möglichen Schimpfworten belegt, er tobte und brüllte: ›Du taugst überhaupt nichts. Du bist eine Hure. Du bist ein Nichts. Du bist dies, du bist das. Du bist durch und durch schlecht.‹ Sie (Vater und Mutter) machten selbst die harmlosesten Bekanntschaften (mit einem Mann) zu etwas ganz

Schlechtem ... sie bezeichneten mich ständig als Hure – und deswegen bin ich eine geworden. Deswegen gehe ich mit jedem ins Bett. Es ist ein Teufelskreis.«

Die Sexualisierung, Verleumdung und Erniedrigung der Mädchen sind die Basis für eine unverhohlene Verletzung ihrer mädchenhaften Integrität. Es ist ein Kulturschock, wenn man erkennt, wie allgegenwärtig, ja sogar an der Tagesordnung, solche Übergriffe und Mißhandlungen an Kindern in der Gesellschaft sind. Eine Frau, die selbst nie Opfer solcher Gewalt geworden war, sagt: »Ich war entsetzt, wie ich hörte, daß mein Vater die Tatsache, daß er mich nie belästigt hatte, sich als verdienstvolles Verhalten als Vater zugute hielt.« Offensichtlich war die Achtung vor der sexuellen Integrität seiner Tochter für ihn nichts Natürliches. Im Gegensatz zu ihrem Vater erntete das Mädchen keine Glückwünsche zu ihrer erhaltenen Jungfernschaft. Lediglich die Unkeuschheit fällt bei Frauen ins Gewicht, und zwar als Stigma, nicht etwa als Leistung.

Der Zusammenhang von sexuellem Mißbrauch und der Stigmatisierung als Hure ist besonders jetzt bedeutungsvoll, da der Inzest als solcher und seine Auswirkungen immer schonungsloser entlarvt werden. Da das Huren-Stigma gleichgesetzt wird mit sexueller Unkeuschheit, erlittener Notzucht und mit Schlechtigkeit, ist das mißbrauchte Mädchen gezwungen, entweder Schweigen über ihre Erfahrungen zu bewahren oder alle Hoffnung auf Legitimität aufzugeben. Das Gleichsetzen des erlittenen sexuellen Mißbrauchs mit weiblicher Unkeuschheit anstatt mit der Unterdrückung der Frauen bestärkt die Auffassung, die im Zusammenhang mit der Gewalt gegen Frauen herrscht. Zu dieser Auffassung gehört zum Beispiel, daß weibliches Verhalten die männliche Gewalttätigkeit verursacht. Weiterhin gehört zu dieser Auffassung, daß sexuelle Gewalt von seiten eines Mannes an der Persönlichkeit einer Frau einen irreparablen Schaden anrichtet. Die Frauen werden dadurch also nicht nur körperlich gepeinigt, sondern auch noch mit der Schande und einem bleibenden Makel belegt. Man erwartet, daß sie bereuen, und nicht, daß sie sich davon erholen. Eine Frau sagte: »Die Leute stellen alle möglichen Vermutungen über mich an, wenn sie von meiner Vergangenheit erfahren. Ich habe eine schreckliche Kindheit mit Schlägen und Vergewaltigung durchgemacht. Gott sei Dank, daß sie vorüber ist. Aber an der Last habe ich weiter zu tragen, in der Form, wie die Leute über mich urteilen. Als ob ich ein schlechter Mensch dadurch geworden wäre, daß ich schlecht behandelt worden bin.«

Für erwachsene Frauen ist der Maßstab für Keuschheit nicht Jungfräulichkeit, sondern eine monogame Ehe (oder ein religiöses Leben). Und der Hüter der weiblichen Sexualität ist nicht mehr der Vater, sondern der Ehemann (oder Gott). Wie bei Kindern, ist es auch bei erwachsenen Frauen so, daß sie die Schuld und die Schande bei sexuellem Mißbrauch zu tragen haben. Es ist interessant festzustellen, daß Sexualität und erlittener Mißbrauch ein Mädchen als (unmoralische) Frau und eine Frau entsprechend als (leichtes) Mädchen abstempelt.

Sexueller und physischer Mißbrauch von Ehefrauen durch ihre Männer innerhalb der Ehe wird sogar noch eher akzeptiert als der Mißbrauch von Töchtern durch ihre Väter innerhalb der engsten Familie. Ein Staatsanwalt in England bezeichnete den sexuellen Mißbrauch einer Frau durch ihren Ehemann als eine in manchen Fällen ›sinnvolle Züchtigung‹, besonders in Fällen von sexueller Untreue. Tatsächlich wird sexuelle Untreue von Ehemännern gern dafür herangezogen, um ihre Kontrolle und Herrschaft über die Frau und deren physischen Mißbrauch zu rechtfertigen. Sogar die engsten Freunde und Familienmitglieder sind geneigt, männliche Gewalt innerhalb der Ehe hinzunehmen. Eine Frau gibt ein Gespräch mit ihrer Mutter wieder: »Mom, Chuck (ihr Ehemann) hat mich blutig geschlagen. Er hat mir eine Pistole an den Kopf gesetzt . . . und er hat mich gezwungen, mit Frauen und anderen Männern zu schlafen. Und dauernd droht er, mich umzubringen.« Die Antwort der Mutter: »Aber Linda, er ist doch dein Mann.«

Sicher bieten nicht alle offiziellen Stellen oder Familien so wenig Unterstützung, aber das Stigma der mißhandelten oder sexuell mißbrauchten Frau wird durch die Gesellschaft legitimiert. Eine mißhandelte Frau erzählt: »Ich habe die Erfahrung gemacht, daß die Ärzte, die Polizei, die Beamten und meine Freunde meinen Mann dafür entschuldigen, daß er mein Gesicht übel zugerichtet hat, mir können sie jedoch nicht verzeihen, daß ich so zerschunden und geschwollen aussehe.« Offenkundige Mißhandlung wird als Zeichen dafür gewertet, daß die Frau sich ›schlecht betragen‹ hat, als ob Schläge die gerechte Strafe für weibliche Unkeuschheit wären.

Außerhalb der Ehe werden Frauen aufgrund jeder sexuellen Beziehung als Huren stigmatisiert. Phyllis Schlafly, die lauteste Stimme in der antifeministischen Kampagne, sagt: »Tugendhafte Frauen werden selten belästigt.« Mit anderen Worten, belästigt zu werden, ist ein Beweis für mangelnde Tugendhaftigkeit oder für Unkeuschheit. Außerdem wird eine Frau, die Opfer eines sexuellen Gewaltaktes geworden ist, nach klassischem Muster beschuldigt, die Situation provoziert und herbeigeführt oder nicht genügend Widerstand geleistet zu haben. Prostituierte dienen als Musterbeispiel für weibliche Unkeuschheit. Da sie die Initiatorinnen sexueller Kontakte sind, wird ihnen unterstellt, daß sie männliche Gewalt heraufbeschwören. Demnach kann einer Hure keine Gewalt angetan werden, da sie sich nach den Moralgesetzen bereits im Gewaltbereich befindet. Im Falle der Vergewaltigung einer Prostituierten sagte ein holländischer Polizeibeamter vor Gericht, daß »in Anbetracht ihres Berufes der sexuelle Mißbrauch keinen großen Eindruck auf sie gemacht haben kann«. Eine in Holland durchgeführte Untersuchung ergab, daß in der Einschätzung der Polizisten die Vergewaltigung an einer Straßenprostituierten als die am wenigsten ernstzunehmende aller möglichen Vergewaltigungsarten zu werten sei. Die Vergewaltigung durch mehrere fremde Männer wurde als die am ernstesten zu nehmende eingestuft. Die Vergewaltigung durch den eigenen Freund oder einen männlichen Bekannten und die Vergewaltigung einer betrunkenen Frau standen in der Skala der Ernsthaftigkeit kaum über der Vergewaltigung an einer Prostituierten. Die Untersuchenden kamen zu dem Schluß, daß sich die Einschätzung von Vergewaltigung nach dem Risiko richtet, das die Frau durch ihr Verhalten und die Orte, an denen sie sich aufhält, auf sich nimmt. Bezeichnenderweise ist die Einstufung der Polizei, wie ernst eine Vergewaltigung zu nehmen sei, der wichtigste Maßstab für die Entscheidung, ob der Fall vor Gericht gebracht wird oder nicht. Prostituierte wissen nur allzu gut, wie schwierig es für eine Hure ist zu beweisen, daß sie vergewaltigt wurde. Schon allein die Anwesenheit einer bekannten Prostituierten im Gerichtssaal wirft nach Ansicht der Allgemeinheit ein ungutes Licht auf die Glaubwürdigkeit eines Vergewaltigungsopfers. Die Identifizierung oder Assoziierung mit Unkeuschheit (sei es im Hinblick auf Sexualität, Rasse oder Beruf) wird als Zeichen von Verdorbenheit und bereitwilliger Verfügbarkeit gewertet. Diese Ansicht, daß ›eine Frau entweder rein oder das Liebchen für alle‹ sei, bietet die Grundlage, um männliche Gewalttätigkeit gegen sogenannte unkeusche Frauen zu entschuldigen und diesen Frauen die Schuld an jeder Mißhandlung zu geben, die sie erleiden. Natürlich kann zu diesen Frauen jede Frau gehören, deren Tugend angezweifelt wird.

Unreinheit bei Männern wird eher durch Hautfarbe, ethnische Zugehörigkeit, soziale Klasse oder Homosexualität bestimmt als durch ihr heterosexuelles Verhalten. Glücklicherweise gelten solche Einschätzungen eher als Vorurteile und werden nicht als Beweise gewertet, zumindest in Ländern mit einer starken Tradition der Toleranz, wie zum Beispiel in Holland. Die Assoziation von Vergewaltigung mit Farbigen ist beispielsweise ein tiefverwurzeltes Vorurteil, aber die rassische Identität würde niemals als schlagkräftiger, rechtsgültiger Beweis für eine Schuld anerkannt werden. Die sexuelle Vergangenheit einer Frau hingegen wird oft angeführt, um die Glaubwürdigkeit ihrer Zeugenaussage zu erschüttern. In den letzten paar Jahren hat sich an diesem Zustand ein wenig geändert, was dem Kampf der Feministinnen zu verdanken ist, so daß auch hier das Pendel jetzt mehr von Vorurteil nach Beweis umschlägt. Dennoch kann es in Nordamerika und Westeuropa mit großer Wahrscheinlichkeit geschehen, daß Gerichte das Opfer einer Vergewaltigung für schuldig an dem Verbrechen halten.

Im äußersten Fall werden Menschen durch den Tod, durch Mord oder Krankheit verdorben. Auch dann wird noch die Unkeuschheit verantwortlich gemacht für die tödliche Beschmutzung und Besudelung. Besonders die sexuelle Unreinheit, die Prostituierten und Homosexuellen unterstellt wird, wird als deren freigewähltes Schicksal angesehen, das unabdingbar Schande und Verletzbarkeit mit sich bringt. Gewalt, Krankheit und, als Extrem, der Tod werden als logische Folge davon angesehen, daß sich der Betroffene selbst in Gefahr gebracht hat. Bezeichnenderweise wird der Mord an einer Hure oder an einem Schwulen als ›Hurenmord‹ oder ›Schwulenmord‹ bezeichnet. Sowohl Prostituierte als auch Homosexuelle sind nach der allgemeinen Meinung selbst an ihrem Los schuld. Ein solcher Fall war der Mord an Pier Paolo Pasolini in Italien. Die Gerichtsverhandlung konzentrierte sich in gleichem Maße auf das Opfer wie auf den Täter. Ein öffentlicher Skandal umgab Pasolini. Warum mußte er sich auch mit der Schwulenszene beschäftigen? Warum brachte er sich in Gefahr, ermordet zu werden? In ähnlicher Weise leidet bei einem Mord an einer Prostituierten deren Reputation ebenso darunter, als ob sie das Verbrechen begangen hätte. Die Mordopfer des berüchtigten Jack the Ripper wurden in den Zeitungen als Prostituierte dargestellt, in Wirklichkeit waren es nur einige davon, andere waren es nicht. Die sexuelle Vergangenheit der Opfer füllte die Spalten der Presse, als ob die übrigen Frauen vor dem Verhängnis der sexuellen Unkeuschheit gewarnt werden sollten. Bezeichnenderweise kam lediglich Sorge darüber zum Ausdruck, in welcher Gefahr sich Nicht-Prostituierte befänden. Genauso war es in jüngster Zeit, als Prostituierten-Mörder in Leeds, Los Angeles und Seattle nicht als ernsthafte Bedrohung für die Gesellschaft angesehen wurden, bevor nicht einige Nicht-Prostituierte umgebracht wurden. Der Mord an Huren beunruhigt, bestürzt oder erzürnt die herrschende Gesellschaft nicht. Tatsächlich ist es sogar so, daß Gewalt gegen Prostituierte eher dazu angetan ist, die Ablehnung von Huren durch die Öffentlichkeit zu fördern.

Ebenso wie Gewalt wird auch Krankheit oft auf die

Unkeuschheit geschoben. Die Stigmatisierung als Hure wurde definiert als *ein Mal der Schande und der Krankheit auf einer unkeuschen Frau.* In der Geschichte, schon bevor man den Zusammenhang zwischen Krankheitsübertragung und sexuellem Kontakt durchschaute, wurde die Prostitution (das Symbol der Unreinheit bei Frauen und Männern) irrtümlich mit Epidemien wie der Pest in Verbindung gebracht.[11)] Auch heute noch beruht die Meinung, daß Krankheiten der Prostitution zuzuschreiben sind, häufig eher auf Vermutungen als auf Tatsachen.[12)] Man nimmt an, daß die Unreinheit ihren Ausgang bei den Huren nimmt und von dort über die Männer in der Gesellschaft verbreitet wird. Das Dreieck zwischen der ›unehrenhaften Hure‹, dem ›nichtsnutzigen Mann‹ und der ›keuschen Ehefrau‹ zeigt sich deutlich, wenn Mutmaßungen über die Übertragbarkeit von Krankheiten angestellt werden. Eine ›unschuldige Frau‹ kann eine Geschlechtskrankheit nur von einem ›sündigen Mann‹ bekommen. Der Mann seinerseits kann eine Geschlechtskrankheit nur von einer ›gefallenen Frau‹ bekommen. Diese Darstellung wird in einer hervorragenden Studie über Geschlechtskrankheiten wiedergegeben, die fortfährt: »Eine solche Übertragungsweise in eine Richtung spiegelt die vorherrschende Meinung (zur Jahrhundertwende) wider und hat wenig mit der bakteriologischen Wirklichkeit zu tun.« Die gleichen Vorurteile, die zu Anfang des Jahrhunderts herrschten, rechtfertigen immer noch eine Einstellung, die die Prostituierten für Krankheiten verantwortlich machen.

Genau wie den Prostituierten hat man auch den homosexuellen Männern den Makel aufgedrückt, sexuell krank zu sein.[13)] Doch anders als bei Prostituierten wird bei homosexuellen Männern davon ausgegangen, daß sie von der übrigen heterosexuellen, keuschen Gesellschaft isoliert seien. Ihnen wird also nicht die Schuld zugeschrieben, ›sündige Männer‹ und ›unschuldige Frauen‹ zu beschmutzen oder anzustecken, sondern dafür, daß sie ihr eigenes Schicksal durch die ihnen unterstellte perverse Promiskuität besiegeln. In Wirklichkeit sind homosexuelle Männer nicht von der keuschen Gesellschaft isoliert (auch nicht eindeutig von ihr zu unterscheiden), wie aus der Tatsache hervorgeht, daß männliche Prostituierte ihre Dienste in erster Linie verheirateten Männern angedeihen lassen, die dem äußeren Anschein nach heterosexuell sind. Dieser Umstand illustriert, wie verzerrt und scheinheilig es ist, die angeblich keusche Gesellschaft so hochzuloben. Für die Praxis wird dadurch auch die Notwendigkeit deutlich, daß alle sexuell aktiven Personenkreise – und nicht nur die, die in der öffentlichen Meinung als unrein gelten – einer Sexualerziehung und Untersuchung bedürfen.

Sexualität, Mißbrauch und Krankheit werden häufig sowohl als Ursache wie auch als Symptome für Unkeuschheit angesehen. Ob diese sozial so bedeutsamen Faktoren nun Vergnügen, Schmerz oder den Tod mit sich bringen, man deutet sie oft als Verdorbenheit und nimmt sie als Rechtfertigung für eine ständige Stigmatisierung. Jeder Frau kann es passieren, daß ihr das Huren-Stigma aufgedrückt wird aufgrund ihrer Lebenserfahrung, der Mißhandlung durch Sexisten oder eines unglücklichen Schicksals. Homosexuelle Männer nehmen eine parallele soziale Stellung zu den Prostituierten ein, was Gewaltanwendung und Krankheiten betrifft. Heterosexuelle Männer fühlen sich aller Wahrscheinlichkeit nach gegen eine Stigmatisierung gefeit, wenn sie sich öffentlich von den ›Unreinen‹ distanzieren.

Schlußfolgerung

Der Begriff Unkeuschheit wird zur Rechtfertigung von Unterdrückung und Mißhandlung herangezogen. Frauen im allgemeinen und andersartige Männer oder solche in untergeordneten Positionen werden mit besonderer Vorliebe als unreine oder verdorbene Menschen abgestempelt; Männer in herrschenden Positionen können den Makel der Unreinheit aufgrund ihres Umgangs (das mögen zum Beispiel Prostituierte oder Homosexuelle sein) tragen. Um zu erreichen, daß Unkeuschheit als normale menschliche Realität angesehen wird und nicht als abartige Veranlagung bei minderwertigen Wesen, bedarf es einer tiefgehenden Verschiebung der Werte und Veränderung der Einstellung.

(1) Erving Goffman, Stigma: *Notes on the Management of Spoiled Identity;* New Jersey, 1963

(2) Angela Y. Davis: *Woman, Race and Classes;* New York, 1981

(3) Freda Adler/Rita James Simon: *The Criminology of Deviant Woman;* Boston, 1979

(4) Jean-Paul Sartre, *Antisemitismus und Judentum*

(5) ebd.

(5) An Huitzing: *Betaalde Liefde, Prostituees in Nederland, 1850–1900;* Bergen, 1983

(6) Catharine MacKinnon: *Sexual Harrassment of Working Women:* New Haven, 1979; und Elisabeth Stanko: *Intimate Intrusions, Women's Experience of Male Violence;* London, 1985

(7) Nathaniel Hawthorne: *The Scarlet Letter;* 1850; und Stephen Crane: *Red Badge of Courage;* 1895

(8) Judith Lewis Herman: *Father-Daughter-Incest;* London, 1981

(9) Elisabeth A. Stanko: *Intimate Intrusions;* London, 1985

(10) Ellen Bass/Louise Thornton: *I Never Told Anyone;* New York, 1981

(11) Leah Lydia Otis: *Prostitution in Medieval Society;* London, 1985

(12) Allan M. Brandt; *No Magic Bullet;* New York, 1985

(13) Jeffrey Weeks: *Sex, Politics and Society;* London, 1981

Lesbierinnen und Prostituierte: eine historische Schwesternschaft

Joan Nestle

Die ursprüngliche Absicht, die mich zum Schreiben dieses Artikels veranlaßte, war, zu zeigen, daß es schon immer eine Verbindung zwischen Lesbierinnen und Prostituierten gegeben hat; nicht nur in der männlichen Phantasie, sondern in der tatsächlichen Geschichte beider Gruppen. Ich hoffte, daß es mir gelingen würde, durch das Zusammentragen der einzelnen Mosaiksteinchen in diesem gemeinsamen Territorium eine gewisse Wirkung auf die gegenwärtige feministische Einstellung zur Prostitution zu erzielen, eine Einstellung, die sich zum Beispiel in der feministischen Bewegung gegen Pornografie ausdrückt. Während meiner Recherchen zu dieser Arbeit erweiterte sich jedoch mein Gesichtsfeld, in mir wuchs der Wunsch, den arbeitenden Frauen ihre eigene Geschichte wiederzugeben, genauso wie es mit der Geschichte der Lesbierinnen und männlichen Homosexuellen versucht wurde.

Huren sind, genau wie die Schwulen, in dieser Gesellschaft Figuren in schmutzigen Witzen; allein die Andeutung, daß sie eine Geschichte haben könnten, nicht etwa in der Form einer pathologischen Landkarte, sondern als Bericht über Menschen, bedeutet, geheiligte Grenzen zu überschreiten. Als ich über die verwickelte Geschichte der Huren las, wurde mir wieder mal klar, daß ich damit über die Geschichte der Frauen las, mit all ihren Widersprüchen von Unterdrückung und Widerstand, von Schwesternschaft und Betrug. Mit dieser Arbeit will ich versuchen, beidem gerecht zu werden, der Geschichte der Frauen als Huren und der der Frauen als Homosexuelle.

Zunächst etwas über meinen Ausgangspunkt. In den Bars der späten fünfziger und frühen sechziger Jahre, wo ich die Welt der Lesbierinnen kennenlernte, gehörten die Huren als fester Bestandteil dazu. Wir saßen nebeneinander auf den

Barhockern, wir feierten zusammen, und wir schliefen miteinander. Die damaligen staatlichen Moralwächter, die Vorgänger der heutigen Sittenpolizei, mit der zusammenzuarbeiten die Bewegung ›Frauen gegen Pornografie‹ keine Scheu hat, beherrschten unsere Welt, und wir wußten nur zu gut, daß bei einer Razzia kaum ein Unterschied zwischen Huren und Lesbierinnen gemacht wurde. Dieses gemeinsame Territorium wurde zerstört, zumindest für mich, als ich in die Welt des lesbischen Feminismus eintrat. Huren, oder Frauen, die wie Huren aussahen, wurden zum Feind oder, im besten Fall, führten unterdrückte Frauen, die unsere Hilfe brauchten, auf Irrwege. Einige der ersten Konferenzen über radikalen Feminismus und Prostitution zeichneten sich durch das totale Fehlen der arbeitenden Frauen in allen Teilen des Geschehens aus. Die Prostituierte war wieder mal die andere, so wie sie es früher gewesen war, in den feministischen Purismus-Bewegungen des ausgehenden neunzehnten Jahrhunderts.

Eine noch engere Verbindung eröffnete sich mir, als ich die Hinterlassenschaft meiner Mutter durchsah, ihre hingekritzelten Schreibereien, und entdeckte, daß meine Mutter zu verschiedenen Zeiten in ihrem Leben als Nutte angeschafft hatte, um die Miete bezahlen zu können. Ein anderer Teil von mir hatte das die ganze Zeit über gewußt, besonders zu jener Zeit, als ich mit ihr im Hotel Dixie im Herzen der Zweiundvierzigsten Straße im gleichen Bett schlief, als sie mal wieder arbeitslos war, aber ich habe der Wahrheit über meine Mutter nie gestattet, in mein Bewußtsein zu dringen.

Schließlich bin ich seit einiger Zeit in die Domäne der Sex-Öffentlichkeitsarbeit eingedrungen. Ich schreibe Sexstorys für Lesbierinnen-Zeitschriften, ich stehe Modell für eindeutige Photos für lesbische Photografinnen, ich lese in erotischer Kleidung aus erotischen Werken, und ich habe von Frauen für Geschlechtsakte Geld genommen. Ich bin, je nachdem, wer mich anklagt, eine Pornografin, eine Lesbierin und eine Hure. Mir wurde aus politischen und aus persönlichen Gründen klar, daß diese Arbeit getan werden mußte.

Einen der frühesten Hinweise auf die Verbindung zwischen Lesbierinnen und Prostituierten habe ich auf den ersten Seiten der *History of Prostitution* von William W. Sanger (1859) gefunden. Ähnlich wie beim Lesen früher historischer Betrachtungen über Lesbierinnen, muß man das Bild der Frauen lösen von der tendenziösen Sprache, mit der sie dargestellt werden. Prostitution, so steht da zum Beispiel, »befleckt die frühesten mythologischen Überlieferungen«. Der Autor arbeitet sich durch das Alte Testament und berichtet uns, daß Tamar, die Tochter von Juda, ihr Gesicht mit dem Schleier verhüllte, dem Zeichen einer Hure. Viele der Frauen, »die die Flucht auf die Straße getrieben hatte, lebten in Unterständen und Zelten, wo sie das Gewerbe des Bettelns mit dem der Hurerei verbanden«. Zwei wichtige Themen werden hier behandelt, das Tragen einer bestimmten Kleidung, sowohl als Aussage als auch als Ausdruck eines Stigmas, und das Thema der Frauenarbeit.

In dem Kapitel über das alte Griechenland in Sangers Buch finden wir die ersten konkreten Hinweise auf die Geschichte der Lesbierinnen. Angegliedert an die Athener Freudenhäuser, Dictera genannt, »waren Schulen, in denen junge Frauen in die verabscheuungswürdigsten Praktiken von Frauen eingeführt wurden, die sie ihrerseits auf die gleiche Weise gelernt hatten«. Hier wird ein Zeugnis gegeben von einer von Generation zu Generation überlieferten sexuellen Aktivität, so wie in der Subkultur Verhaltensweisen zum Überleben überliefert werden. Eine weiterentwickelte Verbindung zeigt sich bei der Behandlung von einer der vier Klassen von griechischen Prostituierten – der Flötenspielerinnen, die als Auletriden bekannt sind. Diese begabten Musikerinnen wurden fürs Aufspielen und Tanzen bei Festlichkeiten bezahlt, und danach konnte man ihre sexuellen Dienste kaufen.

Durch die ganze Geschichte der Prostitution zieht sich die Wichtigkeit von Bekleidungsregeln. Dieses traurige Kapitel, wie Prostituierte von der Gesellschaft gekennzeichnet werden, um sie von züchtigen Hausfrauen zu unterscheiden, und wie die Prostituierten mit diesem Anspruch an ihren Status fertig wurden, erinnert mich immer wieder daran, wie Lesbierinnen ihre Kleidung dazu benutzt haben, sich als eine andere Art von Frauen zu erkennen zu geben. Prostituierte wurden noch bis zur Jahrhundertwende als widernatürliche Frauen bezeichnet, Wesen, die nichts mit Ehefrauen und Müttern gemein haben.

Um zu verhindern, daß sich Prostituierte in die Bevölkerungsgruppe der echten Frauen einschlichen, wurden von verschiedenen Ländern im Lauf der Jahrhunderte Verordnungen erlassen, die ihre äußere Erscheinung und ihre räumliche Bewegungsfreiheit bestimmten. Zur Zeit des alten Griechenlands mußten Huren geblümte und gestreifte Gewänder tragen. Eine Zeitlang, obwohl es dafür kein ausdrückliches Gesetz gab, färbten alle Huren sich die Haare blond, als einheitliche Geste der Solidarität. In römischer Zeit »schrieb das Gesetz ausführlich die Kleidung von Prostituierten vor, basierend auf dem Prinzip, daß sie sich in allen Dingen von ehrenhaften Frauen unterscheiden mußten. So war ihnen verboten, figurverhüllende Umhänge zu tragen ebenso wie die Netze, mit denen römische Frauen ihr Haar zusammenhielten, sowie Schuhe und Schmuck und purpurrote Gewänder. Das waren alles Zeichen der Tugend. Prostituierte trugen die Toga wie Männer gebunden ... einige gingen sogar noch einen Schritt weiter und ließen ihr Gewerbe erkennen, indem sie über der grünen Toga eine kurze weiße Jacke trugen, das Merkmal der Unkeuschheit« (Sanger).

Eine Herausforderung in der ganzen Geschichte der Bekleidungsvorschriften für Prostituierte lag in der männlichen Aufmachung als Teil des Stigmatisierungs-Systems. Im ausgehenden vierzehnten Jahrhundert zum Beispiel »wurde von Prostituierten verlangt, ein Mal auf dem linken Arm zu tragen ... während in Castres (1375) die Statusmerkmale ein Männerhut und ein scharlachroter Gürtel waren« (Leah Lydia Otis: *Prostitution in Medieval Society*). Hier, wie auch in der Geschichte der Lesbierinnen, signalisiert ein männlicher Bekleidungshabitus das Ausbrechen aus dem traditionellen erotischen und damit sozialen weiblichen Territorium.

Während der folgenden dreihundert Jahre werden Prostituierte offiziell gekennzeichnet, sowohl durch den Zwang, eine bestimmte Kleidung oder einen roten Schulterknoten oder ein weißes Halstuch zu tragen, oder – in einer Vorwegnahme der Geschichte, bei der man Gänsehaut bekommen muß – ein gelbes Band um die Ärmel anzulegen, als auch durch die vorgeschriebenen Stellen, wo sie leben und arbeiten durften.

Die Obrigkeit erließ auch eine Litanei an Vorschriften, die die vielfältigen Bereiche aufzeigten, in denen Prostituierte ihre soziale Freiheit einbüßten. Im Frankreich des fünfzehnten Jahrhunderts riskierte eine Prostituierte eine dreimonatige Gefängnisstrafe, wenn sie
1. sich an verbotenen Orten aufhielt,
2. zu verbotenen Zeiten irgendwo erschien,
3. bei Tageslicht in einer Weise durch die Straßen ging, die dazu angetan war, die Aufmerksamkeit der Passanten auf sich zu lenken (Sanger).

Fünf Jahrhunderte später, auf einem anderen Kontinent, dient die Poesie der Vorschriften dem gleichen Zweck, ist jedoch in den einzelnen Anforderungen noch ausgeklügelter:

Vorschriften der Reservation El Paso, Texas, 1921

Frauen müssen Scheibentüren von innen verschlossen halten und die untere Hälfte der Scheiben mit einem Vorhang versehen.

Sie dürfen nicht direkt an Türen und Fenstern sitzen, nicht mit übereinandergeschlagenen Beinen in herausfordernder Haltung; Röcke dürfen nicht hochgeschoben sein.

Sie müssen bis zwölf Uhr in geschlossenen Räumen bleiben, und wenn sie auf die Straße herauskommen, dürfen sie sich nicht laut oder auffallend benehmen und nicht miteinander und nicht mit Männern spielen. Sie dürfen auf der Straße keine Zärtlichkeiten mit Männern oder Frauen austauschen oder versuchen, Männer in ihren Verschlag zu ziehen.

Sie dürfen zu keiner Zeit in Fenstern mit heruntergelassenen Scheiben sitzen oder in Türeingängen stehen.

> Sie dürfen die Straße nicht in der Mitte eines Häuserblocks überqueren, sondern zu der Straße am oberen oder unteren Ende gehen und dort überwechseln.
>
> Sie dürfen nicht von einem Raum zum anderen schreien oder sich einer lauten, vulgären Sprache bedienen.
>
> Sie dürfen keine auffallende Kleidung tragen und keine als Flirt auszulegende Handlung begehen oder irgendeine Handlung, die übermäßige Aufmerksamkeit auf der Straße auf sich lenkt.
>
> Sie dürfen nicht bei gelöschtem Licht arbeiten.

Ich gebe diese Gebote hier wieder, denn sie sind ein historisches Dokument für die Unterdrückung der Prostituierten, und nur wenige, nehme ich an, erkennen, wie weitgehend die Polizei in das Leben einer arbeitenden Frau eingreifen kann. Im übrigen wird damit die Kontrolle vorweggenommen, die die Sittenpolizei in den fünfziger Jahren in Lesbierinnen-Bars ausübte, wo sogar unsere Gepflogenheiten auf der Toilette überwacht wurden.

Und doch gelang es einigen der Frauen, ihre soziale Gefangenschaft in soziale Freiheit umzuwandeln, indem sie die intellektuell freien Frauen jener Zeit wurden. Die Geschichte der Prostitution bietet auch einige Lichtblicke, indem Frauen nämlich die Macht ihres stigmatisierten Wirkungsbereiches dazu benutzten, ungewöhnliche Frauen zu werden, Frauen, die außerhalb der häuslichen Beschränkungen lebten, die den meisten ihrer Schwestern strenge Fesseln anlegten. So kennen wir die Biographien berühmter Kurtisanen, die von ihrem Geist künden und ihr Engagement in der Literatur und Politik hervorheben. Durch erfolgreiche Prostitution gelang das, was Lesbierinnen dadurch erreichten, daß sie sich wie Männer gaben: Sie errangen sich eine gewisse Freiheit in der streng kontrollierten Welt der Frauen.

Eine reiche, sprudelnde Quelle der Lesbierinnen-Geschichte sind Tagebücher und Biographien von Kurtisanen, Puffmüttern, Stripperinnen und anderen Sexarbeiterinnen. Diese Dokumente ernstzunehmen, so ernst wie die Briefe befreundeter Frauen im neunzehnten Jahrhundert, stößt an die Grenzen der Einstellung und des Klassendenkens vieler feministischer gelehrter Frauen. Ein weiteres Problem ist die Tatsache, daß in diesen Arbeiten Wirklichkeit und Phantasie oft miteinander verwoben sind, aber sowohl die Fakten als auch die eher phantastischen Schöpfungen können eine wertvolle Quelle für das Zusammenfügen einer umfassenden Lesbierinnen-Geschichte sein.

In Cora Pearls *Grand Horizontal: The Erotic Memoirs of a Passionate Lady,* das 1873 geschrieben wurde, wird an verschiedenen Stellen gleichgeschlechtlicher Sex zwischen Frauen erwähnt. Die erste derartige Szene spielt sich in einer französischen Klosterschule für mittellose Mädchen im Jahre 1849 ab. Die Erzählerin entdeckt sehr bald, daß ihre Schulkameradinnen gelernt hatten, einander zu befriedigen: ». . . das Maß des Interesses, daß meine Kameradinnen nicht nur für ihren eigenen Körper an den Tag legten, sondern auch für ihre gegenseitigen Körper, war für mich etwas Fremdes.« Die Autorin fährt dann fort mit einer ausführlichen Beschreibung einer sexuellen Einführungsszene in einer Badewanne, unter der sorgfältigen Anleitung von Liane, einer älteren Schülerin, die die beiden zum Orgasmus bringt, während die anderen Mädchen zusehen. In der Nacht sagte die spätere Kurtisane dann, sie sei »eingeführt worden in die Freuden des Körpers, die innerhalb von einem oder zwei Jahren so ausgeprägt waren, daß ich davon überzeugt war, jeder, der ihnen nicht frönte, mußte ein ausgemachter Dummkopf sein. Diese Freuden waren ausschließlich dem weiblichen Geschlecht vorbehalten.« Sie versichert ihren Lesern ausdrücklich, daß diese Freuden niemals einem Mädchen aufgezwungen wurden, das vielleicht zu jung oder zu unerfahren war, um sie zu genießen. Sie fährt fort zu erzählen, wie sie herausfand, daß auch die älteren Frauen, die Lehrerinnen, sich mit lesbischem Sex vergnügten. »Als ich einmal unvermutet in ein Klassenzimmer kam, um einen Satz Nadeln zu holen, überraschte ich Bette kniend vor Sœur Rose, einer der jüngeren und hübscheren Lehrerinnen, den Kopf unter deren Rock gebeugt. Ich hatte Zeit genug, in ihrem Gesicht einen Ausdruck zu erhaschen, der mir bekannt war von den Gesichtern meiner Freundinnen in Augenblicken beiderseitiger Lust.«

Die Erzählerin entwickelt sowohl eine Philosophie der Lust als auch der weiblichen Verbundenheit aufgrund dieser frühen sexuellen Begegnungen. »Man kann sich unsere nächtlichen Experimente im Schlafsaal vorstellen. Als Eugenie, meine besondere Freundin, von dem Zwischenfall mit Bette und Sœur Rose hörte, beschloß sie, mich mit den Freuden bekanntzumachen, die Lippen und Zunge bereiten können, und ich fand diese Freuden nicht im geringsten getrübt durch Abscheu; von jener Zeit an war ich mir voller Eifer bewußt, daß eine der größten Freuden im Leben die Erfahrung ist, wie man dem geliebten Menschen Lust bereiten kann . . . Und ich war jetzt kein kleines Mädchen mehr und begierig darauf, selbst das ganze Ausmaß an Lust zu erfahren, die ich anderen schenken konnte. Im allgemeinen gesellten wir uns zu Paaren zusammen, und zwischen vielen von uns entstand eine wahre und treue Hingabe, die ohnegleichen war . . . unsere Experimente verfehlten keineswegs ihre Wirkung auf meine spätere Laufbahn, denn in jener Zeit lernte ich, keiner Handlung aus dem Weg zu gehen, deren Ergebnis Lust war.«

Im Laufe der Memoiren geht Cora mit der lesbischen Frau eines männlichen Kunden ins Bett, einer Frau, die als diejenige beschrieben wird, die den mehr männlichen Part spielte. »Sie forderte mich dann auf, sie zu wärmen, was ich, da ich Gast war, auch tat. Sie war von stämmigem und muskulösem Körperbau, mit Brüsten, die eher fest als voll waren, ihr Brustkorb war tatsächlich eher denen einiger Männer ähnlich, die ich kannte, als dem einer Frau.«

Die Frau bittet Cora, mit ihr ins Bett zu gehen, mit der Erklärung, daß »sie nicht lange nach ihrer Heirat entdeckt hatte, daß Männer und ihre Körper wenn nicht direkt abstoßend, so doch nicht im geringsten erregend für sie waren, während die weibliche Bewunderung für den weiblichen Körper etwas war, dem sie sich nicht entziehen konnte«. Während sie sich lieben, sinniert Cora darüber nach, daß »eine andere Frau sicher dadurch, daß sie sich selbst befriedigen kann, es viel besser versteht, einer Geschlechtsgenossin Befriedigung zu bereiten«. Im Bereich der wissenschaftlichen Forschung über die Geschichte der Frauen hört man diese Behauptung oft, aber in jenen Tagen sprachen Frauen nicht über Sex. Wenn wir uns jedoch anderen Quellen zuwenden, wie zum Beispiel den Schriften und Berichten sexuell bestimmter Frauen, können wir feststellen, daß Frauen verschiedener sozialer Herkunft auf die verschiedenste Weise darüber sprachen. Die Frage ist, ob wir ihre Stimmen wirklich hören wollen und wie sie in das passen, was Adrienne Rich das lesbische Kontinuum nennt.

Im Jahre 1912 trägt eine lesbische, anarchistische Prostituierte namens Almeda Sperry zur Geschichte beider Gruppen bei, indem sie einen Liebesbrief an Emma Goldman schreibt, der in einer Sprache verfaßt ist, von der wir in unseren Forschungen nur träumen können. »Liebste, es ist gut, daß ich losgekommen bin – denn ich hätte auf jeden Fall loskommen müssen. Wenn ich nur den Mut gehabt hätte, mich umzubringen, als du den Höhepunkt erreichtest – dann hätte ich das Glück gekannt, denn in diesem Moment besaß ich dich ganz... Befriedigt, ach Gott nein... In diesem Moment lauschte ich auf den Rhythmus des Pulses in deiner Kehle. Es treibt mich dahin mit dem Blut deines Lebens, ich durchwandere die geheimsten Stellen deines Körpers. Ich kann mich dem rhythmischen Hervorstoßen deiner Liebessäfte nicht entziehen.« (Candace Falk: *Love Anarchy and Emma Goldman*).

In den Memoiren von Nell Kimball, einer heterosexuellen Puffmutter, finden sich viele Hinweise auf Lesbierinnen. Eine der bekannteren Bordellbetreiberinnen jener Zeiten war Emma Flegel, geboren 1867, eine jüdische Immigrantin in die USA aus Lübeck, die nach Amerika kam und als Küchenhelferin arbeitete, bis sie die Umstände zwangen, zu heiraten und sich in St. Louis niederzulassen. Dort eröffnete sie ein überaus erfolgreiches Bordell und war in der ganzen Subkultur wegen ihrer Liebesbeziehungen zu ihren Mädchen bekannt. »Emma hatte offensichtlich immer eine Favoritin unter ihren Mädchen, mit der sie ein Jahr lang oder so eine leidenschaftliche Affäre hatte, bis sie sich eine neue Favoritin aussuchte.« (Aus einer Information, die die *Lesbian Herstory Archives* in New York erhielten.) Hier wird deutlich, wie die ethnische Lesbierinnen-Geschichte das Bindeglied herstellen kann zwischen der allgemeinen Geschichte sowohl der Lesbierinnen als auch der Prostituierten, vorausgesetzt, Scham wird nicht zum Hinderungsgrund. Das bedeutet nicht etwa eine Geschichte ohne Meinungen und Konflikte, aber es bedeutet eine Verpflichtung, neue Territorien zu eröffnen, unter Einschluß der Frauen, und die vorherrschenden Kategorien des Lesbianismus und Feminismus in Frage zu stellen.

Die letzte und vielleicht ironischste Verbindung zwischen diesen beiden Welten, über die ich sprechen möchte, ist die, wie Lesbierinnen und Prostituierte in der Literatur der Psychologie in Zusammenhang gebracht werden. Eine der vorherrschenden Analysen, mit der die psychischen Krankheiten bei Prostituierten in den fünfziger Jahren erklärt wurden, war die, daß Prostituierte verkleidete Lesbierinnen seien, die an einer Art Ödipus-Komplex litten und deshalb Männern gegenüber feindlich eingestellt seien. Wie Caprio es in seinem Werk 1954 ausdrückt: »Wenn es auch paradox klingt anzunehmen..., daß Prostituierte starke homosexuelle Neigungen haben, haben Psychoanalytiker bewiesen, daß die Prostitution eine Form von Pseudoheterosexualität darstellt, eine Flucht aus der homosexuellen Unterdrückung.«

Helen Deutsch sah das Problem in einem anderen interessanten Licht. Die Prostituierten identifizierten sich mit der maskulinen Mutter, und sie »hatten ein Bedürfnis zur Mißachtung sozialer Institutionen, Gesetz und Moral sowie der Männer, die solche Autoritäten errichten« *(Lesbian Herstory Archives)*. Ein anderer Typ bei den Prostituierten, fährt Deutsch fort, ist »die Frau, die auf Zärtlichkeit und weibliche Wohltätigkeit verzichtet zugunsten einer aggressiven Maskulinität, die sie imitiert« *(Lesbian Herstory Archives)*, wodurch sie zur latenten Lesbierin wird. Mit den Versuchen, die psychischen Krankheiten von Prostituierten zu erklären, werden die Lebensgeschichten von Hunderten von Frauen vermengt. Caprio zum Beispiel berichtet, daß er Hunderte von Befragungen durchgeführt habe. Ich kann es nicht ertragen, allzuviele Worte zu diesem Zusammenhang zu verlieren, denn ich habe das Gewicht dieser Theorien in meinem eigenen Leben erfahren. In den frühen fünfziger Jahren schleppte mich meine Mutter zu allerlei Ärzten, um einen zu finden, der ihre mißratene Tochter heilen könnte. Es genügt, darauf hinzuweisen, daß Prostituierte und Lesbierinnen eine gemeinsame Geschichte des Kampfes gegen das Gesetz, die Religion und die Medizin haben, die alle immer wieder versucht haben, die ›Pathologie‹ dieser ungewöhnlichen Frauen zu erklären und zu beherrschen. Lesbische Prostituierte litten unter dem ganzen Komplex der Geschichte beider Gruppen abartiger Frauen – man nannte sie sündig, krank, unnatürlich und einen sozialen Schandfleck. Im Jahrzehnt des lesbischen Feminismus sind sie noch nicht eingeordnet worden, weil sie unsichtbar sind. Sogar ein so scharfsinniger und einfühlsamer Homosexuellen-Historiker wie Jeffrey Weeks hat das Bedürfnis, ihre Existenz im Dienste einer patriarchatfreien Lesbierinnen-Geschichte zu leugnen. »Sogar Magnus Hirschfield, dessen Studie über Homosexualität darauf zielt, Männer und Frauen gleich zu behandeln, sah bei den Lesbierinnen eine Neigung zur Prostitution. Als ob Lesbierinnen stets nach den Gesichtspunkten eines in erster Linie männlichen Phänomens erklärt und gerechtfertigt werden müßten« (Weeks: *Coming Out*). Die Existenz von lesbischen Prostituierten ist kein Makel auf der Geschichte der Menschheit, wir werden mehr verlieren als unsere Geschichte, wenn sie des Einbezogenwerdens nicht für wert befunden werden. Im Jahre 1985 hieß die lesbische Feministinnengemeinschaft die Welt der lesbischen Nonnen im lesbischen Kontinuum willkommen mit der Veröffentlichung von *Lesbian Nuns: Breaking Silence*. Ich sehe eine enge Verbindung zwischen den drei Gruppen der nicht ›domestizierten‹ Frauen – der Prostituierten, der Nonnen und der Lesbierinnen. Und eine neuere Untersuchung über die

Prostitution in der Gesellschaft des Mittelalters von Leah Lydia Otis fördert eine tiefgehende Verbindung zwischen mindestens zwei dieser Gruppen zu Tage. Im fünfzehnten Jahrhundert war es nicht unüblich, daß ganze Häuser mit Prostituierten, die von Frauen geführt wurden, sich in Klöster verwandelten, wenn sie in ein Alter kamen, um sich zur Ruhe zu setzen. So wurde die Schwesternschaft erhalten, und die Frauen konnten weiterhin ein Leben des mittelalterlichen Separatismus führen. Wie immer ist eine Dokumentation über gleichgeschlechtlichen Sex schwieriger zu finden, aber es gibt einen Anhaltspunkt. »In Grasse wurde eine Prostituierte im Jahre 1487 zu einer Geldstrafe verurteilt, weil sie die Anordnung des Pfarrers mißachtet hatte, nach der es einer Prostituierten verboten war, mit einer ehrbaren Frau zu tanzen« (Otis).

Vier Jahrhunderte später werden Prostituierte und Nonnen erneut vereint, und zwar durch eine historische Tragödie, die ein höchstes Maß an menschlichem Mut verlangte. In ihrem leidenschaftlichen Werk *Women in the Resistance and in the Holocaust: The Voices of Eyewitnesses* erzählt uns Vera Lasker, daß die sichersten Verstecke für Widerstandskämpfer Bordelle und Nonnenklöster waren. Sie führt außerdem an, daß die wagemutigsten Frauen im Dienst des Widerstands Prostituierte waren. Die ganze Geschichte des Schicksals der Prostituierten sowohl in der Widerstandsbewegung als auch in den Konzentrationslagern muß noch geschrieben werden, und ich hoffe, daß das durch eine Hure geschieht. Ich bin überzeugt, daß in dieser Geschichte auch lesbische Frauen eine Rolle spielen, die das schwarze Dreieck der von der Gesellschaft Ausgestoßenen trugen.

Sowohl Lesbierinnen als auch Prostituierte engagierten und engagieren sich immer noch in dem Anschein nach machtlosen sozialen Wechselwirkungen, um für sich selbst Macht und Autonomie zu erlangen. Wie es ein Befrager der arbeitenden Frauen ausdrückte: »Aus der Perspektive der Prostituierten müssen Macht und Kontrolle immer in ihrer Hand liegen, damit sie überleben kann« (Bernard Cohen: *Deviant Street Networks*).

Eine lesbische Prostituierte schrieb 1982: »Ich sorge dafür, daß ich immer nach zehn oder fünfzehn Minuten mit der Sache fertig bin, ich behalte die Zeit stets im Auge, und ich entscheide, wie lange es dauert, je nachdem, wieviel Geld dabei rausspringt und was der Kerl für ein Typ ist . . . Sie wollen mehr, aber schließlich bestimmen wir die Bedingungen der Beziehung, und die Freier müssen sie akzeptieren« (Terri Richards bei einem Prostituiertentreffen im Juni 1982 in San Francisco).

Die Klassenstruktur, die für Prostituierte gilt, gilt auch für Lesbierinnen. Callgirls und professionelle Lesbierinnen haben einiges gemein. Sie beide genießen einen größeren Schutz als die Strichnutte oder die Bar-Lesbe, aber wenn sie an die falschen Leute geraten, können sie beide mit dem Gesetz in Konflikt geraten. Beide haben es oft sehr eilig, sich von ihren Schwestern auf der Straße zu distanzieren in dem Bestreben, sich in ihrem eigenen Gefühl des Anderssein zu sonnen.

Die Ironie in diesem Zusammenhang ist die, daß Lesbierinnen größeren Schutz durch die Gesetze genießen dank der Macht, die die Bewegung für die Rechte der Homosexuellen ausübt. Es gibt lesbische und schwule gewählte offizielle Vertreter, aber es gibt keinen Politiker, der sich zu seiner öffentlichen Sex-Vergangenheit bekennt. Eine Sprecherin der Prostituierten von New York (PONY) sagte 1980, wenn die Nutten und die Hausfrauen und die Homosexuellen zusammenhalten würden, »könnten wir die Welt regieren« (Ruth Stout: *The Happier Hooker*).

Die Forderung nach der eigenen Geschichte ist ein direkter politischer Akt, der die Geburt eines neuen Bewußtseins vorantreibt; es ist eine Arbeit, die den Zuhörer und den Sprecher verändert. Das wurde mir sehr deutlich, als ich vor einigen Jahren an der Konferenz in Toronto zum Thema ›Die Politik der Pornografie, die Politik der Prostitution‹ teilnahm, die einiges ins Rollen brachte; dort hörte ich einer der Hauptrednerinnen zu, einer Stripperin aus dem Sexviertel in Toronto, die die Geschichte ihrer Kunstform in Toronto dokumentierte. Ihre Erzählung ließ diese Geschichte lebhaft vor einem entstehen. Mit ihrer sanften Stimme beschrieb sie die Entwicklung ihres Berufes und die Unterdrückung, gegen die sie und die anderen ankämpfen mußten. Es war eine geradeheraus dargestellte Geschichte voller Stolz und voller Probleme; ich saß neben zwei anderen Stripperinnen, und als Debbie die Veränderungen und Herausforderungen in ihrer Arbeit dokumentierte, rutschten sie auf die vorderste Kante ihrer Sitze. Später erzählten sie mir, daß sie das Ganze noch nie in dieser Form gehört hatten. Aus einem Sumpf von schmutzigen Witzen und spöttischer Verachtung war eine Geschichte geboren worden. Ich hoffe, daß immer mehr Frauen, die in der Welt des öffentlichen Sex arbeiten oder auftreten, sich dazu entschließen werden, die Geschichte ihres Volkes zu erzählen.

Abschließende Bemerkung: Die Methode der Kollage, die ich in meiner Arbeit angewendet habe, birgt einige Gefahren, vor denen ich meine Leser warnen möchte. Zunächst kann es sein, daß ich die historische Spezifizierung bei den Beispielen einer Verbindung etwas verwässert habe, denn die beiden Begriffe ›Lesbierin‹ und ›Prostituierte‹ haben ihr eigenes soziales Vermächtnis. Zum zweiten habe ich aus einer großen Anzahl verschiedenster Quellen geschöpft, und ich bin für keinen der historischen Zeiträume Experte, so daß ich bei meinen Schlußfolgerungen vielleicht zu stark vereinfacht habe. Ich hatte jedoch die Absicht, daß diese Arbeit sowohl Fakten enthalten sollte als auch eine Provokation, um das Schweigen zu brechen, um Meinungen zu erschüttern und vor allem, um uns allen Material an die Hand zu geben – den Lesbierinnen, den Prostituierten und den Feministinnen (die alle drei Eigenschaften in sich vereinen können) –, damit wir zu einem engagierteren und umfassenderen Verständnis füreinander kommen und in dem bevorstehenden Kampf festere und tiefere Bande knüpfen können. Ich danke Margo St. James, Priscilla Alexander und Gail Pheterson, die mich zu meiner Arbeit ermutigt haben, für ihre Pioniertaten in der Bewegung für die Rechte der Prostituierten.

Caprio, Frank: *Female Homosexuality. A Psychodynamic Study of Lesbianism;* New York, 1954
Cohen, Bernard: *Deviant Street Networks;* Lexington, 1980

Falk, Candace: *Love Anarchy and Emma Goldman;* New York, 1984
Laska, Vera: *Women in the Resistance and in the Holocaust: The Voices of Eyewitnesses;* Westport, 1983
Otis, Leah Lydia: *Prostitution in Medieval Society;* Chicago, 1985
Pearl, Cora: *Grand Horizontal;* New York, 1983 (zum erstenmal in Englisch erschienen 1890)
Richards, Terri: Aus einer Erklärung, die die Autorin, eine lesbische Prostituierte bei einer Versammlung des U. S. Prostitution Collective in Francisco 1982 abgab
Sanger, William: *History of Prostitution: Its Extent, Causes and Effect Throughout the World;* New York, 1876
Stout, Ruth: *The Happier Hooker;* in: *Daily News,* 1980
Weeks, Jeffrey: *Coming out;* London, 1977 in: Woolston, H. B. *Prostitution in the United States Prior to the Entrance of the United States into the World War;* 1921 (Neuauflage New Jersey, 1969)

Prostituierte als Sündenböcke für die heterosexuelle Übertragung von AIDS

Priscilla Alexander

Die Statistik

Prostituierte werden beschuldigt, heterosexuelle Männer mit AIDS anzustecken, obwohl es keinerlei Beweise für eine solche Ansteckung gibt. In den Vereinigten Staaten wurden bis zum Stichtag, dem 22. Dezember 1986, bei fünfhundertsiebenundfünfzig Männern und fünfhundertfünfunddreißig Frauen diese Krankheit festgestellt, bei denen der einzige bekannte Risikofaktor der heterosexuelle Kontakt mit einer Person war, die AIDS hatte oder AIDS-gefährdet war. Das macht vier Prozent der insgesamt 28.905 Fälle aus, in denen die Krankheit diagnostiziert wurde, seit die verschiedenen ›Centers for Disease Control‹ (CDC) im Juni 1981 angefangen haben, die Zahlen wöchentlich festzuhalten. Allein im Jahre 1986 bekamen zweihundert Männer und zweihundertdreiundachtzig Frauen, deren einzige bekannte Risikoquelle heterosexueller Kontakt war, die Immunschwächekrankheit. Seit 1981 war der Prozentsatz von Männern, die AIDS durch heterosexuellen Kontakt erworben hatten, konstant bei zwei Prozent aller männlichen Betroffenen geblieben, während der Prozentsatz der Frauen, die AIDS durch sexuellen Kontakt mit Männern bekommen haben, bei achtundzwanzig Prozent aller weiblichen Betroffenen liegt.

Wenn Prostituierte effektiv das AIDS-Virus auf ihre Kunden übertragen würden, gäbe es viel mehr Fälle von weißen, heterosexuellen männlichen AIDS-Infizierten, als sich in den gegenwärtigen Statistiken widerspiegelt, denn seit mindestens 1976 sind Leute, die sich Rauschgift spritzen, mit dem AIDS-Virus infiziert, und ein Drittel bis die Hälfte der Straßenprostituierten spritzen sich Rauschgift. Bei einigen Prostituierten wurde die Krankheit diagnostiziert, bei einigen war der Antikörper-Test positiv, und einige wenige haben Kinder zur Welt gebracht, die später AIDS bekamen. Eine Straßenprostituierte kommt im Jahr durchschnittlich mit 1500 Kunden zusammen.

Eine einfache Rechnung, die von der Basis ausgeht, daß etwa fünf Prozent der 20.000 Prostituierten in New York im Jahre 1978 infiziert waren, läßt sich aufmachen: 4000 Prostituierte mal 1500 Kunden mal 3 Jahre (unter Berücksichtigung einer gewissen Inkubationszeit) mal 20 Prozent (eine Schätzung der Übertragungsrate von Frau zu Mann) ergibt 360.000 diagnostizierte Fälle von AIDS unter der als Kunden in Frage kommenden Bevölkerung. Doch nur bei ungefähr siebzig Männern, die als einzigen Risikofaktor für sich den Kontakt mit Prostituierten angaben, wurde AIDS festgestellt, was ein erneuter Hinweis darauf ist, daß Prostituierte die Krankheit bei weitem nicht so rasant verbreiten, wie allgemein angenommen wird. Diese Männer schlagen sich als Teil der sechshundertfünfzig Männer nieder, die in der Kategorie mit einem nicht zu bestimmenden Risikofaktor zusammengefaßt sind.

Wie AIDS übertragen wird

Die meisten AIDS-Forscher glauben, daß es aus verschiedenen Gründen gar nicht einfach ist, sich die Krankheit ›zu fangen‹. Zum einen ist das AIDS-Virus nicht widerstandsfähig; außerhalb des Körpers wird es schnell abgetötet durch Hitze, chlorhaltige Bleichmittel, verschiedene Wasch- und Putzmittel usw. Die meisten Forscher glauben außerdem, daß es eines wiederholten Kontakts mit dem Virus bedarf oder eines besonders zahlreichen Vorhandenseins des Virus bei einem entsprechenden Kontakt, um infiziert zu werden.

Nachdem das Virus einmal in die Blutbahn geraten ist, schließt es sich den sogenannten T-Hilfszellen (T4) an, die normalerweise als eine Art ›Leitzentrale‹ für das Immunsystem fungieren und Antikörper produzieren, die fremde Proteine, die in den Körper kommen, abwehren. Das AIDS-Virus dringt in den Kern der T4-Zellen ein, wo es sich unter Verwendung des genetischen Materials der Gastzelle ständig vermehrt, die Gastzelle schließlich zerstört und auf andere T4-Zellen übergreift. Die Zerstörung der T4-Zellen nimmt dem Immunsystem die Kraft, gegen bestimmte Arten von ›opportunistischen‹ Infektionen anzukämpfen, die von Bakterien, Protozoen oder anderen Infektionsüberträgern hervorgerufen werden und die normalerweise vom menschlichen Immunsystem abgewehrt werden. Es sind diese ›opportunistischen‹ Infektionen (zum Beispiel Toxoplasmosen, Pneumocystis carinii, Pneumonia), die zum Tod des Patienten führen.

Es gibt zwei verschiedene Wege für die Übertragung des AIDS-Virus, den direkten Blut-zu-Blut-Kontakt mit einer Person, die mit dem Virus infiziert ist, und ungeschützter sexueller Kontakt mit einem infizierten Partner. Ein dritter Weg, über den sich Frauen Sorgen machen müssen, ist der von einer infizierten Mutter auf ihr Kind vor oder während der Geburt.

Die Gefahr für Leute, die Rauschgift intravenös spritzen (Fixer), vor allem Heroin, liegt in der Benutzung gemeinsamer nicht sterilisierter Nadeln, weil dabei das Virus direkt in die Blutbahn gespritzt wird. Gleichermaßen gefährdet sind Bluter oder andere Gruppen, die in der Vergangenheit bei Bluttransfusionen oder der Zufuhr anderer Blutprodukte, die das Virus enthielten, infiziert wurden, weil auch hier das Virus direkt in die Blutbahn gelangt (inzwischen werden alle Blutspender und Blutdepots auf das Vorhandensein des AIDS-Virus untersucht).

Sexueller Kontakt ist einer der Hauptrisikofaktoren für AIDS. Zu Anfang hielten die Forscher die Anzahl der Sexualpartner für den ausschlaggebenden Faktor, aber neuere Untersuchungen haben ergeben, daß die Art des sexuellen Kontakts wahrscheinlich von größerer Wichtigkeit ist. Es ist einleuchtend, daß jemand, der wechselnden Sexualkontakt mit verhältnismäßig fremden Personen hat, mehr gefährdet ist, mit einem Virusträger in Berührung zu kommen, als jemand, der seit der Zeit vor 1977 mit einem Partner in beider seitig monogamer Beziehung lebt, obwohl sich die Gefahr, sich zu infizieren, vor allem nach der Natur der sexuellen Aktivität richtet.

Analverkehr scheint die gefährlichste Praktik zu sein, vor allem (wenn auch nicht ausschließlich) für den ›rezeptiven‹ Partner. Das liegt daran, daß die Innenhaut des Dickdarms sehr dünn ist, geschaffen für den Durchlaß von verdauten Nahrungsmitteln und Kot, und leicht zerrissen wird, und auch weil die Blutgefäße dicht an der Oberfläche liegen. Fellatio scheint keine gefahrenträchtige Praktik zu sein, denn eine Langzeitstudie an homosexuellen Männern, die von Forschern der University of California in San Francisco durchgeführt worden ist, ergab die gleiche Serokonversionsrate bei Männern, die gänzlich enthaltsam lebten, wie bei Männern, die ausschließlich oralen Sex hatten. Im Speichel findet sich das Virus kaum, und es wird angenommen, daß die Enzyme im Speichel und die Säuren im Verdauungstrakt wirkungsvolle Abtötungsmittel für Viren sind, die sich im ejakulierten Samen befinden mögen. Vaginalverkehr wird aus zwei Gründen für keinen der beiden Teile als gefährlich angesehen: Die Wände der Vagina sind ziemlich dick, und obwohl es einigen Wissenschaftlern in San Francisco und Boston gelungen ist, aus dem Vaginalsekret einiger mit AIDS infizierter Frauen das AIDS-Virus zu kultivieren, ist das ein schwieriges Unterfangen, und die Quantität des Virus scheint sehr gering zu sein, verglichen mit der Menge, die sich im Blut oder im Samen findet. Es kann jedoch sein, daß das Risiko während der Menstruation größer ist, weil dann Blut im Spiel ist und die Blutgefäße während dieser Zeit dichter an die Oberfläche treten. Auf jeden Fall scheint die Übertragung von Mann zu Frau ausgeprägter zu sein als von Frau zu Mann. Cunnilingus wird als eine Praktik mit einem relativ geringen Risikofaktor angesehen. Geringes Risiko bedeutet jedoch nicht kein Risiko. Jeder sexuell aktive Mensch sollte daher ›Safer Sex‹ lernen und praktizieren.

Vorkehrungen

Es wird inzwischen allgemein akzeptiert, daß die sorgsame Benutzung von Kondomen bei vaginalem und analem Verkehr und bei Fellatio das Risiko einer Übertragung verringert. Ihre Nützlichkeit bei der Verringerung der Gefahr anderer durch sexuellen Kontakt übertragbarer Krankheiten ist längst nachgewiesen, und eine Untersuchung an der University of California in San Francisco zeigte, daß sowohl Kondome aus künstlichem wie aus natürlichem Material im Labor das Vordringen des Virus verhinderten. Kondome reißen jedoch manchmal (einige Benutzer haben berichtet, daß Kondome aus natürlichem Material weniger dehnbar sind und häufiger wegrutschen). Deshalb empfehlen viele AIDS-Forscher Spermizide, die Nonoxynol-9 enthalten, ein Desinfektionsmittel, das im Labor die Eigenschaft zeigte, das AIDS-Virus abzutöten, als Unterstützung für Kondome zu benutzen, es sei denn, einer der Partner ist allergisch gegen Nonoxynol-9.

Wegen der zögernden Haltung der Gesellschaft gegenüber einer offenen Diskussion sexueller Themen (trotz der Faszination, die Pornografie auf sie ausübt), schreitet die Aufklärung über ›Safer Sex‹ nur langsam voran. Alle Fernsehsender haben offizielle Richtlinien, die die Werbung für Kondome verbietet, obwohl sie keinerlei Gewissensbisse zu haben scheinen, für Tampons oder verstellbare Duschen zu werben. Dies wird sich jedoch unter dem Druck der Öffentlichkeit wahrscheinlich bald ändern, wenn es auch einigen maßgebenden Stellen schwerzufallen scheint, Kondome als Mittel gegen die Ausbreitung von sexuell übertragbaren Krankheiten zu sehen und sie statt dessen die Prostituierten für die Verbreitung von AIDS unter der heterosexuellen Bevölkerung verantwortlich machen.

Beim Zweiten Weltkongress der Prostituierten in Brüssel, der im Oktober 1986 stattfand, war die AIDS-Verhütung das Hauptthema der Diskussionen. Die Prostituierten aus der Bundesrepublik Deutschland, wo Prostitution legal ist, die Prostituierten jedoch überwacht werden, berichteten, daß ihre Kunden sich weigerten, Kondome zu benutzen, weil sie sich regelmäßig auf Antikörper gegen das AIDS-Virus untersuchen lassen müssen. Der Kongreß sandte daraufhin ein Telegramm an das Gesundheitsministerium der Bundesrepublik, und als Folge davon startete das Ministerium Kampagnen, um Kunden über die Notwendigkeit, Kondome zu benutzen, aufklärte. Britische Fernsehsender haben nicht nur damit angefangen, Werbefilme für Kondome zu senden, sondern sie bringen auch Aufklärungssendungen über deren richtigen Gebrauch, um AIDS zu verhindern. In der Zwischenzeit haben amerikanische Sender immer noch ihren Blackout.

Es gibt einen ähnlichen Widerstand gegen eine Aufklärung von einschlägigen Fixern, um die Verbreitung von AIDS innerhalb dieser Gruppe zu verhindern, in der viele gezwungen sind, gemeinsame Nadeln zu benutzen. In vielen Staaten ist es verboten, Nadeln ohne Rezept zu verkaufen (Durchschnittspreis in den USA zwanzig Cents pro Stück), und deshalb werden sie auf dem illegalen Markt verkauft (für zwei bis drei Dollar das Stück). Kaliforniens State Departement of Public Health hat ein Überwachungskomitee einberufen, um alle gedruckten Publikationen von Agenturen, die staatliche Mittel erhalten, zu sondieren (ob die speziellen Publikationen nun mit staatlichen Mitteln gedruckt wurden oder nicht), weil es immer noch zögert, als ›Mittäter‹ bei abartigen sexuellen Praktiken oder der Anwendung von Drogen zu handeln.

Was getan werden kann

AIDS ist eine entsetzliche Krankheit, weil sie buchstäblich immer zum Tode führt, ansteckend ist (das bedeutet, daß man sie bei jemandem aufschnappen kann) und durch sexuellen Kontakt übertragen wird, und durch sexuellen Kontakt übertragbare Krankheiten rufen immer eine Angst hervor, die in unserer sexablehnenden Gesellschaft nur noch verstärkt wird. Außerdem liegt die Inkubationszeit für AIDS bei Erwachsenen zwischen zwei und fünf Jahren (einige Schätzungen gehen bis vierzehn Jahre), und während dieser Zeit kann nach Meinung der Wissenschaftler das Virus von einer auf die andere Person übertragen werden, ohne daß der Träger irgendwelche Symptome verspürt oder eine Ahnung hat, daß er oder sie ein Träger ist. Die ausgeprägte Angst vor

AIDS ist offenbar der Grund für den Wunsch nach einfachen ›Lösungen‹, und das könnte zu Zwangsuntersuchungen, Quarantäne, Diskriminierung im Beruf und möglicherweise einer Zwangssterilisierung führen.

Im Jahre 1986 erwogen verschiedene US-Staaten ein Gesetz, nach dem eine bestimmte Gruppe von Kriminellen – besonders Prostituierte und Sextäter – nach erwiesener Schuld oder als Voraussetzung für eine Bewährung sich einer Untersuchung unterziehen müßten. Bis jetzt konnten solche Vorschläge abgewiesen werden, aber wenn sich die Epidemie weiter ausbreitet, ist es wahrscheinlich, daß weitere derartige Vorschläge vorgelegt werden. Zum gegenwärtigen Zeitpunkt verlangen die kalifornischen Gesetze, daß Untersuchungsergebnisse vertraulich behandelt werden müssen und Untersuchungen nur mit dem Einverständnis des Betroffenen durchgeführt werden können, selbst wenn eine Person eines Vergehens überführt und inhaftiert wird. In Nevada jedoch, wo es kein Gesetz bezüglich der Einwilligung noch der Vertraulichkeit gibt, hat das Gesundheitsamt Vorschriften erlassen, nach denen Frauen, die in öffentlichen Bordellen arbeiten, einmal im Monat untersucht werden müssen. Außerdem wurde eine Frau, deren Untersuchungsergebnis positiv war, sofort entlassen, und ihr Name, eine Photographie und eine genaue Beschreibung von ihr wurden in der Lokalzeitung veröffentlicht. Einige konservative Mitglieder der Legislative in Nevada sprechen von einem Schließen der Bordelle, um ›AIDS zu verhüten‹, obwohl andere gesetzgebende Stellen darauf hingewiesen haben, daß das Schließen der Bordelle nichts anderes bedeuten würde, als daß die Straßenprostitution zunähme.

Es hat auch eine Menge von Vorschlägen gegeben, wonach es ein Verbrechen wäre, wenn jemand, der antikörperpositiv ist, sich mit einer anderen Person sexuell einläßt (gleichgültig, ob der Geschlechtsakt in beiderseitigem Einverständnis geschieht oder unter Zwang, und ohne einen Unterschied zu machen, ob Kondome verwendet werden oder nicht). Bis jetzt hatten alle derartigen Vorschläge keinen Erfolg.

In einer Anzahl von Staaten wurde vorgeschlagen, alle Personen, die einen Eheantrag stellen, einer zwangsweisen Untersuchung zu unterziehen. In Kalifornien hat man sich statt dessen für eine umfassende Aufklärung über die Übertragung des AIDS-Virus entschieden, die alle Heiratswilligen erhalten, aber das Thema einer ›Heiratslizenz‹ ist noch nicht vom Tisch.

Wie an früherer Stelle schon erwähnt, wurden in Seattle, Washington mehrere Monate lang alle Frauen, die wegen Prostitution verhaftet wurden, gegen ihren Willen auf Antikörper untersucht. Da jedoch die Prostitution ohnehin in allen US-Bundesstaaten (mit den genannten Ausnahmen) illegal ist, ist schwer einzusehen, was durch eine solche Zwangsuntersuchung erreicht werden soll, wenn man nicht jede Prostituierte, bei der Antikörper festgestellt werden, für den Rest ihres Lebens einsperren will. In den USA gibt es zu jedem Zeitpunkt etwa eine Million Frauen, die als Prostituierte arbeiten, und immerhin zehn bis fünfzehn Prozent der Frauen haben es zu irgendeinem Zeitpunkt in ihrem Leben getan. Selbst wenn die Polizei in der Lage wäre, alle seropositiven Frauen einzusperren, würde damit die Ausbreitung von AIDS nicht verhindert. Damit würde nur die Illusion eines Schutzes errichtet; andere Frauen würden den Platz derer einnehmen, die man eingesperrt hat. Einige wären schon Fixerinnen, andere würden Fixerinnen werden, einige würden das Virus im Kontakt mit Kunden bekommen, die sich weigern, Kondome zu benutzen – interessanterweise hat niemals jemand vorgeschlagen, daß alle Männer auf AIDS-Antikörper untersucht werden sollten. Und AIDS würde immer noch von Männern und Frauen, die keine Prostituierte sind und die nicht von der Polizei eingekreist werden, übertragen werden.

Schlußfolgerung

Eine grundsätzliche Einschätzung scheint zu sein, daß Frauen oder schwule bzw. bisexuelle Männer, die AIDS bekommen, selbst daran schuld sind, daß es jedoch, wenn ein heterosexueller Mann an AIDS erkrankt, die Schuld einer Frau oder eines schwulen bzw. bisexuellen Mannes ist. Eine damit verbundene Einschätzung ist die, daß eine ›moralische‹ Frau, die durch ihren Ehemann mit AIDS angesteckt wird, ein Opfer ist; ihren Ehemann trifft jedoch keine Schuld. Da sich diese Epidemie immer weiter ausbreitet, ist es für uns Feministinnen von wachsender Wichtigkeit, daß wir die Tatsachen kennen: wir müssen im Umgang mit dieser Krankheit die Fäden in der Hand halten, ohne ihre Opfer zu beschuldigen. Es muß um das Wohl aller gehen: schwuler Männer, Fixer, Prostituierter und anderer stigmatisierter Menschen, die das Unglück hatten, mit dem Virus infiziert zu werden. Althergebrachte Vorurteile über diese Gruppen, die oft im Unterbewußtsein sitzen, gereichen der öffentlichen Gesundheit nur zum Schaden. Es liegt an uns, die wir zwischen den Zeilen lesen können und Anzeichen von Fehleinschätzungen und Vorurteilen erkennen, dazu beizutragen, daß AIDS und die Verhütung von AIDS im Brennpunkt bleiben, und nicht etwa eine Bestrafung.

Die Überwindung der AIDS-Krise geschieht durch eine ausführliche und schonungslose Aufklärung über eine Verringerung des Risikos, wie die Bereitstellung ausreichender Geldmittel für die Forschung über die Ursachen, die Behandlung und die Verhütung der Krankheit. Jemanden zum Sündenbock zu machen, bringt überhaupt nichts.

TEIL III

Vereint werden wir bestehen, getrennt werden wir untergehen! Sexarbeiterinnen haben sich organisiert

Frauen, die im System der Prostitution zu Schaden gekommen sind, rüsten sich zum Aufstand (WHISPER: Women Hurt in Systems of Prostitution Engaged in Revolt)

Sarah Wynter

Es wurde mit Vorbedacht versucht, das offenkundige Bedürfnis und das sich selbst zugestandene Recht der Männer rechtsgültig zu machen, weibliche Körper zum sexuellen Gebrauch zu kaufen und zu verkaufen. Das wurde teilweise dadurch erreicht, daß die Prostitution als Beruf beschönigt wurde. Männer haben den Kulturmythos in die Welt gesetzt, daß sich die Frauen die Prostitution aktiv als vergnügliche Alternative ausgesucht haben zu schlecht bezahlter, ungelernter, monotoner Arbeit, wobei sie es sich sehr bequem machen und die Ungleichheit und die Bedingungen, die Frauen anfällig für die Prostitution machen, einfach außer acht lassen. Die Männer waren so erfolgreich in der Erhaltung dieses Mythos, indem sie die Herrschaft in diesem Bereich ausübten, daß ihre zentrale Rolle in der kommerziellen, sexuellen Ausbeutung der Frauen gar nicht mehr auffällt. Der Mythos ist so überzeugend, daß Frauen, die aufstehen und die Bedingungen anprangern, unter denen sie zu leiden haben, und die Schäden, die ihnen durch das System der Prostitution zugefügt wurden, meist unglaubhaft wirken und eher für die Ausnahme als die Regel gehalten werden.

Die Verfälschung der Realitäten der Lebensbedingungen der Frauen, mit der sie ihren eigenen Interessen dienen, ist für Feministinnen nicht neu. Es ist noch gar nicht lange her, da kämpften wir dafür, die alte Lüge aus der Welt zu schaffen, daß die Frauen Vergewaltigungen heraufbeschwören, ja sie sogar genießen. Daß wir ›es nicht anders wollen‹. Und es ist noch gar nicht so lange her, da kämpften wir gegen die Lüge an, daß geprügelte Ehefrauen diese Angriffe provozieren, daß ›sie es mögen müssen, sonst würden sie es sich doch nicht gefallen lassen‹. Und es ist auch noch gar nicht lange her, daß wir die Lüge entlarvt haben, daß Kinder bei inzestuösem Mißbrauch Komplizen der Täter sind, daß ›es ihnen gefallen haben muß, sonst hätten sie doch darüber gesprochen‹.

Wenn die Opfer von Vergewaltigungen, wenn geprügelte Ehefrauen in der Partnerschaft verbleiben, in der sie derartig mißbraucht werden, wenn die Überlebenden von Inzestakten über die Notzucht während ihrer Kindheit schweigen, deuten wir als Feministinnen ihr Schweigen nicht als Zustimmung zur Weigerung der Kultur, sie als Opfer anzuerkennen. Statt dessen haben wir uns vereinigt, um Vergewaltigung, Mißbrauch und Notzucht zu verdammen und eine Gesetzgebung zu verlangen, die die Opfer bestärkt.

Diese Frauen, die vergewaltigten, geschlagenen, die Opfer von Inzestakten, sind zusammen mit ihren armen und benachteiligten Schwestern genau die Frauen, die für die Prostitution gewonnen oder die dazu gezwungen werden. Und wieder verbreitet die männliche Hierarchie die gleichen Lügen über die gleichen Frauen: »Sie wollen es so. Es gefällt ihnen. Wenn es nicht so wäre, würden sie weggehen.«

Eine andere Methode, mit der die Männer versuchen, der Prostitution eine Gültigkeit als weibliche Karriere zu verschaffen, liegt darin, zu erklären. daß es unfair sei, wenn die Frauen in ihrer ökonomisch untergeordneten Position (für die die Männer gesorgt haben) nicht die Möglichkeit erhielten, sich ihren Lebensunterhalt durch eine Dienstleistung zu verdienen, die sie sonst gezwungen wären (von Männern) umsonst anzubieten. Als Feministinnen obliegt uns nicht nur die Kritik an den Zuständen und der Versuch, die ökonomischen Benachteiligungen und die sich daraus ergebende sexuelle Unterordnung zurechtzurücken, sondern die Institution der Prostitution aufzuheben, Schluß zu machen mit einem Gewerbe, das auf sexuellem Mißbrauch und auf Ungerechtigkeit beruht.

In Teilen von Europa und Südamerika heuern Drogengroßhändler arme Frauen an, die Heroin und Kokain in die Vereinigten Staaten transportieren. Diese Frauen werden ›Maultiere‹ genannt, und sie schmuggeln die Drogen an den Zollkontrollen vorbei, indem sie große, lebensgefährliche Mengen in Plastikhüllen schlucken. Wenn die Reise einer solchen Frau reibungslos und ohne Verzögerung verläuft, wird sie die Hüllen unversehrt mit dem Stuhlgang wieder ausscheiden. Das ist jedoch nicht immer der Fall. Manchmal wird so eine Hülle von der Säure im Bauch einer Frau zerfressen, und sie stirbt auf der Reise an einer Überdosis.

Einige Leute behaupten, daß der Drogenschmuggel ein lukratives Gewerbe sei. Und das ist es auch, und zwar für die Händler, die in Sicherheit daheim in Frankreich, in Italien oder in Bogotá sitzen. Aber für die Frauen, die von den Zollbehörden geschnappt werden oder die auf dem Tisch des Leichenbeschauers liegen, war es ein Akt der Verzweiflung. Kann man deshalb sagen, wenn eine Frau durch Armut dazu gezwungen ist, ihr Leben aufs Spiel zu setzen und als ›Maultier‹ ihren Lebensunterhalt zu sichern, daß es sich um eine gültige berufliche Alternative handelt, die sie sich freiwillig ausgesucht hat? Jedesmal wenn eine Prostituierte in ein Auto steigt oder mit einem fremden Mann in ein Hotel geht, gezwungen durch ihre Lebensumstände, sexuellen Mißbrauch, Vergewaltigung, Prügel oder einfach reine Armut, riskiert sie ihre Freiheit und ihr Leben. Kann man also sagen, daß die Prostitution eine gültige berufliche Alternative ist, die sie sich freiwillig ausgesucht hat?

Prostitution wird zu Hause gelehrt, sozial aufgewertet durch eine Ideologie der sexuellen Befreiung, und sowohl von der Kirche als auch vom Staat gefördert. Das heißt, daß sowohl die konservative rechte als auch die liberale linke männliche Hierarchie übereinstimmend dazu beiträgt, den Frauen die Prostitution beizubringen und sie dort zu halten. Die Rechte fordert, daß Frauen sexuell und sozial einem einzigen Mann in der Ehe untergeordnet sein sollen, und die Linke fordert, daß Frauen sexuell und sozial allen Männern durch die Prostitution und die Pornografie untergeordnet sein sollen. Ihr gemeinsames Bestreben ist, Gebrauch von ihrem Hoheitsrecht zu machen, die Frauen sowohl im privaten wie im öffentlichen Bereich zu beherrschen und zu besitzen.

Prostitution wird den Frauen zu Hause beigebracht, wenn die Rechtsprechung die moralischen Imperative der Kirche (daß Ehefrauen ihren Männern bedingungslos sexuell zur Verfügung stehen müssen) aufrechterhält und in den meisten Staaten die Vergewaltigung in der Ehe von der Strafverfolgung ausgenommen ist. Prostitution wird kleinen Mädchen durch den sexuellen Mißbrauch von seiten ihrer Väter beigebracht. Die Tatsache, wie Sozialforscher berichteten, daß mehr als fünfundsiebzig Prozent der Frauen in der Sex-Industrie in ihrer Kindheit sexuell mißbraucht worden sind, führt zu dem Schluß, daß die Auswirkungen von Inzest und Notzucht während der Kindheit einen kausalen Faktor in der Prostitution darstellen. Prostitution wird den Frauen durch das soziale Einverständnis zu der kommerziellen sexuellen Ausbeutung durch Pornografen beigebracht, wodurch der Status der Frauen als Menschen zweiter Klasse aufrechterhalten wird und dabei noch von der liberalen Linken als die sexuelle Befreiung der Frauen gelobt wird.

Prostitution ist wie nichts anderes. Eher ist alles wie Prostitution, denn sie ist typisch für die Situation der Frauen, für eine geschlechtsbezogene soziale Einstufung und ihre logische Folge, die geschlechtsbezogene Diskriminierung. Die Prostitution begründet sich auf erzwungenen sexuellen Mißbrauch in einem System der männlichen Vorherrschaft, das selbst auch wiederum auf einem Kontinuum der Zwänge aufgebaut ist – Angst, Gewalt, Rassismus und Armut. Bei allen vorhandenen Unterschieden zwischen den Frauen, durch die Prostitution wird unsere ganze Vielfalt aufgehoben, werden unsere Unterschiede und Leistungen verwischt, während wir alle reduziert werden auf das Fleisch, das man kaufen, verkaufen, verhökern, gebrauchen, verachten, erniedrigen, lächerlich machen, entwürdigen, verstümmeln, peinigen und – oft genug – aus sexueller Lust ermorden kann.

Prostitution ist die Basis, auf der Pornografie aufgebaut ist. Pornografie ist das Mittel, mit dem die Männer den Sklavenstatus der Frauen auf die Sexualität ausdehnen. Pornografie kann ohne Prostitution nicht existieren. Beides hängt voneinander ab und schafft ein sexuelles Ghetto, das für die Beibehaltung der Benachteiligung der Frau sorgt. Es ist unmöglich, Pornografie von der Prostitution zu trennen. Die Vorgänge sind die gleichen, außer daß in der Pornografie ein ständiger Beweis für den Mißbrauch der Frauen geliefert wird.

Das sich abzeichnende Profil der Frauen, die für die Prostitution ausgenutzt werden, spiegelt eindeutig nicht die Lügen wider, die in der Pornografie und den einschlägigen Medien verbreitet werden. Wie sozialwissenschaftliche Ethnologien enthüllen, handelt es sich um Frauen mit geringen Mitteln und Möglichkeiten, die meisten sind arm und waren Opfer von sexuellen Übergriffen, Vergewaltigung und Prügel. Das Durchschnittsalter, in dem Frauen zur Prostitution kommen, liegt bei sechzehn Jahren, obwohl die Anzahl der Neun-, Zehn- und Elfjährigen zunimmt. Mehr als die Hälfte der erwachsenen Prostituierten sind als Halbwüchsige von zu Hause weggelaufen; ungefähr fünfundsiebzig Prozent dieser Teenager waren die Opfer sexueller Notzucht. Zwischen fünfzig und fünfundsiebzig Prozent der Prostituierten haben Zuhälter, und fast alle hatten irgendwann einmal einen Zuhälter. Viele sind alkohol- oder drogensüchtig, viele haben abhängige Kinder. Viele waren mißhandelte Ehefrauen, die von ihren Männern weggelaufen oder von ihnen verlassen worden sind und zur Prostitution gezwungen wurden, um den Lebensunterhalt für sich und ihre Kinder zu verdienen.

Wir, die Frauen von WHISPER, weisen die Lüge zurück, daß Frauen sich freiwillig zur Prostitution aus einer Auswahl von ökonomischen Alternativen entscheiden in einem System der Gleichberechtigung aller Menschen. In den Vereinigten Staaten ist es den Frauen nicht gelungen, den Gesetzesentwurf zur Gleichberechtigung durchzubringen. Achtzig Prozent der in Armut lebenden Menschen in den USA sind Frauen mit Kindern. Frauen verdienen etwa siebenundsechzig Cents, wenn ein Mann einen Dollar verdient. Es wird geschätzt, daß jedes vierte Mädchen vor dem Alter von sechzehn Jahren sexuell mißbraucht wird, daß alle achtzehn

Sekunden eine Frau mißhandelt, alle vier Minuten eine vergewaltigt wird, daß zweitausend bis viertausend Frauen jährlich von ihren Männern zu Tode geprügelt werden, und dabei werden in den meisten Staaten Vergehen innerhalb der Ehe von der Strafverfolgung ausgenommen. Man kann nicht behaupten, daß das eine Gleichheit vor dem Gesetz ist.

Wir weisen die Lüge zurück, daß eine Nummer mit einem Freier ein sexuelles Vergnügen oder eine Befriedigung für Frauen darstellt. Wir weisen die Lüge zurück, daß Frauen durch Prostitution reich werden oder überhaupt reich werden können. Wir weisen die falsche Unterteilung zurück, die sich die Gesellschaft ausgedacht hat, indem sie zwischen Pornografie, Peepshows, Live Sex Shows und Prostitution im üblichen Sinne unterscheidet. Jeder Bereich davon ist eine kommerzielle sexuelle Ausbeutung und ein Mißbrauch, der die Frauen zu Objekten der Lust und des Profits der Männer reduziert. All das beruht auf der Voraussetzung der Ungleichheit aufgrund einer angeborenen Eigenschaft: des Geschlechts. Da die einzige nötige Voraussetzung dafür ist, Opfer dieses Mißbrauchs zu werden, daß man als Frau geboren wird, ist der gewerbliche Handel mit der Ware Frau eine Form der Geschlechtsdiskriminierung.

Wir weisen die falsche Hierarchie zurück, die sich Männer für die Frauen ausgedacht haben und nach der ›Callgirls‹ auf der Stufenleiter weiter oben stehen als ›Strichnutten‹, während der einzige wirkliche Unterschied zwischen beiden der private Mißbrauch von Frauen gegenüber dem öffentlichen Mißbrauch von Frauen ist. Im gleichen Licht erscheint die Vergewaltigung durch einen Fremden gegenüber der Vergewaltigung innerhalb der Ehe.

Wir widersetzen uns den bestehenden und geplanten Gesetzen (einschließlich der bestehenden Versionen bezüglich der Kriminalisierung, Legalisierung und Entkriminalisierung mit räumlichen Begrenzungen und Vorschriften zur ständigen Kontrolle), durch die die Prostitution als ›Gift der Städte‹ oder eine ›Beleidigung fürs Auge‹ bezeichnet wird, die aus dem Sichtfeld verschwinden, aber dennoch für die Männer zur Verfügung stehen muß. Diese ›Lösungen‹ stellen den bedingungslosen sexuellen Zugriff der Männer auf die Frauen sicher, ohne die physischen und psychischen Folgen für die einzelnen Frauen zu berücksichtigen, ebensowenig wie den gesamten Schaden, den der rechtliche und soziale Status aller Frauen dadurch erleidet (indem wir als Genitalien definiert werden, die man kaufen, verkaufen und wie eine Ware behandeln kann).

Wir wollen, daß der Staat die Prostitution nicht mehr als ›Verbrechen ohne Opfer‹ definiert, oder als Verbrechen, begangen von Frauen, und sie statt dessen als das anerkennt, was sie ist: ein Verbrechen gegen Frauen, begangen von Männern. Wir wollen, daß kein Staat mehr Prostituierte verhaftet, sondern anfängt, Gesetze vorzulegen und voranzutreiben gegen Männer, die mit dem weiblichen Körper Handel treiben, zum eigenen Lustgewinn und zur eigenen Bereicherung.

WHISPER wurde von Frauen gegründet, die dem System der Prostitution entkommen sind, um damit ein Forum zu schaffen, wo wir über die Realitäten unseres Lebens sprechen und Ideen für einen Wandel erarbeiten können. Wir haben den zusammengezogenen Namen WHISPER (Flüstern) gewählt, weil die Frauen in der Prostitution miteinander flüstern über Zwang, Erniedrigung und sexuelle Notzucht und Mißhandlung, die unser Leben begleiten, während der Mythos der Prostitution in der Pornografie, in einschlägigen Medien und von selbsternannten Experten, die zugegebenermaßen niemals Prostitution am eigenen Leibe erfahren haben, lauthals verkündet wird. Wir erwarten, daß WHISPER ein Werkzeug ist, mit dem wir unser Leben verändern können, und zwar noch zu unseren Lebzeiten. Unser Ziel ist es, die sexuelle Versklavung der Frauen Geschichte werden zu lassen.

Arbeiterinnen: die Vereinigung ›English Collective of Prostitutes‹

Nina Lopez-Jones

Im Jahre 1975 tat sich die English Collective of Prostitutes als eine eigenständige Organisation innerhalb der International Wages for Housework Campaign (Kampagne zur Durchsetzung des Lohnes für Hausarbeit) zusammen. Da Prostituierte illegale Arbeiterinnen sind, die es sich meistens nicht leisten können, in der Öffentlichkeit in Erscheinung zu treten (manchmal nicht einmal vor der Familie oder Freunden), beriefen ihre Gründerinnen eine Frau, die nicht Prostituierte war, Selma James, Hausfrau, Mutter und Gründerin der Kampagne, zu ihrer ersten öffentlichen Sprecherin. Sie war nicht nur bereit, von Prostituierten etwas zu lernen, sie brachte auch uns einiges bei: Ihre Erfahrungen als langjährige Organisatorin in der Bewegung der Farbigen und der Frauen trugen dazu bei, die Verbindungen der Gemeinschaft herzustellen und unsere Begabung und unser Selbstvertrauen zu stärken. Das gewährte uns einerseits unsere Eigenständigkeit und bewahrte uns andererseits vor einem Separatismus. Wir brauchten unsere eigene unabhängige Machtbasis, so daß wir mit anderen Frauen und Männern zusammenarbeiten konnten, deren Unterstützung wir erringen mußten.

Damit sich mehr von uns frei äußern konnten, entwickelten wir eine Politik der Verschleierung, wer dazugehörte und wer nicht. Wir wollten, daß unsere Mitglieder, illegal arbeitende Frauen, zu Wort kommen konnten, ohne sich bloßzustellen. Außerdem wußten wir, wie die Medien die Bewegung manipulieren, indem sie ›Stars‹ schaffen, die gar nicht die Gruppe vertreten, für die sie eigentlich sprechen sollten. Wir waren entschlossen, unsere Sprecherinnen nach dem Gesichtspunkt ihrer Fähigkeit zu wählen, uns im Kampf für die Prostituierten zu repräsentieren, und sie auf die Frauenbewegung zur Durchsetzung rechtlicher, ziviler und ökonomischer Rechte zu verpflichten.

Die Medien sind stets auf der Suche nach der ›echten‹ Prostituierten: dem perfekten Opfer – der Straßenprostituierten, die von einem Zuhälter überwacht wird und vorzugsweise drogenabhängig ist, die Männer haßt und womöglich auf peinvolle Weise nicht in der Lage ist, sich auszudrücken; oder die professionelle Hure – das Callgirl der Oberschicht, die bereit ist, ihre Kunden zu verteidigen, und erklärt, wie sehr sie ihren Job liebt. Dies sind die üblichen Beispiele für die vielen Klischees, die den Medien erlauben, uns von anderen Frauen abzusondern, Prostituierte als Frauen darzustellen, die mehr ausgebeutet werden und im allgemeinen Bewußtsein unter den anderen Frauen stehen. Sozialarbeiter, Akademiker, Politiker und sogar einige Prostituierten-Organisationen haben sich dieser Klischees bedient und Karriere gemacht oder zumindest Anerkennung erworben, indem sie ihnen zugestimmt haben. Hinter diesen Klischees verbirgt sich die entscheidende Wahrheit: daß Prostituierte Armut und Überarbeitung miteinander gemeinsam haben, ebenso wie mit den meisten anderen Menschen, vor allem mit anderen Frauen. Außerdem teilen sie das Schicksal der zunehmenden Kriminalisierung derjenigen, die sich dieser Bestimmung verweigern.

Für Prostituierte, gegen Prostitution

Der Titel unserer ersten Verlautbarung im Jahre 1975, der unseren Ausgangspunkt erklärte, lautete: Für Prostituierte, gegen Prostitution. Im Jahre 1986 hatten wir elf Jahre praktische Arbeit in der Organisation auf dieser Basis hinter uns:

> *Die 1980 von den Vereinten Nationen ermittelte Zahl, daß Frauen zwei Drittel der Arbeit auf der Welt verrichten und zehn Prozent des Einkommens auf der Welt erhalten (die Internationale Arbeiter-Organisation sagt fünf Prozent) und ein Prozent der Güter auf der Welt besitzen, legt die grundsätzliche Wahrheit über die Prostitu-*

tion dar, sowohl in der Dritten Welt wie auch in Europa und anderen maßgebenden Ländern der Erde. Frauen, die mindestens doppelt soviel arbeiten wie Männer, bekommen entschieden weniger Geld dafür; daraus ergibt sich, daß wir die Verkäufer sind und die Männer die Käufer. Nach einer Schätzung sind siebzig Prozent der Prostituierten in Großbritannien Mütter, meistens alleinstehende Mütter, die auf den Strich gehen, um sich selbst und ihre Familien zu ernähren. Um die ökonomische Sicht außer acht zu lassen und besonders die Armut der Frauen nicht zu berücksichtigen, wie es der politische und moralische rechte Flügel immer macht, mißachtet er die eine große Wahrheit über das Leben der Frauen. Dadurch wird die grundsätzliche Anklage gegen die Ungerechtigkeit der Prostituiertengesetze unterminiert. Außerdem wird die Basis zerstört, auf der Prostituierte und Nicht-Prostituierte zusammenarbeiten könnten gegen den Sexismus, der die meisten Frauen zur Armut verdammt und/oder zu einem Vierundzwanzig-Stunden-Arbeitstag.

Seit 1975 führen wir eine Kampagne durch für die Abschaffung aller Gesetze gegen die Prostitution, Gesetze, die Frauen dafür bestrafen, daß sie sich gegen die Armut wehren, und dafür, daß Geld, Wohnungen, Rechtsbeistand und andere Quellen den Frauen und Kindern auf dem Strich zugänglich gemacht werden, beziehungsweise denen, die den Strich verlassen wollen; für sichere Häuser für Kinder, die von zu Hause weggelaufen sind, wo sie anonym untertauchen können und geschützt sind davor, von der Polizei aufgegriffen und nach Hause zurückgeschickt zu werden, manchmal wieder zurück zur Gewalt; und für höhere Gehälter und Unterstützungen, so daß keine Frau und kein Kind aus

Armut in die Prostitution gezwungen ist oder durch Männer, finanzielle Abhängigkeit oder den Mangel an ökonomischen Alternativen.

Ein Workshop, abgehalten bei der Frauenkonferenz in Nairobi, Kenia, dem über dreihundert Frauen und einige wenige Männer aus aller Welt beiwohnten, bestätigte die Bedeutung des ökonomischen Aspekts. Frauen aus der Dritten Welt, die daran teilnahmen, und besonders Frauen aus Indien, erklärten zögernden Sozialarbeitern, die nicht zuhören wollten (wie üblich), daß für viele Frauen und Kinder die einzige Alternative zur Prostitution das Verhungern ist. Das Ansteigen der Arbeitslosigkeit und die Einbußen bei den Löhnen und Gehältern, den Beihilfen und sozialen Unterstützungen haben gezeigt, daß auch in den hochentwickelten Ländern Armut herrscht (und zwar täglich in zunehmendem Maße), wo Millionen von Frauen und Kindern unterhalb der sogenannten Armutsgrenze leben.

Nicht die Frauen sind schlecht, die Gesetze sind schlecht

Als wir anfingen, war der Kampf für die Prostituierten und ihre Anerkennung als Teil der Frauenbewegung mit der Forderung nach finanzieller Unabhängigkeit und der Kontrolle über unsere eigenen Körper, und als Teil der Arbeiterbewegung mit der Forderung nach mehr Geld und weniger Arbeit, etwas völlig Neues. Es gibt immer noch Kontroversen. Die meisten Frauen in der Liberalisierungsbewegung waren den Prostituierten gegenüber feindlich eingestellt mit der Begründung, daß der Austausch von Sex und Geld in äußerstem Maße erniedrigend sei. Sie behaupteten, daß die Prostitution zu Vergewaltigungen ermutige, da in den Männern dadurch der Glauben erweckt würde, daß alle Frauen zu haben seien, wobei sie sich die Sache einfach machen und vergessen, daß das die Männer ohnehin schon immer geglaubt haben. Die Sex-Industrie ist nicht die einzige Industrie, die von Männern beherrscht wird und die Frauen erniedrigt, aber es ist eine Industrie, wo die Arbeiter illegal sind und am wenigsten die Möglichkeit haben, öffentlich ihr Recht auf ihre Jobs zu verteidigen. Wir führten das Argument an, daß darin, daß einige Frauen für etwas bezahlt werden, das von allen Frauen umsonst verlangt wird, eine Quelle der Macht für alle Frauen liegt, indem sie allen Gratis-Sex verweigern.

Die Prostitutionsgesetze haben das Ziel, die Frauen in ›ehrbare‹, ›gute‹ Frauen und ›unmoralische‹, ›schlechte‹ Frauen zu unterteilen, die letzteren sind die, die, um der Armut zu entgehen, in der Sex-Industrie arbeiten. Geld macht in den Augen des Establishment die guten Frauen (der arbeitenden Klasse) schlecht. Wir haben vor kurzem dagegen protestiert, wie über eine ermordete Frau in den Medien gerichtet wurde, indem sie andeuteten, daß ihre Eltern größeren Kummer über die Entdeckung empfanden, daß ihre Tochter auf den Strich ging, als über die Tatsache, daß sie ermordet worden war. Das ist nichts Ungewöhnliches. Im Jahre 1981 saßen wir während der ganzen Verhandlungsdauer im Gerichtssaal, als dem Yorkshire Ripper der Prozeß gemacht wurde, einem Reihenmörder, der dreizehn Frauen umgebracht und viele andere angegriffen hatte. Wie in den ähnlich gelagerten Fällen der Green-River-Morde und der Los-Angeles-Morde benutzte die Polizei die Prostituiertengesetze als Entschuldigung für ihre Untätigkeit, indem sie die Opfer als Prostituierte abstempelten, die in allen Fällen schwarz und/oder arm und also unbedeutend waren. Sie nahmen die Morde erst ernst, als eine ›ehrbare‹ Frau aus relativ besseren Kreisen ermordet wurde. Die Folge war, daß noch viele Frauen sterben mußten, Prostituierte und Nicht-Prostituierte gleichermaßen.

Die Spaltung in der Frauenbewegung über das Thema Frauen, die als Prostituierte arbeiten, hat immer schon dazu geführt, daß sogenannte Feministinnen nach dem Arm des

Gesetzes riefen. Ein Beispiel der neueren Zeit ist das Gesetz gegen die sogenannte Bordstein-Anmache (Männer, die Frauen zur Prostitution auffordern), das die Thatcher-Regierung 1985 erließ, unterstützt von Anti-Porno-/Pro-Zensur-Feministinnen. Dieses Gesetz sollte den Prostituierten Gleichberechtigung bringen, indem ihre Kunden verhaftet wurden, und andere Frauen sollten dadurch vor Belästigungen geschützt werden. In Wirklichkeit jedoch stattete es lediglich die Polizei mit mehr Machtbefugnis gegenüber Prostituierten sowie farbigen anderen Frauen und Männern der arbeitenden Klasse aus. Als erstes werden immer die Prostituierten festgenommen, und jetzt kann die Polizei sich jeden beliebigen Mann aussuchen und ihn nur aufgrund der Aussage eines Polizisten wegen ›Bordstein-Anmache‹ festnehmen. Das war eine der vielen Aktionen, die Großbritannien zu einem Polizeistaat machten. Im Januar trat das neue Polizei- und Verbrechensüberführungs-Gesetz in Kraft, durch das viele Akte polizeilicher Gewalt legalisiert wurden. Im gleichen Jahr wurde ein neues Gesetz für die öffentliche Ordnung verabschiedet, mit dem Mahnwachen, Demonstrationen und andere Formen des öffentlichen Protests verboten wurden.

Wir waren entschlossen, nicht zuzulassen, daß die Prostitution als politisches Mittel benutzt wurde, um die Prostituierten von den übrigen Frauen der arbeitenden Klasse abzusondern, deshalb starteten wir die Kampagne gegen das Gesetz zur Bordstein-Prostitution (Campaign Against Kerb Crawling Legislation = CAKCL), zu der viele Einzelpersonen und Organisationen, die sich mit den Bürgerrechten befassen, beitrugen. Wenn es uns auch nicht gelungen ist, die Koalition aus rechten, linken, feministischen und ›ehrenwerten‹ Anwohnern zu schlagen, deren Ziel die gesellschaftliche und finanzielle Aufwertung von Immobilien ist, die alle zusammen der Thatcher-Regierung den Vorwand für dieses Gesetz lieferten, konnte CAKCL bis jetzt verhindern, daß die Polizei allzu regen Gebrauch von ihrer neuen Macht machte.

Basis-Initiativen gegen Polizeiwillkür und Rassismus

Das Netz des International Prostitutes Collective, dem Kanada, Trinidad und Tobago sowie die Vereinigten Staaten angehören, ist unabhängig von Männern, Sozialarbeitern, Rechtsanwälten, Akademikern, Politikern, staatlichen Einrichtungen sowie Zuhältern und Kunden. Polizeiliche Gewalttaten, Illegalität und Rassismus standen natürlich im Mittelpunkt unserer Kampagne.

Alle Frauen, die als Prostituierte arbeiten, sind bis zu einem gewissen Grand von den Prostitutions-Gesetzen betroffen, je nach dem Land, in dem sie leben, nach ihrer Rasse, Nationalität, ihrem Alter, dem Ort, an dem sie arbeiten, ob sie Mütter sind usw. Nach unserer Erfahrung machen sich jene Prostituierten-Organisationen, die diese Unterschiede verbergen, zu Handlangern der Polizei, indem sie eine Gruppe von Prostituierten schützen und fördern, im allgemeinen die winzige Minderheit von überwiegend weißen Frauen in den Großstädten, die es sich leisten kann, an die Öffentlichkeit zu treten, auf Kosten der Mehrheit – Farbige, Frauen aus der Dritten Welt oder Immigrantinnen, alleinstehende Mütter und andere Frauen der arbeitenden Klasse sowie Kinder, die es sich nicht leisten können, sich bloßzustellen, die ständig von der Polizei gejagt werden. Nachdem wir an dem Prostituierten-Kongreß des Jahres 1985, der vom ICPR organisiert worden war, teilgenommen hatten, boykottierten wir den zweiten Kongreß. Unsere Erklärung wurde in der Presse veröffentlicht:

> *... Im letzten Jahr wurden die Polizei und die Presse eingeladen. Wir protestierten: »Wenn man die Prostituierten zwingt, sich als Prostituierte zu erkennen zu geben, hilft man der Polizei bei der Kontrolle der Prostituierten.« Wir haben dafür gekämpft, daß keine Berufsgruppen außerhalb der Prostitution – Polizei, Presse, Akademiker, Sozialarbeiter, Rechtsanwälte und*

Politiker – die Bewegung für die Rechte der Prostituierten kontrollieren. Der Kongreß der Prostituierten bezieht sie in ihre Planungen mit ein . . .

Später erfuhren wir, daß die teilnehmenden Frauen aufgefordert wurden, ihre Pässe am Eingang abzugeben. Nur eine einzige Frau aus Belgien, wo der Kongreß stattfand, nahm teil – die anderen lehnten es ab, sich vor der Polizei ihres Landes bloßzustellen.

Uns geht es nicht darum, die Prostitution zu legitimieren, sondern um die Legitimierung aller Frauen, die als Prostituierte arbeiten. Wir sind nicht der Ansicht, daß wir unsere Interessen gemeinsam mit der Polizei, mit der Presse, den Politikern, Akademikern und Kunden durchsetzen können, sondern mit den vielen anderen, die wie wir unter Armut und Unterdrückung leiden. Und da Menschen mit schwarzer Hautfarbe die ersten sind, die unter der Polizei zu leiden haben, wird durch das Ignorieren oder Herunterspielen der polizeilichen Illegalität in unser aller Leben jede rassistische Bestrebung unterstützt, die darauf gerichtet ist, die Selbstverteidigung und den Protest der Schwarzen abzusondern und zurückzudrängen.

Unter der Überschrift *Geld für Prostituierte ist Geld für schwarze Frauen* (1975) äußert sich dazu Wilmette Brown, Mitbegründerin von International Black Women for Wages for Housework, der internationalen Organisation schwarzer Frauen zur Erreichung einer Bezahlung für Hausarbeit:

Wer unter uns schwarzen Frauen steht über der Prostitution? Der Rassimus – der uns schwarze Frauen zwingt, immer am wenigsten Geld zu haben, die geringsten Chancen auf einen Arbeitsplatz, die geringsten Möglichkeiten einer Schulbildung, die schlechtesten Wohnungen und die besten ›Gelegenheiten‹, hinausgeworfen, bestraft oder ins Gefängnis geworfen zu werden – bedeutet, daß alle schwarzen Frauen ohnehin im Verdacht stehen, bzw. daß von ihnen erwartet wird, sie seien Prostituierte! Bei einer Straßenrazzia – bei der Frauen, die einfach nur an der Straße entlanglaufen, als Prostituierte festgenommen werden können –, wer wird da zuerst aufgegriffen? Es ist immer Jagdsaison für schwarze Frauen!

In der Sex-Industrie, wie in jeder anderen, stehen schwarze Frauen ganz unten in der Hierarchie. Viele Bordellmütter, ›Modell‹-Agenturen, Massage-Salons oder Clubs beschäftigen keine schwarzen Frauen, und wenn sie es tun, beschränken sie sich auf einen minimalen Anteil. Als Folge davon haben schwarze Prostituierte weniger Wahl, wo sie arbeiten können, und werden auf den Straßenstrich gezwungen, wo die Bedingungen schlechter und das Leben gefährlicher ist.

Im April 1982 riefen wir LAW (Legal Action for Women) ins Leben, eine Basisinitiative zur Rechtsberatung für alle Frauen, um dem Bedürfnis der als Prostituierte arbeitenden Frauen nach Beratung und Unterstützung zu begegnen. LAW und unser Rechtekatalog, der im ganzen Land in den Rote-Laterne-Vierteln verteilt wurde, setzten eine Bewegung in Gang, durch die immer mehr Frauen, die der Prostitution beschuldigt waren, sich vor Gericht als nicht schuldig bekannten.

Im November 1982 besetzten wir die Church of the Holy Cross in King's Cross in London, unterstützt von den Organisationen ›Black Women for Wages for Housework‹ und ›Women Against Rape‹ (Frauen gegen Vergewaltigung). Wir nahmen die Forderung unserer französischen Schwestern von 1975 wieder auf und sagten: »Mütter brauchen Geld. Schluß mit den Gesetzesübertretungen der Polizei und dem Rassismus in King's Cross.« Die Polizei hatte Frauen festgenommen, die nicht angeschafft hatten, wobei sie sich besonders auf die schwarzen Frauen konzentrierte, hatte sich geweigert, Zuhälter festzunehmen, die ihnen genannt worden waren, hatte statt dessen die Freunde von Frauen festgenommen, die vor Gericht ihre Unschuld beteuerten, und hatte damit gedroht, ihnen das Sorgerecht für ihre Kinder zu entziehen. Die zwölftägige Besetzung war ein großer Erfolg:

1. Damit kamen die Prostituierten auf die politische Tagesordnung. Wir erschienen fast täglich in den Hauptnachrichten im Fernsehen, und die Presse im Inland und Ausland beschäftigte sich ausgiebig mit uns. Während der Besetzung trugen wir alle Masken, damit die Polizei und die Presse nicht erkennen konnten, wer von uns zu den Prostituierten gehörte und wer nicht. Unsere maskierten Gesichter dienten als Anregung für Prostituierte in verschiedenen anderen Ländern, die seither bei irgendwelchen Aktionen stets Masken zum Schutz verwenden.
2. Durch unsere Aktion wurden die Barrieren zwischen Prostituierten und den übrigen Menschen der arbeitenden Klasse niedergerissen. Wir bekamen von einem breit gefächerten Kreis von Einzelpersonen und Organisationen Unterstützung, darunter auch Mitgliedern des Parlaments, Ratsmitgliedern, politisch Aktiven und ganz besonders schwarzen Frauen und homosexuellen Männern. Unter dem Titel *Nutten im Hause des Herrn* (1983) schrieb Selma James:

> *Eine schwarze Frau . . . erklärte, daß die Prostitutionsgesetze für junge schwarze Frauen das sind, was die ›sus‹-Gesetze[1] für junge schwarze Männer sind. Dies bedeutete für uns einen echten Durchbruch. Nach jahrelanger Arbeit konnten wir endlich sehen, daß die Illegalität und der Rassismus der Polizei gegen die Prostituierten aus dem Bereich des Exotischen, ja des Erotischen, wo man sich darüber hinwegsetzen und lustig machen konnte, ans Licht der Öffentlichkeit kamen; hinaus auf das todernste Terrain, wo wir uns gemeinsam mit anderen befinden, die sich gegen das Gesetz auflehnen.*

[1] sus = suspicion (Verdacht). Viele junge Leute, vor allem Farbige, wurden nur aufgrund von Aussagen der Polizei verhaftet, unter dem ›Verdacht‹, daß sie daran dächten, ein Verbrechen zu begehen. Dieses Gesetz wurde nach jahrelangem Protest aufgehoben.

Vereint werden wir bestehen, getrennt werden wir untergehen

Die Besetzerinnen schickten eine Botschaft an das ›Greenham Common Women's Peace Camp‹, das seinen ersten Jahrestag feierte: der ›militärisch-industrielle Komplex‹ (ein Ausdruck von Präsident Eisenhower), der Cruise Missiles nach Greenham brachte, zwingt Frauen und Kinder auf den Strich, da ihnen andere Einnahmequellen genommen wurden, und wir verlangen unseren Anteil aus dem Militäretat zurück. Einige Tage später erschienen einige der Greenham-Frauen und gesellten sich zu uns in unser Friedenslager in der Kirche. Durch unsere Verbindung mit Greenham machten wir deutlich, wieviel Prostituierte mit der Friedensbewegung gemeinsam haben: bei einigen von uns handelte es sich um ein und dieselben Frauen, aber selbst wenn das nicht so wäre, so hatten wir doch die gleichen Erfahrungen mit polizeilicher Brutalität, Festnahmen, Illegalität und Gefängnisstrafen machen müssen.

Die gleichen ›ehrenhaften‹ Anwohner, die uns angreifen, beschuldigen die Greenham-Frauen, sexuell abartig zu sein. Unter dem Deckmantel der ›Moral‹ und zur Verteidigung der Kleinfamilie zwingt der Monetarismus die Frauen durch Beschneidung der öffentlichen Hilfsmittel, höhere Arbeitslosigkeit, wachsende Machtbefugnisse der Polizei und repressive Gesetze zurück in die Unterwürfigkeit. Jede Frau, die für ein unabhängiges Leben kämpft, sei es in Greenham, auf dem Strich oder durch Verweigerung der Ehe, kann als unmoralisch oder lasterhaft abgestempelt werden. Der letzte Angriff kam von seiten der Regierungen, als sie AIDS dazu benutzten, homosexuelle Gemeinschaften in Mißkredit zu bringen, die Existenz der Prostituierten untergruben, die Einwanderungsvorschriften für Farbige und Menschen aus der Dritten Welt verschärften und dem Sexualleben von jedermann Beschränkungen auferlegten. Kürzlich schrieben wir gemeinsam mit ›Wages Due Lesbians‹ einen Brief an die Presse, in dem wir gegen den AIDS-Terror protestierten:

In dem Klima der AIDS-Hysterie, das die Regierung erzeugt, steht die Forderung nach Gesetzen zur Kontrolle von Bordellen, Isolationskliniken usw., um den Rest der Gesellschaft zu ›schützen‹, kaum hinter dem Ruf nach Konzentrationslagern zurück, um Menschen hinter Schloß und Riegel zu bringen und uns alle zu isolieren und von den anderen Menschen fernzuhalten aus Angst vor einer ›Vergiftung‹ durch ein Zusammenkommen ... Die Prostitution ist eine der wenigen Möglichkeiten für Frauen, ihren Lebensunterhalt zu verdienen, für sich, ihre Kinder und oft ganze Familien und Gemeinschaften. Das trifft noch mehr für Länder der Dritten Welt zu, wo es das ›Sicherheitsnetz‹ eines Wohlfahrtsstaates nicht gibt. Die Frauen sitzen in der Falle zwischen der Gefahr von AIDS und dem Verhungern. Die Zahlen zeigen, daß AIDS keine Frage der Einstellung ist – zu Sex oder sonst etwas –, sondern eine Frage des Geldes und der Tatsache, daß die Armen immer den größten Teil der Zeche zahlen und am besten benutzt werden können. Wenn AIDS oder jedes andere Gesundheitsrisiko nicht mehr mit Armut verbunden ist, wird der Weg geebnet für ein Aufleben des Rassismus – was tödlich sein kann. (6. Dezember 1986)

Ob es darum geht, AIDS zu besiegen, Frauen, die von der Prostitution loskommen wollen, zu unterstützen oder zu verhindern, daß Frauen durch Armut zur Prostitution getrieben werden, Geldmittel sind das Entscheidende. Gemeinsam mit Millionen anderer Frauen auf der ganzen Welt fordern wir den Wohlstand zurück, der mit Hilfe unserer unbezahlten oder unterbezahlten Arbeit geschaffen worden ist. »Denn«, wie Wilmette Brown in *Schwarze Frauen und die Friedensbewegung* sagt, »gemeinsam können wir gewinnen«.

U. S. PROStitutes Collective

Rachel West

Das ›United States Prostitutes Collective‹ (U. S. PROS) ist ein nationales Netz von Frauen, die in der Sex-Industrie arbeiten, sowie von anderen Frauen, die unsere Ziele unterstützen. Wir sind Teil des ›International Prostitutes Collective‹ (ICP) und eine Schwesternorganisation des ›English Collective of Prostitutes‹ (ECP). U. S. PROS ist eine unabhängige Vereinigung, die wiederum Teil der ›International Wages for Housework Campaign‹ ist. Die Frauen, die unserer Vereinigung angehören, arbeiten oder haben in allen Bereichen der Sex-Industrie, auf dem Straßenstrich, in Massage-Salons, als Callgirls, in Hotels, Clubs, geschlossenen Häusern, als Stripperinnen, Tänzerinnen, Mätressen, Modelle usw. gearbeitet; als Vollzeitbeschäftigung oder Teilzeit; Latino-Frauen und Weiße.

Das Ziel unserer Kampagne ist die Abschaffung der Gesetze gegen die Prostitution – nicht die Legalisierung oder Entkriminalisierung –, damit die Frauen als unabhängige Geschäftsfrauen arbeiten können und wir unsere Arbeitsbedingungen selbst regeln. Die Legalisierung, wie sie in Nevada in den USA stattgefunden hat, und die Eros Center in der Bundesrepublik sind die grundsätzlichen neuen Richtungen des Sexgeschäfts. Die Frauen haben keinerlei Einfluß auf die Arbeitsbedingungen, auf ihre Arbeitszeit, die Zahl der Kunden, die sie bedienen, die Trinkgelder, die sie bekommen usw. Frauen, die anschaffen, müssen sich von der Polizei registrieren lassen und sind also als ›registrierte Prostituierte‹ aktenbekannt. Sie müssen sich außerdem regelmäßig medizinischen Untersuchungen unterziehen, und ihre Bewegungsfreiheit außerhalb der Bordelle ist eingeschränkt. Eine Entkriminalisierung ist in einigen Ländern gleichbedeutend mit Legalisierung geworden. Deshalb ist das IPC sehr darauf bedacht zu unterscheiden zwischen einer Legalisierung/Entkriminalisierung und der Abschaffung der Gesetze. Es ist ein gefährliches Spiel, den

›Programmen‹ einiger offizieller Planer der Regierungen zu folgen, die eine Legalisierung anstreben, durch die die Angreifbarkeit und Verletzbarkeit der Prostituierten in keiner Weise aufgehoben würden. Wir bauen die Bewegung nicht auf, um unter dem Deckmantel der Legalisierung oder Entkriminalisierung weiterhin unsere Unterdrückung zu dulden.

Außerdem hat unsere Kampagne das Ziel, die wirtschaftliche Unabhängigkeit für Frauen zu erreichen, damit niemand von uns mehr aus wirtschaftlichen Gründen zur Prostitution gezwungen wird. Wir brauchen sichere Häuser für jugendliche Ausreißer, eine Anhebung aller Unterstützungszahlungen, wie der Sozialhilfe (eine Studie in San Francisco hat gezeigt, daß, wenn die Sozialhilfesätze gesenkt werden, die Zahl der alleinstehenden Mütter, die bei der Prostitution aufgegriffen werden, steigt) und eine Abschaffung der Einwanderungskontrollen, damit Frauen und Kinder ungehindert von einem Land ins andere gehen können.

Wie wir angefangen haben

U. S. PROS ist eine Erweiterung des ›New York Prostitutes Collective‹ (NYP), gegründet 1979 und anfangs bestehend aus einer Gruppe von schwarzen Arbeiterinnen im Sexgewerbe und anderen schwarzen Frauen, die unsere Ziele unterstützten. Von Anfang an waren wir eine Schwestergruppe des ECP und machten uns die organisatorischen Erfahrungen des ECP zunutze, um anfängliche Schwierigkeiten zu meistern. Das NYP organisierte Sitzstreiks und öffentliche Versammlungen und half bei der Unterstützung anderer Organisationen, die für die Rechte der Prostituierten arbeiteten, wie zum Beispiel die ›Prostitutes of New York‹ (PONY), deren Sprecherin Iris de la Cruz war. PONY konzentrierte seine Bemühungen auf die Frauen auf dem Strich, und es war ein wichtiger Teil in der Geschichte der Bewegung für die Rechte der Prostituierten. Obwohl PONY nicht mehr existiert, ist es wichtig, daß diese Arbeit anerkannt wird und nicht in Vergessenheit gerät.

Wir organisierten uns auch innerhalb der Universitäten und forderten höhere Studienbeihilfen, das Recht, Studienbeihilfe und Sozialhilfe zu empfangen und die Einrichtung von Kinderhorten in den Universitäten. 1980 waren wir dann sowohl vielrassig geworden als auch ins U. S. PROS hineingewachsen. 1980 war auch das Jahr des Demokratischen Konvents in New York City, und Bürgermeister Koch hatte ein zusätzliches Budget von neunundsechzigtausend Dollar, um die Prostituierten während des Konvents in Schach zu halten. U. S. PROS organisierte unsere ersten Polizei-Überwachungsteams, die aus freiwilligen Rechtsanwältinnen, Studentinnen, Mitgliedern von PONY und uns selbst bestanden. Besonders die Frauen auf dem Straßenstrich mußten während des Konvents viel leiden. Die polizeilichen Übergriffe und illegale Handlungen der Polizei nahmen in dieser Zeit zu; eine Frau war so verzweifelt, ja nicht der Polizei von New York in die Hände zu fallen, daß sie, als sie von ihr verfolgt wurde, in den East River sprang.

Die U. N.-Mittdekade-Konferenz zum Frauenthema

Bis 1980 hatte das ›New York Prostitutes Collective‹ einige Arbeit investiert, um Margo St. James' COYOTE zu unterstützen, einschließlich des Auftreibens der Geldmittel, die dabei halfen, sie nach New York zu bringen. Bei der U. N.-Mittdekade-Konferenz zum Frauenthema, das 1980 in Kopenhagen stattfand, zogen wir mit COYOTE an einem Strang, als wir feststellen mußten, daß wir im Widerspruch standen zu den feministischen Moralistinnen und zu COYOTE. Letztere unterstützten aktiv eine U. N.-Resolution zur Menschenverschiebung zum Zwecke der Prostitution. Wenn die Resolution in ihrer ersten Fassung angenommen worden wäre, wäre es sehr schwierig, wenn nicht unmöglich gewesen, daß eine Frau, die als Prostituierte aktenbekannt ist, eine internationale Grenze hätte überschreiten können. Nicht-weiße Frauen aus den Ländern der Dritten Welt hätten am schlimmsten unter ihren Auswirkungen zu leiden gehabt. U S. PROS und andere Gruppen innerhalb des IPC opponierten gegen die Resolution und machten deutlich, daß wir, wenn es uns nicht gelänge, sie ganz und gar vom Tisch zu bringen, uns zusammentun würden, um eine Abwandlung zu erreichen, in der ein Schutz für Frauen und Kinder vorgesehen wäre. Wir wollten eine Klausel, die besagte, daß Frauen und Kinder, die als Prostituierte arbeiten, nicht als Kriminelle behandelt werden dürfen.*

Zu unserer großen Überraschung unterstützte COYOTE nicht nur unsere Bemühungen nicht, sondern ging auch öffentlich in Opposition zu uns, indem sie in der Presse verlautbarte, wir seien »wie Huren angezogen, in Wirklichkeit jedoch keine echten Prostituierten«, und indem sie das Recht von Prostituierten auf Anonymität angriffen. Das war besonders gefährlich bei einer Konferenz, bei der es von Interpol-Beamten wimmelte. Wenn man von Prostituierten in dieser Umgebung erwartet, daß sie sich bloßstellen, besonders, wenn sie schwarze Frauen und/oder Immigrantinnen sind, die sich aktiv gegen das Establishment organisiert haben, läuft das so ziemlich auf das gleiche hinaus, als wenn man sie gleich der Polizei übergeben hätte. Trotz der Bemühungen, uns zu unterminieren, gelang es uns – durch eine einheitliche Abstimmung –, daß die Klausel, die wir gewünscht hatten, in die offizielle U. N.-Resolution aufgenommen wurde. Diese Erfahrung und andere, die noch kommen sollten, machten es deutlich, daß die Differenzen in der organisierten Bewegung für die Rechte der Prostituierten sich nicht von Differenzen in

* Anm. d. Hrsg.: In Kopenhagen war Margo St. James der Ansicht, daß es wichtig sei, sich mit den Belangen der Vertreterinnen der Länder von Lateinamerika, Asien und Afrika ebenso auseinanderzusetzen wie mit denen der Länder Nordamerikas und Westeuropas. Die Resolution befaßte sich in erster Linie mit dem Thema der erzwungenen Prostitution. Obwohl sie nicht vollkommen war, war Margo St. James der Meinung, daß es wichtiger sei, überhaupt eine Resolution zur Prostitution zu verabschieden, als endlos weiterzukämpfen und zuletzt gar keine Resolution in diesem Punkt zu erreichen. Sie und die Vertreterinnen von ›Wages for Housework Campaign‹ diskutierten ziemlich heftig über den richtigen Weg, den man in Kopenhagen einschlagen sollte.

anderen Bewegungen unterscheiden, bei denen diejenigen mit der geringsten sozialen Macht dagegen kämpfen, von denjenigen mit mehr Macht unterminiert zu werden. Wir ließen uns jedoch von dem Gerangel nicht abschrecken, sondern führten unsere Arbeit ohne eine politische Beziehung zu COYOTE fort.

Wer sind die Prostituierten?

In den Vereinigten Staaten begannen Frauen, Unterstützungsgruppen für die Arbeit von U. S. PROS in jenen Städten ins Leben zu rufen, in denen U. S. PROS nicht aktiv vertreten war; das geschah unter dem Slogan ›Nicht die Frauen sind schlecht, die Gesetze sind schlecht‹, und zwar in Tulsa, Oklahoma, Boston, Massachusetts, New Haven, Connecticut und Portland, Oregon. Sie organisierten Streikaktionen, Zusammenschlüsse, Pressekonferenzen und schrieben Briefe usw. zum Thema Rechte für Prostituierte. Sie machten deutlich, daß die Rechte der Frauen, die als Prostituierte arbeiten, die Rechte aller Frauen sind. Sowohl die ›Nicht die Frauen sind schlecht‹-Gruppen als auch U. S. PROS weckten in der Öffentlichkeit das Bewußtsein dafür, wer Prostituierte sind – in Wirklichkeit eine ebenso vielfältige Gruppe wie jede andere.

Zum größten Teil sind wir alleinstehende Mütter, die den Lebensunterhalt für ihre Kinder verdienen müssen, Frauen, die von der Sozialhilfe leben, Frauen, die verwandten alten Menschen mit einem begrenzten Einkommen helfen, Sekretärinnen und andere Büroangestellte, die ihr niedriges Gehalt aufbessern, Studentinnen, die sich ihre Ausbildung finanzieren, Ganzzeit-Hausfrauen, Krankenschwestern, Lehrerinnen, jugendliche Ausreißerinnen, die sich weigern, sich zu Hause vergewaltigen, mißhandeln oder seelisch quälen zu lassen, und andere Frauen, die die niedrigen Löhne, die Frauen auf dem ›normalen‹ Arbeitsmarkt bekommen, ablehnen. Mit anderen Worten, es gibt kein passendes Klischee für eine Prostituierte – jede von uns kann eine sein. Die Prostituierte als

Drogensüchtige ist ein weitverbreitetes Klischee. Wenn man bedenkt, wie verbreitet der Drogengebrauch in der Gesellschaft ist, dann ist es zweifelhaft, ob der Prozentsatz der drogennehmenden Prostituierten größer ist als der drogennehmenden Menschen allgemein. Auch von AIDS wird fälschlicherweise behauptet, daß es durch Prostituierte verbreitet wird.

Eine andere herrschende Ansicht, der wir entgegentreten müssen, ist die von Feministinnen und den Wortführerinnen von Anti-Porno-Kampagnen, denen es gefällt, den in der Sex-Industrie arbeitenden Frauen die Schuld an Vergewaltigungen und Gewalttaten gegen Frauen in die Schuhe zu schieben. In Los Angeles bewirkten wir, zusammen mit anderen Frauengruppen, daß sich eine Abordnung der Anti-Porno-Bewegung umstimmen ließ. Wir machten öffentlich darauf aufmerksam, welche verheerenden Folgen eine verstärkte Zensur und das Abdrängen der Frauen in der Sex-Industrie in den Untergrund auf die Arbeitsbedingungen und die Sicherheit der Frauen haben würden. Das Klischee von einer Prostituierten wird gefördert durch die Polizei, die Medien und karrieresüchtige Mitglieder der Prostituierten-Bewegung, deren finanzielle Quellen und ihr Zugang zu den Medien davon abhängt, daß sie das Klischee von der von der typischen Prostituierten aufrechterhalten.

Rassismus und illegales Handeln der Polizei

Unsere Alltagsarbeit in der Organisation umfaßt den Kampf für die Gewährung voller Bürgerrechte für Prostituierte und gegen das Maß an Gewalt, dem sich Prostituierte ausgesetzt sehen, weil sie illegal sind. Unsere Illegalität macht uns zu leichten Opfern von polizeilicher Brutalität und Rassismus, von Erpressung und Entführung usw. durch andere, die Profit aus unserer Angreifbarkeit ziehen. Das Vorantreiben der Prostitutionsgesetze fördert sowohl eine ungleiche Behandlung als auch den Rassismus. Obwohl die Mehrheit der Prostituierten in den USA weiß ist, ist die Mehrheit der Prostituierten in den Gefängnissen schwarz. Prostituierte laufen ständig Gefahr, bei Straßenrazzien illegal festgenommen zu werden; sie werden geschlagen und zum Sex mit Polizisten gezwungen. U. S. PROS veranstaltet oft Demonstrationen vor den Gerichten, um gegen diese Mißhandlung zu protestieren und die Aufmerksamkeit der Steuerzahler darauf zu lenken, wieviel Geld dafür verschwendet wird, Prostituierte zu belästigen, zu verfolgen und einzusperren. Dieses Geld könnte sinnvoller für ein Programm zur Unterstützung von Müttern, die für ihre Kinder sorgen müssen, aufgewendet werden, oder für Wohnungen, Gesundheitsfürsorge, Stipendien, Berufsfortbildungs-Programme, höhere Sozialhilfesätze usw., alles Maßnahmen, durch die von vornherein die Gründe vermindert würden, aus denen Frauen in die Prostitution gehen. Prostitution ist eine Frage des Geldes, nicht des Sex. Wenn sich die grundlegende wirtschaftliche Situation der Frauen nicht ändert, dann werden Frauen auch in Zukunft als Prostituierte arbeiten.

Wenn man die wirtschaftliche Situation der Frauen betrachtet, dann erkennt man, wie viele von ihnen gezwungen sind, ihre Körper zu vermieten, in Ehen zu verbleiben, aus denen sie heraus möchten, sich mit Vermietern einzulassen oder mit Ladenbesitzern, sexuelle Belästigungen am Arbeitsplatz zu ertragen, zu lächeln, wenn ihnen nicht danach zumute ist, sich zu fügen oder gefeuert zu werden usw. Wie viele Frauen strengen sich ungeheuer an, sexy zu sein, wenn sie von ihren Männern Extra-Geld brauchen? Wie viele Frauen entscheiden sich für den Mann, der die besseren Berufsaussichten hat anstatt für den, der ihnen Herzklopfen bereitet? Wie sehr müssen wir uns alle prostituieren, weil wir Frauen international so wenig vorzuweisen haben, verglichen mit der gewaltigen Arbeit, die wir bewältigen? Wenn Frauen, die keine Prostituierten sind, einmal über diese Dinge nachdenken, sehen sie vielleicht ein, daß sie sich von uns übrigen gar nicht so sehr unterscheiden.

Straßenrazzien

Straßenrazzien haben noch nie erreicht, mit der Prostitution Schluß zu machen, sie haben sie lediglich in eine andere Umgebung oder in den Untergrund gedrängt. Das Ergebnis von Razzien ist oft, daß die Frauen unter noch isolierteren und gefährlicheren Bedingungen arbeiten oder sich an einen Zuhälter wenden, der sie schützen soll. Von Zuhältern und Polizisten weiß man, daß sie oft eng zusammenarbeiten. Während des Demokratischen Konvents im Jahre 1984 in San Francisco wurden Hunderte von Prostituierten in Straßenrazzien bedroht, brutal behandelt oder illegal inhaftiert. U. S. PROS hat auch hier wieder eine Polizeiaufsicht organisiert und ist jeden Abend und jede Nacht zusammen mit Rechtsanwälten durch die Straßen gegangen, um der Polizei auf die Finger zu sehen. In den Vierteln, die wir durchstreiften, waren die Belästigungen durch die Polizei geringer, aber wir beobachteten eine große Zahl von illegalen Festnahmen und Vorfälle polizeilicher Gewaltanwendung. Wir begleiteten die Frauen, denen solches widerfahren war, in die Gerichtssäle und sagten als Zeugen über unsere Beobachtungen aus, und die Anklagen gegen sie wurden fallengelassen.

Ein neues Gesetz zur hinterlistigen Überführung

Vor nicht allzulanger Zeit wurde in Kalifornien ein Gesetz verabschiedet, das eine hinterlistige Überführung legal macht. Das bedeutet, daß ein Polizeibeamter die Initiative ergreifen und eine Prostituierte ansprechen kann, und wenn die Frau dadurch, daß sie mit ihm geht oder sich auszieht, darauf eingeht, kann sie festgenommen werden. Nach dem früheren Gesetz durfte ein Polizist nicht der ›anmachende‹ Teil sein. Durch das neue Gesetz werden die Frauen am härtesten getroffen, die sowieso am schlimmsten dran sind. Verstärkt durch die Ungleichheit und den Rassismus im Prostitutionsgesetz, werden die schwarzen Frauen durch seine Anwendung am härtesten betroffen.

Wir haben den Verdacht, daß man gegen dieses Gesetz mit der Begründung angehen kann, daß es verfassungswidrig ist. Es bleibt abzuwarten, ob Bürgerinitiativen diese Herausforderung annehmen werden.

Rechtsbeistand für Frauen – LAW (Legal Action for Women)

U. S. PROS hat in San Francisco außerdem einen Rechtsbeistand für Frauen (LAW) organisiert, der sich auf LAW in London stützt, einen eigeninitiativen Rechtshilfe-Service, der allen Frauen in der Auseinandersetzung mit der Polizei und den Gerichten hilft. Wir haben Frauen geholfen, daß sie sich nach illegaler Festnahme als nicht schuldig bekannten und schließlich den Prozeß gewannen. Seit der Gründung im Jahre 1984 hat LAW Hunderten von Frauen geholfen, nicht nur Prostituierten, sondern allen Frauen, die sich normalerweise keinen Rechtsbeistand leisten konnten. Und außerdem haben wir noch ein Beschwerdebüro für Prostituierte eingerichtet, wo wir Fälle von Belästigung oder Brutalität von seiten der Polizei oder der Kunden festhalten.

Der ›South Side Slayer‹ und andere Reihenmörder

Ein weiteres dringendes Anliegen ist die Tatsache, daß Prostituierte leichte Opfer für Gewalttaten, Vergewaltigung und Mord sind. In Los Angeles gründete Margaret Prescod, die lange Zeit die Sprecherin von U. S. PROS war, die ›Black Coalition Fighting Black Serial Murders‹ als Reaktion auf die Untätigkeit der Polizei und die Gleichgültigkeit der Medien im Falle des Todes von mindestens siebzehn Frauen über einen Zeitraum von drei Jahren in South Central Los Angeles (einem Viertel, in dem vor allem Schwarze wohnen). Bis auf drei waren alle Opfer schwarz. Alle Leichen wurden im gleichen Umkreis von vierzig Meilen gefunden. Die Polizei wartete, bis zehn Frauen tot waren, bevor sie die Öffentlichkeit davon unterrichtete, daß ein Reihenmörder am Werk war, und vierzehn Frauen mußten sterben, bevor sie erstmals eine Spezialeinheit einsetzten, die sich um die Aufklärung der Morde bemühte.

Drei Tage, nachdem die Polizei die Morde publik gemacht

hatte, organisierten ›International Black Women for Wages for Housework‹ eine Mahnwache vor der Polizeihauptwache und forderten in Gesprächen mit Vertretern der Polizei und der Presse eine Aufklärung der Morde. Die ›Black Coalition Fighting Black Serial Murders‹ wurde im Januar 1986 gegründet, um die Arbeit, mit der ›International Black Women for Wages for Housework‹ begonnen hatten, zu erweitern und fortzusetzen, und zwar unter der Beratung von U. S. PROS und ECP. Die Mitglieder der ›Black Coalition‹ setzten sich zusammen aus Frauen, die in South Central Los Angeles leben und arbeiten, sowie aus Menschen aus den verschiedensten Bereichen: Geistliche, Rechtsanwälte und andere Organisationen von der ›Southern Region NAACP‹ bis zur ›Coalition Against Police Abuse‹. Einige Mütter der Opfer des ›South Side Slayer‹ unterstützen die ›Coalition‹ tatkräftig.

Die ›Black Coalition‹ hat immer wieder und wieder darauf hingewiesen, daß sie nicht davon überzeugt sei, daß alle ermordeten Frauen Prostituierte gewesen seien, und daß die Polizei wenige Beweise habe, um diese Behauptung zu stützen. Als es der Polizei beim Mordopfer Nummer siebzehn nicht gelang, eine Akte auszugraben, aus der hervorging, daß es sich um eine Prostituierte handelte, verkündete sie sofort, daß es sich ›aber um eine Frau vom Strich‹ gehandelt habe. Diese Erklärung spiegelt die Einstellung der Polizei gegenüber armen Frauen im allgemeinen und gegenüber schwarzen Frauen im besonderen wider.

Wir alle wissen nur zu gut, daß jede von uns zu jeder Zeit als Prostituierte abgestempelt werden kann, wenn wir es wagen, uns mit der Art, uns zu äußern und zu kleiden, in unserem Tagesablauf und der Zahl unserer Freunde von der Norm zu unterscheiden, oder wenn wir sexuelle ›Outlaws‹ welcher Art auch immer sind. Solange Prostituierte nicht sicher sind, ist keine Frau sicher. Die Geschichte hat gezeigt, daß Reihenmörder, die anfangs Prostituierte umbringen, unweigerlich dazu übergehen, auch andere Frauen umzubringen (wie zum Beispiel beim Fall des ›Ripper‹ in England); wenn also die Polizei von Los Angeles behauptet, Nicht-Prostituierte seien sicher, täuscht sie den Frauen lediglich eine falsche Sicherheit vor und bringt uns damit alle in größere Gefahr.

Von Anfang an haben die Polizei, die Medien, Staatspolitiker und zuständige Gemeindestellen viel zu langsam auf diese Morde reagiert und den Eindruck erweckt, als sei der Mord an diesen Frauen nicht wichtig genug, um für große Aufregung zu sorgen.

Wenn eine Frau arm und schwarz ist und von ihr behauptet wird, sie sei Prostituierte, dann ist ihr Leben nichts wert. Der ›Hillside Strangler‹, der Prostituierte in einer Umgebung umbrachte, in der überwiegend Weiße wohnen, und der vor allem weiße Frauen tötete, bekam von Anfang an mehr Aufmerksamkeit als der ›South Side Slayer‹. Auf dem Höhepunkt der polizeilichen Untersuchungen waren einhundertfünfzig Beamte mit dem Fall beschäftigt, verglichen mit den ursprünglich dreizehn Beamten, die zu Beginn die Untersuchungen im Fall des ›South Side Slayer‹ durchführten, und den vierzig bis fünfzig Beamten, die später mit dem Fall beschäftigt waren.

Von Anfang an protestierte die ›Black Coalition Fighting Black Serial Murders‹ energisch gegen die Art und Weise, wie die Polizei in dem Fall vorging. Die ›Coalition‹ schaffte es, daß der Name der entsprechenden Einheit geändert wurde von ›Prostituierten-Mörder‹-Einheit in ›South Side Slayer‹-Einheit und die Morde nicht mehr als ›Prostituierten-Morde‹ sondern als ›South Side‹-Morde bezeichnet wurden. Die ›Coalition‹ bildete Interessengruppen, demonstrierte, protestierte und berief Pressekonferenzen ein und übte so Druck auf die Polizei aus, die Morde ernstzunehmen. Die Zahl der Polizisten in der Spezialeinheit wurde daraufhin erhöht, und die Polizei von Los Angeles beschäftigt immer mehr Frauen und Schwarze aufgrund ihrer Arbeit und anderen öffentlichen Drukkes in höheren Positionen. Sie konnte außerdem durchsetzen, daß die örtlichen offiziellen Stellen eine Belohnung aussetzten, die sich zuletzt auf fünfunddreißigtausend Dollar belief.

Die grundsätzliche Frage ist die, wie sehr sich die Gemeinschaft, der sie dient, auf ihre Polizei verlassen kann. Am Anfang lehnte es die Polizei ab, sich mit Vertretern der ›Coalition‹ zu treffen, aber die ›Coalition‹ ging aus einer Reihe von Begegnungen bei öffentlichen Polizeisitzungen in diesem Punkt als Sieger hervor. Diese Begegnungen waren bis jetzt allerdings noch nicht so produktiv, wie sie hätten sein können, es muß also noch weiter daran gearbeitet werden, daß sie wirkungsvoller werden. Bis jetzt lehnt die Polizei die Forderung der ›Coalition‹ nach einer speziellen Hilfe durch das FBI ab.

Ein weiterer Punkt, der sich bei der Organisation im Fall der ›South Side‹-Morde ergeben hat, ist das Recht auf ein Netz von Bürgerinitiativen, die sich auf die Polizei, die gewählten Volksvertreter und die Gemeindepolitiker verlassen können, ohne ihre grundsätzlichen Forderungen und Ziele in Frage zu stellen. Die ›Coalition‹ mußte sich mit dem politischen Establishment auseinandersetzen, sowohl mit dem weißen als auch mit dem schwarzen, das versuchte, ihre Bemühungen zu ersticken und die Forderungen der Basis zu ignorieren. Die Polizei versuchte, das politische Establishment und die Gemeinde-Handlanger dazu zu benutzen, um ihre Forderungen ›abzukühlen‹, ihre Aktivitäten zu zerschlagen und interne Konfusion und Konflikte heraufzubeschwören. Während der Zeit des Organisierens wurden Drohungen gegenüber der ›Coalition‹-Gründerin und Koordinatorin Margaret Prescod laut, unter anderem in Form eines toten Vogels, den ihr jemand vors Schlafzimmerfenster gehängt hatte. Außerdem wurde Michael Zinzun, ein leitendes Mitglied des Komitees und ein langjähriger Mitarbeiter in der ›Coalition Against Police Abuse‹ von Polizisten derart verprügelt, daß er jetzt auf einem Auge blind ist.

Trotz der physischen Gefahren, die das Organisieren gegen polizeilichen Rassismus und ihr illegales Handeln mit sich bringt, ließ sich die ›Black Coalition‹ nicht aufhalten. Sie startete eine Kampagne zur öffentlichen Aufklärung über die ›South Side‹-Morde, die danach von der Polizei und den offiziellen Stellen aufgegriffen wurde, und sie setzte ihre Forderung nach Aushängen und Plakaten mit Fahndungsaufrufen in den Omnibussen durch. Ein anderes Thema ist der Umgang mit den Medien, die stets das Wort der Polizei als maßgebend übernimmt und keine eigenen, unabhängigen Recherchen anstellt. Woher wußten sie zum Beispiel, daß die meisten der Frauen zum Zeitpunkt ihrer Ermordung als Prostituierte arbeiteten? Obwohl sich die Berichterstattung durch den öffentlichen Druck etwas gebessert hat, muß in dieser Beziehung noch eine Menge getan werden. Den Morden wurde auf nationaler Ebene in den Medien sehr wenig Aufmerksamkeit gewidmet, und die Einwohner von Südkalifornien wissen immer noch nichts über die Morde und kennen die angefertigten Phantombilder immer noch nicht.

›Take Back The Night‹ (TBTN)

Ein großer Schritt voran bei der Organisation gegen die ›South Side‹-Morde war getan, als die ›Take Back The Night Coalition‹ ins Leben gerufen wurde, die sich von anderen TBTN-Gruppen, die auf nationaler Ebene wirkten, dadurch unterschied, daß sie sich nicht nur auf Gewalttaten konzentrierte, die von einzelnen Männern an einzelnen Frauen verübt wurden, sondern auf die Gewalt des Staates gegenüber den Frauen im allgemeinen, und ganz besonders gegenüber farbigen Frauen. Die ›Coalition‹ setzt sich aus zweiunddreißig Frauengruppen aus der weiteren Umgebung von Los Angeles zusammen. Gemeinsam organisierten sie verschiedene Demonstrationen und Märsche gegen die ›South Side‹-Morde und gegen Gewalt, die durch die Einwanderungsbehörde an den Frauen unter den Immigranten und Flüchtlingen verübt wird. Am Marsch in Los Angeles nahmen ungefähr achthundert Menschen teil, und von vielen wurde er als die von den meisten Rassen unterstützte Demonstration bezeichnet, der sie je in Los Angeles beigewohnt hatten.

Internationale Aktionen als Protest gegen die ›South Side‹-Morde

Auf einer internationalen Konferenz im April 1986 in Nairobi, die von der ›International Wages for Housework Campaign‹ und von ›International Black Wages for Housework‹ organisiert wurde, beschlossen die Frauen, einen Tag lang nationale und internationale Protestaktionen gegen die ›South Side‹-Morde durchzuführen. Im Juli 1986 veranstalteten Frauen in Los Angeles, San Francisco, Tulsa, Oklahoma, Philadelphia, Vancouver, British Columbia und London Sitzstreiks und Die-ins, um gegen die ›South Side‹-Morde zu protestieren. In London vereinigten sich Masken tragende Frauen mit dem ECP und mit ›International Black Women for Wages for Housework‹ vor der Botschaft der USA, wo sie eine Verbindung herstellten zwischen dem falschen Vorgehen im Fall der ›South Side‹-Morde und dem falschen Vorgehen bei den Kindesmorden von Atlanta.

In San Francisco hielten Mitglieder von U. S. PROS und unsere Symphatisanten Blumen in denHänden und veranstalteten vor dem Gebäude der Bundesstaat-Regierung eine Mahnwache. In Philadelphia organisierte die Gruppe ›Wages for Housework‹ eine Kundgebung, bei der sie von einem Kongreßmitglied einen Brief verlangten, der eine Untersuchung auf Bundesebene über das gemeinsame Vorgehen des Police Department in Los Angeles und des Sheriff's Department in den Mordfällen anordnete. Sie kamen mit ihrer Forderung durch. Mehr als siebzig Frauen versammelten sich in Vancouver, Kanada, zu einer Protestkundgebung, die von ›Prostitutes and Other Women for Equal Rights‹ (POWER) organisiert worden war. Im gleichen Zeitraum veranstaltete in Seattle die Gruppe ›Women's Coalition to Stop the Green River Murders‹ in einer unabhängigen Aktion ein Sit-in, und zwar je eine Stunde lang für das Leben der einzelnen ermordeten Frauen. In Los Angeles stellten sich Mitglieder der ›TBTN-Coalition‹ und der ›Black Coalition FBSM‹ sowie andere vor dem Polizeihauptquartier auf; sie demonstrierten mit einer Sargattrappe, durch Blumen und Frauen, die in Leintücher gehüllt waren, um Leichen zu symbolisieren, gegen die Morde. Die internationalen Aktionen waren zum erstenmal eine Gelegenheit, daß sich in den USA das Fernsehen auf nationaler Ebene mit den ›South Side‹-Morden in seiner Berichterstattung beschäftigte.

U. S. PROS wird häufig von der Presse oder von Feministinnen-Gruppen aufgefordert, eine ›echte‹ Prostituierte vorzuweisen. Es hat den Anschein, daß das Wort einer organisierten Gruppe von Arbeiterinnen in der Sex-Industrie nicht für voll genommen wird. Wieder mal zwingen uns Frauen, die keine Prostituierten sind, die Art auf, wie wir unsere Organisation führen sollen, ohne in Betracht zu ziehen, welches Risiko für uns und unsere Familien damit verbunden ist. Diejenigen von uns in U. S. PROS, die gegenwärtig als Prostituierte arbeiten, lehnen das entschieden ab. Prostituierte sind keine Ausstellungsstücke. Wir sind arbeitende Frauen, die das Geld brauchen und ausgebeutet werden wie Millionen anderer Frauen tagtäglich. Wir können die speziellen Probleme, die unsere Illegalität schafft, nicht ignorieren oder verbergen, aber wir wissen, daß der einzige Weg, ein Ende unserer Ausbeutung zu erreichen, darin liegt, daß wir uns mit den Unterschieden zwischen uns auseinandersetzen und eine gemeinsame Basis finden, auf der wir mit anderen Frauen zusammenarbeiten können.

Mein Dank gilt den Frauen im U. S. PROS-Netz, die zu diesem Artikel beigetragen haben.

COYOTE/›National Task Force on Prostitution‹ (NTFP), die nationale Prostitutions-Sondereinheit

Zielsetzung

Die Ziele der ›National Task Force on Prostitution‹ sind:
1. die gültigen Prostitutionsgesetze aufzuheben;
2. Prostituierten die Möglichkeit zu verschaffen, mit ihren Arbeitgebern – wenn sie über Vermittler arbeiten – zu verhandeln, damit sie ihre Arbeitsbedingungen verbessern können;
3. die Öffentlichkeit über die Realitäten der Prostitution aufzuklären, die im Gegensatz zu den verschiedenen Mythen steht;
4. die Verbreitung von AIDS und anderer durch sexuellen Kontakt übertragbarer Krankheiten durch Aufklärung zu verhindern;
5. das Stigma abzuschaffen, das der weiblichen Sexualität und dem Erringen von Macht (d. h. Geld) anhaftet.

Die Ziele der NTFP beinhalten die Aufhebung aller Gesetze gegen das Ansprechen in der Öffentlichkeit sowie das Auffordern zu oder Einwilligen in sexuelle Handlungen im Austausch gegen Geld oder andere Wertgegenstände. Darüber hinaus sind wir der Auffassung, daß kein Aspekt der Prostitution, sofern sich beide Teile freiwillig dazu bereit erklären, kriminalisiert werden darf, einschließlich der Beziehungen zwischen Prostituierten und Dritten oder Managern (auch bekannt als Zuhälter, Macker oder Stenz o. ä.), gegen das Anmieten einer Immobilie zum Zwecke der Prostitution, das Wohnen an einem Ort, wo Prostitution stattfindet, oder ähnliche Aspekte der Prostitution. Die bestehenden Gesetze, die sich mit Übergriffen, Mißhandlung, Entführungen und sexueller Belästigung befassen, müssen in solchen Fällen verschärft werden, wo Gewalt angewendet oder angedroht wird, um jemanden dazu zu zwingen, in der Prostitution oder Pornografie zu arbeiten. Auch die Einwanderungsgesetze, die jeder Frau, die einmal als Prostituierte gearbeitet hat, sei es legal oder illegal, die Einwanderung verwehrt, sollten abgeschafft werden, genauso wie die für die Staaten innerhalb der USA geltenden Gesetze, wonach Prostituierte nicht von einem Bundesstaat in den anderen reisen dürfen oder kein durch Prostitution verdientes Geld über die Grenzen geschickt werden darf. Die Gesetze zum sexuellen Mißbrauch von Jugendlichen sollen verschärft werden gegen jene, die aus der Sexualität von Minderjährigen Gewinn ziehen.

Die NTFP unterscheidet zwischen freiwilliger und aufgezwungener Prostitution. Freiwillige Prostitution ist der auf beiderseitiger Freiwilligkeit beruhende Austausch von sexuellen Diensten gegen Geld oder andere Zuwendungen; sie ist eine Form der Arbeit, und wie die meiste Arbeit in unserer kapitalistischen Gesellschaft ist sie häufig entfremdet (das heißt, Arbeiter/Prostituierte haben zuwenig Kontrolle über ihre Arbeitsbedingungen und die Art, wie die Arbeit abläuft). Aufgezwungene Prostitution ist eine Form gesteigerten sexuellen Mißbrauchs.

Die NTFP unterstützt die Entwicklung von Programmen, die erwachsenen und jugendlichen Prostituierten dabei helfen sollen, ihre Beschäftigung zu wechseln, sowie Programme, die Schutz und Unterstützung für all jene Prostituierten vorsehen, die Opfer von Gewalttaten sind, gleichgültig, ob die Gewalttaten fortgesetzt oder bei zufälligen Gelegenheiten stattfinden.

Die NTFP setzt sich dafür ein, daß die Prostituierten nicht zu Sündenböcken für AIDS oder andere Geschlechtskrankheiten gemacht werden, und für eine Aufklärung von Prostituierten, deren Kunden und die allgemeine Öffentlichkeit über die Vorbeugung gegen diese Krankheiten.

Die NTFP ruft lokale, bundesstaatliche und nationale Regierungen sowie private Geldgeber dazu auf, Programme zu finanzieren, die Prostituierten und Ex-Prostituierten dienen.

Geschichte

COYOTE wurde 1973 in San Francisco von Margo St. James, einer Ex-Prostituierten, gegründet. Obwohl es viele Vereinigungen gab, die sich für die Rechte der Frauen einsetzten, beschäftigte sich keine Organisation mit dem Thema der Rechte für Prostituierte. Was noch wichtiger war, niemand sprach über dieses Thema aus der Perspektive der Prostituierten selbst. Ähnliche Organisationen schossen überall in den USA aus dem Boden, so in New York PONY, in Massachusetts PUMA, in Hawaii DOLPHIN, in Detroit CUPIDS, in Michigan PEP, in Florida COYOTE, in Kansas City KITTY, in Los Angeles CAT, in New Orleans PASSION, in Sacramento COYOTE, in San Diego OCELOT, in Seattle ASP und viele andere mehr. Die meisten Organisationen bestanden aus einer einzigen aktiven Person, der es möglich war, aus dem Verborgenen herauszutreten und öffentlich zum Thema Prostitution zu sprechen. Andere bestanden aus einer kleinen Gruppe von Aktiven. PUMA in Massachusetts konzentrierte sich immer mehr auf das Thema der Gewalt gegen Prostituierte, und jetzt besteht seine Hauptaufgabe darin, mißhandelten Prostituierten zu helfen. CUPIDS versammelt sich weiterhin in Detroit und prangert polizeiliche Übergriffe gegenüber Prostituierten an. CAT in Los Angeles kümmerte sich anfangs vor allem um Minderjährige und wurde jetzt zu der Organisation ›Children of the Night‹, eine Anlaufstelle für jugendliche Prostituierte. Die meisten Organisationen stellten früher oder später die Arbeit wieder ein, wenn sich der Kern ihrer aktiven Mitglieder anderen Dingen zuwandte. Ein entscheidender Faktor war schon immer die Schwierigkeit, Geldmittel aufzutreiben, entweder von Stiftungen oder von der Regierung, um die öffentliche Aufklärung und/oder Dienstleistungsprojekte weiter zu betreiben. Ein weiterer, ebenso entscheidender Faktor ist die Gefahr, die darin liegt, wenn man über die Rechte der Prostituierten spricht und selbst Prostituierte ist, wobei man persönlich sehr viel aufs Spiel setzt; es ist sehr schwierig, diese Mühen ohne finanzielle und politische Unterstützung durchzuhalten. Für viele Menschen und Organisationen ist die Prostitution immer noch ein äußerst zwiespältiges Thema. Die meisten Gesetzgeber reißen nach wie vor ihre Witze darüber, es sei denn, sie benutzen sie dazu, durch Angriffe auf Prostituierte Beliebtheit zu erlangen.

Die politisch aktivsten Gruppierungen von allen waren die in San Francisco und Atlanta. Im Jahre 1979 wurde die ›National Task Force on Prostitution‹ mit der Absicht gegründet, nach und nach ein einheitliches nationales Netz von Organisationen zu entwickeln, die sich als Fürsprecher für die Rechte der Prostituierten verstanden. 1984 wurde die erste nationale Konferenz abgehalten, zur gleichen Zeit wie der Demokratische Nationalkonvent. Seither wurden jährliche Konferenzen abgehalten. Es gibt ein ähnliches Netz in Kanada, ›Canadians Organize for the Rights of Prostitutes‹ (CORP), das mit der NTFP bei einigen Projekten zusammenarbeitete. Die Mehrzahl der aktiven Mitglieder der Gruppen sind Prostituierte oder Ex-Prostituierte, aber es sind auch einige Sympathisanten aus Kreisen außerhalb der Prostitution darunter.

Im Jahre 1986 organisierte die NTFP eine Versammlung für alle, die die Forderung nach Rechten für die Prostituierten unterstützen, darunter viele Nicht-Prostituierte, mit dem Ziel, ein Netz solidarischer Organisationen zu errichten, das den vorläufigen Namen ›Feminist Alliance for Prostitutes' Rights‹ tragen sollte. Inzwischen haben sich FAPR-Gruppen in New York, Tampa und Seattle zusammengefunden. Es gibt außerdem zahlreiche Vermittlungsstellen für Dienstleistungen, die der Task Force lose angegliedert sind, darunter das ›Mary Magdalene Project‹ in Südkalifornien und ›Genesis House‹ in Chicago.

1985 gründeten Margo St. James und Gail Pheterson das ›International Committee for Prostitutes Rights‹ (ICPR), das seinen Sitz in Holland hat. Die ›National Task Force on Prostitution‹ – und die angegliederten Gruppen – sind Mitglieder des ICPR, das den Weltkongreß der Prostituierten in Amsterdam 1985 und in Brüssel 1986 ausrichtete. Die darauffolgenden Kongresse fanden in San Francisco und Italien statt.

Was kann man tun, um Prostituierten zu helfen?

Ein Führer mit helfenden Einrichtungen: Erstellen Sie einen Führer mit allen helfenden Stellen; führen Sie darin auch die gesetzlich verankerten Rechte für Prostituierte, die in Ihrem Land gelten, auf, und außerdem eine Liste mit allen offiziellen Stellen, die bereit sind, mit Prostituierten zusammenzuarbeiten (Gesundheitsämter, Frauenhäuser, psychologische Programme, Rechtsanwälte, Berufsberatungsstellen, Haushaltsführungs-Programme) sowie andere Frauengruppierungen. Außerdem sollen enthalten sein: Richtlinien für Safer Sex und Anlaufstellen für weitere Aufklärung über AIDS. Wenn es in Ihrer Gegend die Möglichkeit einer anonymen (nicht nur einer vertraulichen) Untersuchung gibt, nennen Sie die entsprechende Stelle ebenfalls in Ihrem Führer.

Öffentliche Aufklärung: Veranstalten Sie in Ihrer Gemeinde Vorträge zum Thema Prostitution. Zu den Sprechern können dabei Mitglieder von Bürgerrechts- und anderen Organisationen, der Vereinigung der Rechtsanwälte und Pflichtverteidiger, des Gesundheitsamtes, der örtlichen AIDS-Beratungsstelle sowie rechtskundige Feministinnen, Sozialarbeiter, die mit vergewaltigten und mißhandelten Frauen zu tun haben, und natürlich Prostituierte gehören.

Bemühen Sie sich um Sympathieerklärungen: Nehmen Sie Kontakt auf zu feministischen und anderen Frauen-Organisationen, Homosexuellen-Organisationen, Bürgerrechts-Organisationen, Sozialrechts-Organisationen, Kriminalrechts-Reform-Organisationen, Gefangenenrechts-Organisationen und ähnlichen fortschrittlichen Gruppen in Ihrer Gegend, um herauszufinden, ob sie einen offiziellen Standpunkt zur Prostitution einnehmen. Wenn das der Fall ist, versuchen Sie, eine Kopie von irgendwelchen Resolutionen zu erhalten, die sie zu dem Thema verabschiedet haben. Falls nicht, fragen Sie an, ob sie interessiert daran sind, daß eine Sprecherin zu einer ihrer Versammlungen kommt und/oder ob sie gewillt sind, eine Resolution, in der die Entkriminalisierung der Prostitution verlangt wird, zu unterschreiben.

Erarbeiten Sie Resolutionen zu speziellen Praktiken der

Polizei und Gerichtsbarkeit in Ihrer Gemeinde, und fordern Sie andere Organisationen auf, diese Resolutionen mit zu unterschreiben oder zu unterstützen.

Gefängnis-Projekt: Erkunden Sie die Möglichkeit, ein Projekt innerhalb des Frauengefängnisses zu entwickeln. Solche Projekte können Lehrstunden oder andere Dienstleistungen enthalten oder Konzerte und andere Unterhaltung ins Gefängnis bringen, dazu eine freiwillige Beratung bieten und sich in Gruppenarbeit mit Safer Sex beschäftigen und dabei auf die Ziele der ›National Task Force on Prostitution‹ zu sprechen kommen.

Der Rote Faden: Die Bewegung der Prostituierten in Holland

Hansje Verbeek und Terry van der Zijden

Prostitution in Holland

Holland genießt den Ruf, in bezug auf Prostitution ziemlich liberal zu sein. Fremde sind oft verblüfft, wenn sie die Frauen ganz selbstverständlich in den Rote-Laternen-Vierteln hinter den Fenstern sitzen sehen. Demzufolge ist das entsprechende Viertel in Amsterdam eine bekannte Touristenattraktion und wird von der Stadtverwaltung als solche geschätzt. Obwohl sich die Arbeitsbedingungen der holländischen Prostituierten verglichen mit denen in anderen Ländern im positiven Sinne unterscheiden – und obwohl die meisten von ihnen arbeiten können, ohne von der Polizei darin behindert zu werden –, sind sie mit einem Stigma behaftet. Frauen, die als Prostituierte arbeiten, werden als minderwertig angesehen und als Bürger zweiter Klasse behandelt. Viele von ihnen führen ein Doppelleben, weil sie die Art, wie sie ihr Geld verdienen, geheimhalten wollen. Sie schweben in der ständigen Angst, entdeckt zu werden, und es fällt ihnen schwer, sich einen Bekanntenkreis aufzubauen, so daß sie in eine soziale Isolation geraten. Andere Frauen, die als Prostituierte arbeiten, ziehen sich ganz und gar in die Prostituierten-Szene zurück, die, da sie vom Rest der Gesellschaft abgesondert ist, ihre eigenen sozialen Gesetze hat und in der sich alle möglichen ›Outlaws‹ tummeln.

Anfang des letzten Jahrhunderts änderte Holland die Gesetze zur Prostitution, und der Abolitionismus bestimmte die neue Gesetzgebung. Das bedeutet, daß Prostitution nicht verboten ist, es ist jedoch strafbar, als Dritter von der Prostitution anderer zu profitieren. In der Praxis heißt das, daß die Prostitution mit gewissen Beschränkungen und nur an bestimmten Orten erlaubt ist, sofern die Stadtverwaltung beschließt, daß daraus kein öffentliches Ärgernis entsteht. Heutzutage versuchen viele Stadtverwaltungen bei der Renovierung und Neuplanung von Städten, die Prostitution zu integrieren, sie aus den alten Vierteln, in denen sie angesiedelt waren, in die Neubaugebiete zu verlegen.

Der durchschnittliche holländische Bürger steht der Prostitution indifferent gegenüber, aber Leute, die damit tagtäglich in ihrer unmittelbaren Nachbarschaft konfrontiert sind, protestieren häufig dagegen. Sogar im toleranten Amsterdam setzten die Leute alle Hebel in Bewegung, um die Strichdamen aus ihrer Gegend zu vertreiben. Als die Frauen in eine andere Gegend umzogen, wohin sie nach einem Beschluß des Bürgermeisters gehen sollten, versuchten die Anwohner der neuen Nachbarschaft wiederum alles – von gerichtlicher Verfolgung bis zu physischer Einschüchterung –, um die Frauen davonzujagen. Die Prostitution wird in Holland nicht in dem Maße akzeptiert, wie allgemein angenommen wird.

Holland hat ungefähr 15 000 Prostituierte. Sie arbeiten auf der Straße, hinter Fenstern, in Bars, Bordellen, Clubs, zu Hause oder als Callgirls. Da die Richtlinien für die Prostitution fast ausschließlich unter dem Gesichtspunkt der ›Erregung öffentlichen Ärgernisses‹ festgelegt werden, ist eine eindeutige Tendenz vorherrschend, alle verdächtigen Formen der Prostitution einzudämmen. In einer Stadt wie Amsterdam können teure Clubs hell im Lampenlicht erstrahlen, Straßenprostituierte werden jedoch von ihren Standorten vertrieben. Und obwohl die Straßenprostituierten nicht in Ruhe gelassen werden, unterstützt die konservative Regierung den Roten Faden (die Gruppe, die mit Nachdruck die Interessen der Prostituierten vertritt) durch die Gewährung eines staatlichen Zuschusses.

Der Rote Faden begann als Selbsthilfe-Gruppe von Prostituierten und Ex-Prostituierten, die von Jan Viseer von der Ade-Graaf-Stiftung im Januar 1984 ins Leben gerufen wurde. Die Stiftung, die eine einzigartige Bibliothek und ein Dokumentationszentrum über Prostitution unterhält, liefert außerdem Informationsmaterial über die Politik der Regierung und der Gemeinden in bezug auf die Prostitution. 1985 wurde der

Rote Faden dann eine offizielle Einrichtung. Seine Ziele: die Anerkennung der Prostitution als Beruf voranzutreiben und den Interessen der Prostituierten und Ex-Prostituierten zu dienen. In diesem Bestreben arbeitet der Rote Faden für eine Verbesserung in der Gesetzgebung, bezüglich der Arbeitsbedingungen, der sozialen Arbeit und der öffentlichen Meinung.

Seit dem ersten Internationalen Kongreß der Prostituierten, der im Februar 1985 in Holland stattfand, hat der Rote Faden einen rasanten Aufstieg genommen. Glanzpunkte des Kongresses waren Gail Pheterson, eine amerikanische Sozialpsychologin, die in Holland gearbeitet hatte, und Margo St. James, die Gründerin von COYOTE.

Aufgrund des überwältigenden Interesses der Medien an dem Kongreß, gewann der Rote Faden nationale und internationale Aufmerksamkeit. Bei dem Kongreß gaben sich die meisten von uns zum erstenmal in der Öffentlichkeit als Prostituierte zu erkennen. Doch plötzlich wurden die Mitglieder des Roten Fadens als Experten betrachtet, die alle Prostituierte vertraten. Und als solche wurden wir um Stellungnahmen in außerordentlich verschiedenartigen Angelegenheiten gebeten. Die Erwartungen, die wir selbst und andere an uns hatten, lasteten als schwerer Druck auf uns. Anfangs versuchten wir, allen Wünschen gerecht zu werden, da wir nun endlich die Chance bekommen hatten, unsere Sache öffentlich zur Sprache zu bringen. Später kam das Gefühl in uns auf, daß man uns ausgenutzt hatte, besonders in der fieberhaften Begeisterung zur Zeit des ersten Kongresses. Es gab Fragen wie: Was halten Sie von siebzehnjährigen Prostituierten? Stellen Sie sich auch vor heroinsüchtige Huren? Wird der Markt nicht von Frauen – vor allem ausländischen Frauen – verdorben, die zu niedrigen Preisen arbeiten? Sind Sie damit einverstanden, daß Sie von der Polizei registriert werden, oder glauben Sie, daß in Zukunft Ihre Organisation verantwortlich für diese Registrierung sein sollte? Was ist mit den Prostituierten, die überhaupt keine Organisation wollen? Wir waren auf diese Art von provozierenden, manchmal tendenziösen Fragen nicht vorbereitet, die uns Journalisten und andere stellten. Obwohl wir uns häufig auf die Weltcharta für die Rechte von Prostituierten beziehen konnten, hatten wir noch keine Zeit gehabt, ideologische Fragen unter uns selbst auszudiskutieren.

Einer der Punkte, über die wir nach und nach diskutierten, waren die Rechte, für die wir kämpften, nämlich unsere Arbeit in Freiheit tun zu können; und das waren Rechte, die allen Frauen vorenthalten waren. Deshalb nahmen wir Verbindung auf mit Feministinnen in der Frauenbewegung, um dort unseren Beitrag zu leisten. Wir tauschten Gedanken und Ideen aus und gingen gegen die gegenwärtig herrschende Meinung an, daß die Prostituierten dazu beitrügen, die Unterdrückung der Frau beizubehalten. Die Diskussion darüber, ob man beides gleichzeitig sein kann, Prostituierte und Feministin, tobt immer noch, und wir haben inzwischen schon eine große Zahl von Fürsprechern gewonnen. Das öffentliche Interesse wurde aufgerüttelt, die Prostitution war zum heißen Eisen geworden.

Wir hatten organisatorische Probleme, vor allem wegen der ungleichen Verteilung der Aufgaben. Besonders vordringlich empfanden wir die Notwendigkeit, ein eigenes Büro zu haben, von wo aus wir wirken konnten, unser Wissen sowie Material zusammentragen, uns zu versammeln und erreichbar sein konnten.

Heute besteht die Gruppe aus einem Kern von achtzehn Mitgliedern, direkt umgeben von einem Kreis interessierter Frauen, die in unregelmäßigen Abständen bei den Versammlungen erscheinen und ständig informiert sein möchten, sich aber jetzt (noch) nicht ganz dazu bekennen wollen. Natürlich beschäftigt sich der Rote Faden auch mit den Interessen männlicher Prostituierter. Eine Zeitlang waren einige Männer aktiv im Roten Faden tätig, zur Zeit jedoch leider nicht.

Wir sind Verhandlungspartner in allen Arten von Beratungen mit Politikmachern, Sozialarbeitern und Frauenorganisationen. Wir werden auch regelmäßig gebeten, Informationen zu erteilen und Vorträge zu halten. Es ist auffallend, wie sehr manchen Leuten daran liegt, eine ›echte‹ Hure bei irgendwelchen Veranstaltungen dabeizuhaben.

Während wir ein Wissen haben, daß nur Prostituierte besitzen können, haben wir in anderen Bereichen nicht genügend Sachkenntnis, um unsere Politik angemessen zu vertreten. Deshalb lernen wir jetzt in einer speziellen Schulung, wie man die Politik beeinflussen und mit der Öffentlichkeit umgehen kann.

Vor zwei Jahren bekamen wir einen Zuschuß, der uns in die Lage versetzte, drei Frauen fest anzustellen. Natürlich haben wir große Pläne, aber zur Zeit sind wir noch dabei, unsere Organisation zu stärken, unsere Aktivitäten auszudehnen und neue Mitglieder zu gewinnen.

Zwei der Themen, denen im Moment der Hauptteil unserer Aufmerksamkeit gewidmet ist, nämlich AIDS und die Arbeitsbedingungen der Prostituierten, werden im folgenden behandelt.

AIDS

Schon bevor AIDS in weiten Kreisen und offen in Holland diskutiert wurde, war uns klar, daß nach den homosexuellen Männern und den Fixern wir die nächsten wären, die man zu Sündenböcken machen würde. Als die Forschung über die Übertragung von AIDS durch heterosexuellen Kontakt einsetzte und man uns bat, uns als Studienobjekte zur Verfügung zu stellen, entgegneten wir, daß man nicht uns überprüfen sollte, sondern jene Frauen und Männer, die regelmäßig Geschlechtsverkehr ohne Kondome haben. Wir weisen die Vorstellung zurück, nach der man uns für krank und gefährlich hält, einzig und allein aus dem Grund, weil wir Geld für Sex nehmen. Wir verschließen jedoch nicht die Augen vor der Tatsache, daß es sich einige von uns nicht aussuchen können, ob sie mit oder ohne Kondome arbeiten. Die Aufmerksamkeit der Öffentlichkeit richtet sich viel zuwenig auf den Umstand, daß Frauen gezwungen werden können, ohne Schutz zu arbeiten. Das gleiche trifft zu auf die Frage, wie wir es verhindern können, AIDS-Überträger zu werden. Aus diesem Grund versuchen wir, die Kunden und die Besitzer von

Etablissements davon zu überzeugen, daß das Ficken ohne Kondome für jedermanns Gesundheit gefährlich ist. Leute, die Unsafe Sex betreiben, gehen das Risiko ein, infiziert zu werden – nicht Huren, die Kondome benutzen. Wir versuchen, die von der Öffentlichkeit automatisch hergestellte Verbindung zwischen Prostitution und AIDS zu zerstören, indem wir auch auf andere Berufskrankheiten verweisen, wie Rükkenbeschwerden, Blasen- und Niereninfektionen und Streß. Wir betonen, daß diese Beschwerden durch bessere Arbeitsbedingungen gemindert werden können.

Arbeitsbedingungen

Die Verbesserung der Arbeitsbedingungen setzt eine Anzahl von Gesetzesänderungen voraus, die dringend nötig sind: die Abschaffung des Verbotes von Bordellen und dafür die Einführung eines Lizenz-Systems, durch das Zwang, Gewalt und Ausbeutung unterbunden werden, so daß keine überlangen Arbeitszeiten oder die Anwendung bestimmter Praktiken mehr erzwungen werden und die Prostituierten nicht mehr gegeneinander ausgespielt werden können. Sicherheitsvorkehrungen – zum Beispiel Notruf- und Feuerlöscheinrichtungen und gute sanitäre Anlagen – sollten selbstverständlich sein. Oft werden nur solche Gesichtspunkte wie Arbeitsverträge und die Zahlung von Sozialbeiträgen und anderen Abgaben diskutiert. Wir sind der Ansicht, daß man diese Pflichten nicht einführen kann, bevor die Rechte der Prostituierten festgelegt sind. Wir wollen nicht von Gesetzen und Vorschriften geknebelt werden, die nur dafür gemacht sind, um die Prostitution zu kontrollieren. Wir sind für Veränderungen, wenn sie Verbesserungen mit sich bringen.

Der Rosa Faden

Marjan Sax

Der Rosa Faden ist eine Schwesterorganisation des Roten Fadens. Er wurde am Vorabend des Ersten Internationalen Kongresses der Prostituierten im Januar 1985 ins Leben gerufen. Die Initiative für den Beginn des Rosa Fadens ging von zwei Frauen aus, die bei der Gründung des Roten Fadens geholfen hatten: Martine Groen, die die Selbsthilfe-Gruppe der Prostituierten leitete, und Gail Pheterson, die ›verbündete‹ Frauengruppen sowohl in den Vereinigten Staaten als auch in Holland einrichtete. Die Methode, die sie anwandten, war einfach: Sie nahmen Verbindung auf mit Frauen, die sie kannten oder von denen sie annahmen, daß sie sich für das Thema Prostitution interessierten, luden sie zu einem angenehmen Abend ein, und der Rosa Faden Amsterdam war entstanden.

Was ist der Rosa Faden?

Der Rosa Faden ist eine Gruppe für alle Frauen, Prostituierte und Nicht-Prostituierte, die eine Brücke bildet zwischen den Mitgliedern der Frauenbewegung und den Prostituierten.

Die Beziehung zwischen Feministinnen und Prostituierten war nicht immer gut. Vorurteile und der Mangel an Information über die jeweilige Situation der anderen standen einer guten Zusammenarbeit im Weg. Zum Beispiel betrachten eine Menge Feministinnen die Prostituierten als Opfer einer Männergesellschaft. Sie sind der Überzeugung, daß die Prostitution abgeschafft und die Prostituierten gerettet werden müssen. Selbstbewußte Prostituierte, die von sich behaupten, kein Mitleid zu brauchen, werden kaum verstanden. Die herrschende Meinung ist, daß sie sich wissentlich und bereitwillig zu Objekten herabwürdigen lassen. Prostituierte hingegen blicken voller Mißtrauen auf Feministinnen. Oft sehen sie in ihnen ›frustrierte Männer-Hasserinnen‹, die nicht einmal in der Lage sind, sich attraktiv anzuziehen, und nichts anderes brauchen, als ›einmal richtig durchgebumst zu werden‹. Die Vorurteile auf beiden Seiten bekommen Nahrung durch die Schauermärchen über das Gewerbe der Huren und der häufig negativen Publizität, die die Frauenbewegung genießt. Hauptsächlich wird das Mißverständnis jedoch durch die Stigmatisierung der Prostituierten verursacht. Wir werden gegeneinander ausgespielt. Wie Gail Pheterson es ausdrückt: »Farbige Frauen, Frauen der Arbeiterklasse, lesbische Frauen, jüdische Frauen, geschiedene Frauen, fette Frauen, ungebildete Frauen, ja alle Frauen können als Huren bezeichnet werden, um auf diese Weise eine schlechte Behandlung zu rechtfertigen.« Als Folge davon versuchen Frauen, diesem Stigma zu entgehen und haben Angst vor Huren, denn: »Wer sich mit einer Hure abgibt, ist wahrscheinlich selbst eine.« Als ›Hure‹ abgestempelt zu werden, ist genau das, was Frauen unter allen Umständen vermeiden möchten.

Der Rosa Faden ist ein erster Schritt, um den Spalt zwischen Huren und Nicht-Huren zu schmälern. Es ist ein Weg ohne drohende Angst, auf dem wir einander kennenlernen und helfen können.

Nicht-Prostituierte zeigen ein wachsendes Interesse an den Lebensumständen und den Gedanken von Prostituierten, und immer mehr Feministinnen kommen zu der Überzeugung, daß Prostituierte das gleiche Recht auf Unabhängigkeit und soziale Anerkennung haben wie alle Frauen.

Der Rosa Faden ist ein Treffpunkt für Frauen mit sehr unterschiedlichem Hintergrund: einige von ihnen haben in ihrem Beruf als Ärztinnen oder Sozialarbeiterinnen mit der Prostitution zu tun, der größere Teil der Gruppe jedoch besteht aus Feministinnen, die sich mit den Prostituierten im Kampf für die Befreiung der Frau verbunden fühlen.

Aktivitäten

Der Rosa Faden betätigt sich in verschiedenen Bereichen:

- Praktische und moralische Unterstützung des Roten Fadens;
- Anregung zur Diskussion über Prostitution in feministischen Kreisen;
- Entwicklung von Gedanken zur Beziehung zwischen Prostitution, Sexualität und der Unterdrückung der Frauen.

Im Anfangsstadium des Rosa Fadens hatte die Unterstützung des Roten Fadens Vorrang. Der Rosa Faden leistete dem Roten Faden verwaltungstechnische Hilfe, schrieb offizielle Briefe und Anträge auf Hilfsgelder, lieferte das Konzept für Versammlungen des Roten Fadens und half bei der allgemeinen Organisation. Die Frauen des Rosa Fadens werden regelmäßig zu den Versammlungen des Roten Fadens eingeladen, um Informationen zu liefern oder ungewöhnliche Aufgaben zu erfüllen. Je besser die Organisation des Roten Fadens wird, desto weniger notwendig ist seine Unterstützung.

Die Frauen des Rosa Fadens beschäftigen sich mit der Frage von AIDS, indem sie an Veranstaltungen teilnehmen und Gegeninformationen liefern, wenn über die Verbindung von Prostitution und AIDS diskutiert wird. Der Rosa Faden hat auch einen wesentlichen Beitrag zu den Vorbereitungen des Zweiten Weltkongresses der Prostituierten in Brüssel im Oktober 1986 geleistet.

Eine Zeitlang organisierte der Rosa Faden regelmäßige Informations- und Diskussionsabende zum Thema Prostitution, bei denen der Beziehung zwischen Feminismus und Prostitution die meiste Aufmerksamkeit gewidmet wurde. Diese Abende wurden hauptsächlich von solchen Frauen besucht, die ›echte‹ Prostituierte kennenlernen und mehr über sie erfahren wollten. Die Atmosphäre bei diesen Zusammenkünften war entspannt, denn beide Teile waren daran interessiert, mehr vom anderen zu erfahren.

Wie geht der Rosa Faden vor?

Die Zusammenkünfte des Rosa Fadens sind für Frauen sowohl des Rosa Fadens als auch des Roten Fadens offen, und sie finden ungefähr einmal im Monat statt. Die Versammlungen sind ziemlich zwanglos; es wird viel geplaudert, Informationen werden ausgetauscht, und nur über wenige Dinge wird formell abgestimmt. Es gibt ungefähr fünfzig Mitglieder, aber die Zahl der Teilnehmer schwankt. In Amsterdam sind es im allgemeinen zehn bis zwanzig Frauen, unter denen ein paar Frauen sehr aktiv sind. Andere kommen nur, um Informationen zu liefern und zu bekommen. Nach dem Kongreß in Brüssel zeichnete sich die Notwendigkeit ab, unsere Arbeit auf drei Punkte zu konzentrieren: Feminismus, Gesundheit und Menschenrechte (einschließlich der Probleme des Rassismus und der Immigrantinnen), deshalb teilte sich der Rosa Faden in drei Gruppen, eine für jeden Bereich. Jede Gruppe kommt jetzt einmal im Monat zusammen, und alle drei Monate veranstaltet der Rosa Faden eine Versammlung für alle Gruppen.

Nationale Verbreitung

Im Laufe des Jahres 1985 wurden mehrere Organisationen des Rosa Fadens ins Leben gerufen. Neben der Gruppe in Amsterdam gibt es den Rosa Faden jetzt auch in Eindhoven, Nijmegen und Utrecht. Die Aktivitäten sind von Stadt zu Stadt unterschiedlich. In Eindhoven hat die direkte Unterstützung des Roten Fadens Vorrang, während in Utrecht die Mitglieder die Prostitutions-Politik der Stadt unter die Lupe nehmen und versuchen, Einfluß auszuüben, indem sie Briefe und Artikel in Zeitungen veröffentlichen und, falls nötig, Kampagnen starten. Unsere Aufmerksamkeit gilt jetzt auch der Regierungspolitik, um zu erreichen, daß andere Gesetze, die die Prostitution betreffen, diskutiert werden.

Wunde Punkte

Innerhalb des Rosa Fadens gibt es einen deutlichen Unterschied in der Einstellung der Frauen, die von Berufs wegen mit der Prostitution zu tun haben und jenen, die vom feministischen Standpunkt her interessiert sind. Jene, die in ihrem Beruf mit der Prostitution zu tun haben, fragen sich kaum, wie und bis zu welchem Grad die Prostitution sie als Frauen berührt. Sie werden kritisiert, denn sie legen ihr professionelles, nicht ihr persönliches Verhalten an den Tag. Andererseits kritisieren sie wiederum die ideologischen Diskussionen der anderen und fühlen sich hin und wieder verunsichert. Überdies spielte die Frage, ob Männer Mitglieder des Rosa Fadens sein können, eine wichtige Rolle, besonders in der Anfangsphase, und verschiedene Meinungen prallten hier aufeinander. Bis jetzt haben sich nur in Utrecht Männer dem Rosa Faden angeschlossen.

Abgesehen davon gibt es natürlich eine Spannung zwischen den Prostituierten und Nicht-Prostituierten. Die Unterschiede in der Bildung, der sozialen Position und den Möglichkeiten bei den Frauen des Rosa Fadens und denen des Roten Fadens führen immer wieder zu Konfrontationen, und die Nicht-Prostituierten werden gelegentlich überwältigt von den alten Frustrationen der Prostituierten. Wir müssen eingestehen, daß die besten Absichten nicht immer ausreichen, um eine Brücke zwischen der Welt der Prostituierten und der der Nicht-Prostituierten zu schlagen. Sprachliche Verwirrung und Mißverständnisse können nicht immer verhindert werden: Das ist ein unvermeidbarer Prozeß, von dem beide Parteien, nachdem die Wunden heilgeleckt wurden, viel lernen können. Eins steht für alle fest: Die Sache, um die es geht, ist der gemeinsame Kampf der Prostituierten und Nicht-Prostituierten um das Recht der Selbstbestimmung für alle Frauen. Finanzielle Unabhängigkeit, sexuelle Selbstbestimmung und Schutz gegen (sexuelle) Mißhandlung sind die Ziele, für die sowohl Prostituierte als auch Feministinnen kämpfen.

Weltcharta des Internationalen Komitees für die Rechte der Prostituierten und Erklärung des Weltkongresses der Prostituierten

Internationales Komitee für die Rechte der Prostituierten

Weltcharta

Gesetze

Entkriminalisierung aller Bereiche der Prostitution Erwachsener, die aus freier, persönlicher Entscheidung entstanden ist.

Entkriminalisierung der Prostitution und regulierende Vorschriften für Dritte gemäß üblicher Geschäftsbedingungen. Es muß darauf hingewiesen werden, daß die gegenwärtigen üblichen Geschäftsbedingungen einen Mißbrauch der Prostituierten zulassen. Deshalb müssen spezielle Klauseln aufgenommen werden, die einen Mißbrauch und die Stigmatisierung von Prostituierten (selbständig arbeitenden und anderen) verhindern.

Durchführung der Strafgesetze gegen Betrug, Nötigung, Gewalt, sexuellen Mißbrauch von Kindern, Kinderarbeit, Vergewaltigung, Rassismus überall und über alle nationalen Grenzen hinweg, ob im Zusammenhang mit Prostitution oder nicht.

Abschaffung aller Gesetze, die so ausgelegt werden können, daß sie die Freiheit der Vereinigung oder die Freiheit für Prostituierte, innerhalb eines Landes oder über Landesgrenzen hinweg zu reisen, verwehren. Prostituierte haben das Recht auf ein Privatleben.

Menschenrechte

Garantie aller Menschenrechte und Bürgerrechte für Prostituierte, einschließlich der Rechte der freien Rede, des freien

Reisens, auf Immigration, Arbeit, Ehe und Mutterschaft und das Recht auf Arbeitslosenversicherung, Krankenversicherung und Wohnraum.

Gewährung von Asyl für jeden Menschen, dem die Menschenrechte aufgrund eines ›Verbrechensstatus‹ verweigert werden, sei es der Prostitution oder der Homosexualität.

Arbeitsbedingungen

Es soll kein Gesetz geben, das die Prostitution systematisch in eine bestimmte Zone verbannt. Prostituierte sollen die Wahl haben, wo sie arbeiten und wohnen wollen. Es ist wesentlich, daß Prostituierte ihre Dienstleistung unter Bedingungen erbringen können, die nur sie selbst bestimmen und sonst niemand.

Es soll ein Komitee geben, das den Schutz der Rechte der Prostituierten sicherstellt und an das sich die Prostituierten mit Beschwerden wenden können. Dieses Komitee muß sich zusammensetzen aus Prostituierten und anderen Berufsgruppen wie Rechtsanwälten und Sympathisanten.

Es soll kein Gesetz geben, das sich gegen eine Vereinigung oder eine Kollektivarbeit von Prostituierten richtet, die damit einen hohen Grad an persönlicher Sicherheit erreichen möchten.

Gesundheit

Dienste zur Beschaffung von Arbeitsstellen und Wohnmöglichkeiten und zur Beratung von jugendlichen Ausreißern sollen eingerichtet werden, um Kinderprostitution zu verhindern und das Wohlergehen und die Chancen der Kinder zu fördern.

Prostituierten müssen die gleichen sozialen Leistungen gewährt werden wie allen anderen Bürgern, je nach den Vorschriften der einzelnen Ländern.

Frauenhäuser und Hilfsstellen für arbeitende Prostituierte sollen eingerichtet werden sowie Bildungsförderungs-Programme für Prostituierte, die ein neues Leben anfangen wollen.

Steuern

Prostituierte oder das Gewerbe der Prostituierten sollen nicht mit speziellen Steuern belegt werden.

Prostituierte sollen auf der gleichen Basis wie andere unabhängige Geschäftstreibende und Angestellte Steuern zahlen und sollen in den Genuß der gleichen Vergünstigungen kommen.

Die öffentliche Meinung
Unterstützung von Aufklärungsprogrammen, um die Einstellung der Gesellschaft zu ändern, die Prostituierte und Ex-Prostituierte jeder Rasse, jeden Geschlechts und jeder Nationalität stigmatisieren und diskriminieren.

Entwicklung von Aufklärungsprogrammen, durch die zum Verständnis der Öffentlichkeit dafür beigetragen wird, daß der Kunde im Phänomen der Prostitution eine entscheidende Rolle spielt und diese Rolle im allgemeinen übersehen wird. Der Kunde sollte jedoch genausowenig wie die Prostituierte kriminalisiert oder auf der Basis der Moral verdammt werden.

Wir erklären uns solidarisch mit allen Arbeiterinnen in der Sex-Industrie.

Organisation
Die Organisation von Prostituierten und Ex-Prostituierten soll unterstützt werden, damit die obige Charta noch mehr Gewicht bekommt.

Auszüge aus der Erklärung des Zweiten Weltkongresses der Prostituierten (1986)

Prostitution und Feminismus

Das Internationale Komitee für die Rechte der Prostituierten (ICPR) ist sich klar darüber, daß bis jetzt die Frauenbewegung in den meisten Ländern Prostituierte als Sprecherinnen oder Theoretikerinnen nicht oder nur am Rande miteingeschlossen hat. Geschichtlich gesehen hat die Frauenbewegung (wie die sozialistische und die kommunistische Bewegung) sich gegen die Institution der Prostitution gestellt, während sie behauptete, die Prostituierten zu unterstützen. Die Prostituierten lehnen jedoch eine Unterstützung ab, die von ihnen verlangt, daß sie die Prostitution aufgeben; sie wehren sich dagegen, als Objekte der Unterdrückung angesehen zu werden, und verlangen, als Arbeiterinnen anerkannt zu werden. Aufgrund des Zögerns der Feministinnen beziehungsweise der Ablehnung, die Prostitution als legitime Arbeit anzuerkennen, haben sich die meisten Prostituierten nicht mit den Feministinnen identifiziert; viele Prostituierte identifizieren sich jedoch mit den feministischen Werten wie Unabhängigkeit, finanzielle Eigenständigkeit, sexuelle Selbstbestimmung, persönliche Stärke und Verbundenheit zu den Frauen.

Während des letzten Jahrzehnts haben einige Feministinnen angefangen, den traditionellen Anti-Prostitutions-Standpunkt ihrer Bewegung im Licht der tatsächlichen Erfahrungen, der Ansichten und Bedürfnisse der Prostituierten zu überdenken. Das ICPR kann insofern als feministische Organisation angesehen werden, als es sich zur Aufgabe gemacht hat, allen Frauen zu Respekt und einer Stimme zu verhelfen, auch den am wenigsten sichtbaren, den isoliertesten, degradierten und/oder idealisierten. Die Erarbeitung einer Analyse und einer Strategie im Rahmen der Frauenbewegung, die den

Zusammenhang herstellt zwischen den Lebensbedingungen von Prostituierten und den Lebensbedingungen von Frauen im allgemeinen und die der Integrität der Prostituierten gerecht wird, ist deshalb ein wichtiges Ziel des Komitees.

1. Finanzielle Eigenständigkeit

Die finanzielle Eigenständigkeit ist eine grundlegende Voraussetzung für das Überleben, die Selbstbestimmung, die Selbstachtung und die Entwicklung der Frauen. Anders als Männer ernten Frauen oft Verachtung und/oder Mitleid dafür, daß sie lebenswichtige Entscheidungen nach dem Gesichtspunkt des Geldverdienens treffen. Wirkliche finanzielle Unabhängigkeit schließt die Möglichkeit, Geld zu verdienen, ein (oder eine Stellung, um über Geld zu verfügen) sowie die Freiheit, es nach Lust und Laune auszugeben. Diese Möglichkeiten sind Frauen sehr selten gegeben, auch wenn sie kämpfen und sich kompromittieren. Finanzielle Abhängigkeit oder Notlage bilden die Lebensbedingungen der Mehrzahl der Frauen, je nach Gesellschaftsschicht, Kultur, Rasse, Bildung und anderen Unterschieden und Ungleichheiten. Wenn Frauen kämpfen oder sich kompromittieren, wird das traditionsgemäß als Zeichen von Unmoral und unglücklichem Schicksal angesehen und nicht als eines von Verantwortungsgefühl, Intelligenz und Mut. Der Unternehmergeist in finanziellen Dingen, den Prostituierte entwickeln, wird stigmatisiert und kriminalisiert als Warnung für die Frauen im allgemeinen, sich nur ja vor derartig eindeutig sexuellen Strategien zur finanziellen Unabhängigkeit zu hüten. Nichtsdestoweniger sind es traditionelle weibliche Überlebensstrategien, ›sexuell attraktiv zu sein‹ und ›eine gute Partie zu machen‹, Strategien, die vielleicht finanziellen Unterhalt, aber kaum finanzielle Unabhängigkeit sichern können. Alle Frauen, einschließlich der Prostituierten, sind mit den gleichen wirtschaftlichen Rechten ausgestattet wie jeder andere Bürger in jeder bestehenden Gesellschaft.

Das ICPR bekräftigt das Recht der Frauen auf finanzielle Beweglichkeit und finanziellen Gewinn, einschließlich des Rechts auf Kommerzialisierung sexueller Dienste oder sexuel-

ler Illusionen (wie in erotischen Medienpublikationen) und das Sparen und Ausgeben ihres Verdienstes nach ihren Bedürfnissen und Vorlieben.

2. Berufswahl

Der Mangel an Ausbildungs- und Berufsmöglichkeiten für Frauen auf der ganzen Welt ist zur Genüge nachgewiesen. Eine Berufswahl für Frauen (besonders farbige Frauen und Frauen der Arbeiterklasse) wie auch für Männer, die durch Vorurteile hinsichtlich ihrer Klasse und ihrer Rasse unterdrückt sind, ist im allgemeinen eine Wahl zwischen verschiedenen untergeordneten Positionen. Wenn sie einmal in einem Arbeitsverhältnis stehen, werden Frauen oft belästigt und geächtet. Außerdem richtet sich ihre Bezahlung eher nach ihrem Geschlecht als nach ihrer Leistung. Erst wenn Frauen Zugang zu den traditionellen Männerberufen gewährt wird und Frauen in den traditionell den Frauen vorbehaltenen Berufen eine angemessene Bezahlung und die entsprechende Anerkennung bekommen, sind die notwendigen Bedingungen für eine wirklich freie Berufswahl geschaffen. Diese Bedingungen verbieten von vornherein eine Unterteilung der Arbeit nach Geschlechtern. Prostitution ist traditionell ein Frauenberuf. Einige Prostituierte behaupten von sich, in ihrem Beruf Befriedigung zu finden, andere sind davon abgestoßen; einige wählen in vollem Bewußtsein die Prostitution als die beste Alternative, die sich ihnen bietet; andere gerieten durch männliche Gewaltanwendung oder Betrug in die Prostitution. Viele Prostituierte hassen die Bedingungen und das soziale Stigma, das mit ihrer Arbeit verbunden ist, nicht jedoch die Arbeit an sich.

Das ICPR bekräftigt das Recht der Frauen auf die ganze Palette der Bildungsmöglichkeiten und Beschäftigungsalternativen und auf den gehörigen Respekt und ein angemessenes Entgelt in jedem Beruf, einschließlich der Prostitution.

3. Allianz zwischen den Frauen

Frauen wurden aufgrund ihrer sexuellen Arbeit und/oder sexuellen Identität in soziale Kategorien unterteilt. Innerhalb der Sex-Industrie ist die Prostituierte die am deutlichsten durch gesetzliche und soziale Zwänge unterdrückte. Pornografie-Modelle, Striptease-Tänzerinnen, Sexualmasseusen und jene Prostituierten, die sich tarnend ›Modelle‹ oder ›Hostessen‹ oder ähnlich nennen, sind bestrebt, nicht mit Prostituierten und Sex-Arbeiterinnen in einen Topf geworfen zu werden, um ihren Status zu beschönigen. Auch unter den Prostituierten, die sich selbst so definieren, besteht eine Hierarchie mit den Frauen auf dem Straßenstrich als unterste Ebene und den Callgirls an oberster Stelle. Die Bemühungen, sich von der ausgesprochenen Sexarbeit zu distanzieren, verstärken die Vorurteile gegenüber den Prostituierten und bekräftigen die Frauen in ihrer sexuellen Scham. Außerhalb der Sex-Industrie werden die Frauen ebenfalls unterteilt aufgrund ihres Status, ihrer Geschichte, Identität und äußeren Erscheinung. Nicht-Prostituierte werden oft durch Druck gezwungen, sexuelle Dienste zu leisten, entweder direkt in Form von sexuellen Handlungen oder durch ihr Lächeln, ihre Kleidung oder ihre Verhaltensweise; diese Dienste werden selten durch ein Entgelt belohnt, sondern werden eher als Zeichen ausgeprägter Weiblichkeit gewertet. Im allgemeinen werden die Frauen also in die Kategorien Hure und Madonna unterteilt, wobei diejenigen, die sexuell initiativ sind, als Huren betrachtet werden, und diejenigen, die sexuell passiv sind, als Madonnen.

Das ICPR ruft alle Frauen innerhalb und außerhalb der Sex-Industrie dazu auf, sich zu verbünden und bekräftigt vor allem die Würde der Straßenprostituierten sowie der Frauen, die aufgrund ihrer Hautfarbe, ihrer Klasse, ethnischer Unterschiede, einer Vergangenheit, in der sie mißbraucht wurden, ihres Status hinsichtlich Ehe oder Mutterschaft, ihrer sexuellen Vorlieben, aufgrund von Behinderung oder Übergewicht geächtet sind.

4. Sexuelle Selbstbestimmung

Das Recht auf sexuelle Selbstbestimmung beinhaltet das Recht der Frauen, die Bedingungen für ihre eigene Sexualität selbst festzulegen, einschließlich der Wahl des/der Partner, des Verhaltens und der Begleiterscheinungen (wie Schwangerschaft, Lust, finanzieller Gewinn). Die sexuelle Selbstbestimmung beinhaltet das Recht, Sex abzulehnen und sexuell initiativ zu sein, wie auch die Verwendung von empfängnisverhütenden Mitteln und das Recht auf Abtreibung, das Recht, lesbischen Sex zu haben, sowie Sex über die Grenzlinien von Hautfarbe oder Klasse hinweg, das Recht, sadomasochistischen Sex zu betreiben, wie auch das Recht, Sex für Geld anzubieten. Derartige Handlungen, die eigentlich der sexuellen Selbstbestimmung unterliegen sollten, wurden mit einem Stigma behaftet und durch das Gesetz oder die Sittenmoral bestraft. Notwendigerweise kann niemand das Recht haben, einen sexuellen Wunsch zu befriedigen, der einen anderen Menschen mitbetrifft, ohne daß dieser Mensch aus vollkommen freiwilliger Entscheidung dazu bereit ist. Die Aufgabe der Feministinnen ist es, die Selbstbestimmung voranzutreiben sowohl durch ein wachsendes sexuelles Bewußtsein und mehr Mut bei den Frauen als auch durch die Forderung nach Voraussetzungen für Sicherheit und freie Wahl.

Das ICPR bekräftigt das Recht aller Frauen, ihr eigenes Sexualverhalten selbst zu bestimmen, einschließlich des gewerbsmäßigen Sex, ohne dafür stigmatisiert oder bestraft zu werden.

5. Gesunde Entwicklung in der Kindheit

Kinder sind hinsichtlich des Überlebens, der Liebe und der Entwicklung abhängig von den Erwachsenen. Das Ausüben von Druck auf Kinder, sei es mit Freundlichkeit oder Gewalt, damit sie für Geld arbeiten oder zur Befriedigung der Erwachsenen Sex treiben, ist eine Verletzung der Rechte für die Entwicklung in der Kindheit. Häufig läuft ein Kind, das mißbraucht wird, von zu Hause weg und kann dann keinen anderen Weg der Existenzsicherung finden als die Prostitution, die die Verletzung der kindlichen Integrität fortsetzt. Mehrere Untersuchungen kamen zu dem Ergebnis, daß der Prozentsatz an Opfern von Mißbrauch während der Kindheit unter den Prostituierten höher ist als bei den Nicht-Prostituierten. Die Untersuchungen ergaben außerdem, daß fünfzig

Prozent der Prostituierten nicht mißbraucht worden waren und daß fünfundzwanzig Prozent der Nicht-Prostituierten mißbraucht worden waren. Der Mißbrauch von Kindern in privater oder öffentlicher Umgebung ist eine ernsthafte Verletzung der Menschenrechte, aber er bedeutet nicht, daß die Opfer nicht davonkommen und sich davon erholen können, besonders wenn sie in ihrer weiteren Entwicklung unterstützt werden und sich ihnen neue Möglichkeiten auftun. Ein Opfer verdient keinerlei Stigmatisierung, weder in der Kindheit noch als Erwachsener.

Das ICPR bekräftigt das Recht der Kinder auf Schutz, Ausbildung, medizinische oder psychologische oder rechtliche Betreuung, Sicherheit und sexuelle Selbstbestimmung. Die Einrichtung von staatlichen Fonds, um die vorgenannten Rechte zu sichern, sollte in jedem Land eine vordringliche Aufgabe sein.

6. Integrität aller Frauen

Gewalt gegen Frauen und Mädchen war während des vergangenen Jahrzehnts ein Hauptthema der Feministinnen. Im besonderen richteten sie ihre Aufmerksamkeit, die Forschungen und die Aktivitäten auf Vergewaltigung, sexuelle Belästigung am Arbeitsplatz, Mißhandlungen und die Verweigerung der Rechte auf Mutterschaft. Im Umfeld der Prostitution werden die Frauen manchmal vergewaltigt oder sexuell belästigt von der Polizei, den Kunden, ihren Managern und von Fremden, die wissen, daß sie Prostituierte sind. Prostituierte betrachten genau wie Nicht-Prostituierte jede sexuelle Handlung, die ihnen aufgezwungen wird, als Vergewaltigung. Die Tatsache, daß Prostituierte zu sexuellen Vereinbarungen bereit sind, bedeutet nicht, daß sie für sexuelle Belästigung oder Vergewaltigung verfügbar sind.

Das ICPR fordert, daß Prostituierte den gleichen Schutz vor Vergewaltigung genießen und die gleichen rechtlichen Ansprüche und die soziale Unterstützung nach einer Vergewaltigung, wie es das Recht jeder Frau oder jedes Mannes sein sollte.

Die Mißhandlung von Prostituierten, ebenso wie die Mißhandlung von Nicht-Prostituierten, spiegelt die Unterordnung der Frauen gegenüber den Männern in persönlichen Beziehungen wider. Die Gesetze gegen solche Gewalttaten werden oft auf diskriminierende oder willkürliche Weise gehandhabt. Lebensgefährten oder Ehepartner von Prostituierten sowie jeder andere Mensch, dem unterstellt wird, daß er vom Verdienst einer Prostituierten lebt (zum Beispiel Familien oder Wohngemeinschaften), werden in verschiedenen Ländern häufig zu Geld- oder Haftstrafen verurteilt mit der Anschuldigung der ›Zuhälterei‹, gleichgültig, ob sie eine Gewalttat begangen haben oder nicht. Lebensgefährten oder Ehepartner von Nicht-Prostituierten werden hingegen selten wegen Mißhandlungen bestraft, auch wenn die Frau sie eindeutig beschuldigt.

Das ICPR bekräftigt das Recht aller Frauen auf eine freigewählte Partnerschaft und einen Anspruch auf Schutz gegen Gewalt innerhalb jeder persönlichen oder beruflichen Gemeinschaft.

Frauen, die als Prostituierte oder Beschäftigte im Sexgewerbe bekannt sind, genau wie Frauen, die als Lesbierinnen bekannt sind, wird in vielen Ländern das Sorgerecht für ihre Kinder verweigert. Die Unterstellung, daß Prostituierte oder Lesbierinnen weniger fähig sind zu Verantwortlichkeit, Liebe oder Zuverlässigkeit als andere Frauen, ist ein Absprechen der Menschenrechte und der Menschenwürde. Die Gesetze und Einstellungen, die sexuell stigmatisierte Frauen bestrafen, dienen dazu, deren Kinder gleichfalls zu bestrafen, indem sie auch ihnen das Stigma aufdrücken und ihnen ihre Mütter verweigern.

Das ICPR betrachtet die Verweigerung des Sorgerechts für Prostituierte und Lesbierinnen als Angriff auf die soziale und psychologische Integrität der Frauen.

7. Pornografie: ›Schriften von Huren‹

Sexuell eindeutiges Material oder Pornografie war besonders im alten Griechenland das, was von Huren geschrieben wurde. Heute wurde die Pornografie von einer von Männern beherrschten Produktionsindustrie übernommen, in der die weiblichen Modelle und Darstellerinnen kaum Einfluß auf den Inhalt ihrer Produkte haben. Darüber hinaus werden die mit Pornografie beschäftigten Frauen genau wie die Prostituierten als Huren abgestempelt, die schutzlos jedem Mißbrauch ausgesetzt sind und denen oft die Schuld gegeben wird, wenn sie mißbraucht werden. Außerdem wird ihnen ein angemessener finanzieller Anteil vom Erlös der Produkte, bei denen sie mitwirken, vorenthalten.

Das ICPR fordert das Recht für die Sex-Arbeiterinnen (im Gegensatz zu den Managern) auf Bestimmung des Inhalts, der Produktionsweise und des Vertriebsweges in der Porno-Industrie.

Eine solche Ermächtigung verlangt Solidarität unter den Sex-Arbeiterinnen, Solidarität unter den Frauen sowohl innerhalb als auch außerhalb der Sex-Industrie und eine Ausbildung der Frauen hinsichtlich der Produktion von sexuell eindeutigem Material. In Unterstützung der entsprechenden feministischen Bewegung zur Selbstbestimmung fordert das ICPR eine öffentliche Aufklärungskampagne, um die Bedürfnisse eines Marktes zu verändern, der Kinder und die Mißhandlung von Frauen erotisiert.

8. Die Verschiebung von Frauen von Land zu Land (Prostituiertenschlepperei)

Das Verschieben von Frauen und Kindern, sowohl für Feministinnen als auch für Nicht-Feministinnen ein Thema von internationaler Bedeutung, geht meistens in Form des Transports von Frauen und Kindern von einem Land zum anderen zum Zwecke der Prostitution und mit Gewaltanwendung oder unter Täuschung vor sich. Das ICPR nimmt gegen Kinderprostitution in jeder Erscheinungsform einen klaren Standpunkt ein. Im Fall der Erwachsenen-Prostitution muß die Möglichkeit anerkannt werden, daß die Prostitution sowohl innerhalb eines Landes als auch jenseits nationaler Grenzen auf einer freien persönlichen Entscheidung beruhen kann, auf die eine erwachsene Frau ein Recht hat. Selbstverständlich sind Gewalt und Betrug Verbrechen, die auf jeden Fall bestraft werden müssen, gleichgültig, ob im Zusammenhang mit Prostitution begangen oder nicht. Frauen jedoch, die sich freiwillig dazu entschließen, ihrem Gewerbe als Prostituierte über nationale Grenzen hinweg nachzugehen, sollen nicht bestraft und nicht als Opfer von Mißbrauch angesehen werden. Sie sollen die gleichen Rechte genießen wie andere Immigranten. Für viele Frauen stellt die ›Frauenwanderung‹ zum Zwecke der Prostitution eine Fluchtmöglichkeit dar, durch die sie der wirtschaftlich und sozial unerträglichen Situation in einem Land in der Hoffnung auf bessere Bedingungen in einem anderen entkommen können. Die Tatsache, daß die Frauen dabei oft in eine andere schreckliche Lage geraten, zeigt den Mangel an Gelegenheiten für finanzielle Unabhängigkeit und berufliche Befriedigung für Frauen, besonders für Frauen aus der Dritten Welt, der auf der ganzen Welt herrscht. In Anbetracht der wachsenden Internationalisierung der Industrie, einschließlich der Prostitution, muß den Rechten und speziellen Bedürfnissen von ausländischen Arbeiterinnen in allen Ländern mehr Aufmerksamkeit geschenkt werden.

Das ICPR stellt sich gegen eine Politik, die Frauen den Status von Kindern gibt und die unterstellt, daß das Auswandern von einem Land ins andere auf dem Wege der Prostitution bei erwachsenen Frauen stets eine Folge von Gewaltanwendung und Täuschungsmanövern ist. Übersiedelnde Frauen, auch jene, die als Prostituierte arbeiten, haben Anspruch auf die Rechte und den Schutz wie jede(r) andere Arbeiter(in). Frauen, die unter Gewaltanwendung oder Vortäuschung falscher Tatsachen verschoben wurden, sollten wahlweise den Status von Flüchtlingen erhalten oder in ihr Heimatland zurückkehren können.

9. Eine Bewegung für die Rechte alle Frauen

Es ist wesentlich, daß der Kampf der Feministinnen den Rechten aller Frauen gilt. Prostituierte (besonders jene, die aufgrund Rassen- oder Klassenzugehörigkeit unterdrückt sind) sind wahrscheinlich die am meisten zum Schweigen verdammten und am schlechtesten behandelten aller Frauen; das Einbeziehen ihrer Rechte und ihrer Stimmen in den Rahmen der feministischen Forderung nach Veränderung ist notwendig.

Das ICPR dringt darauf, daß existierende Feministinnengruppen Frauen, die sich mit den Prostituierten identifizieren, in die Reihen ihrer führenden Persönlichkeiten aufnehmen und in ihren Analysen und Strategien ein Bewußtsein für die Prostitution einfließen lassen.

Prostitution und Gesundheit

Die Gesundheit der Prostituierten und ihr Zugang zur Gesundheitsfürsorge wird weitgehend vom sozialen Stigma und der rechtlichen Diskriminierung bestimmt. Diese Ungerechtigkeit führt nicht nur dazu, daß den Prostituierten gesunde Arbeitsbedingungen und eine wirkungsvolle Gesundheitsfürsorge verweigert werden, sondern fördert auch das verzerrte Bild, das in der Öffentlichkeit über Prostituierte herrscht. In der Vergangenheit wurde den Prostituierten stets die Schuld an den Geschlechtskrankheiten gegeben, und die Behörden haben rechtliche und soziale Kontrollmaßnahmen als Maßnahmen zum Wohle der allgemeinen Gesundheit gerechtfertigt. Die Annahme, daß die Prostituierten einen größeren Anteil an der Übertragung von Geschlechtskrankheiten haben und daß eine staatliche Kontrolle eine solche Übertragung verhindern könne, steht im Gegensatz zu den wissenschaftlichen Erkenntnissen. Gegenwärtig hat sich die Annahme, daß die Prostituierten die Überträger von AIDS seien und daß zwangsweise AIDS-Untersuchungen die Krankheit eindämmen könnten, in den westlichen Ländern als irrig herausgestellt. Die Situation in verschiedenen Ländern der Dritten Welt ist noch unklar. Die weiblichen Prostituierten in den westlichen Ländern sind jedenfalls keine AIDS-Risikogruppe. Eine kleine Minderheit von Prostituierten, die rauschgiftsüchtig sind und sich spritzen, bedeuten ein Risiko wegen der benutzten Nadeln, nicht wegen des gewerblich betriebenen Sex.

Das ICPR fordert eine wirklichkeitsgetreue Darstellung des Gesundheitszustandes der Prostituierten sowie die Durchführung einer wirkungsvollen Gesundheitsaufklärung und Schaffung der Einrichtungen für eine angemessene Behandlung.

Diese Einrichtungen müssen die Würde der Prostituierten achten und die Verantwortlichkeit der Kunden für die Krank-

heitsvorbeugung fördern (d. h. den Gebrauch von Kondomen beim Geschlechtsverkehr). Es folgt eine Liste von Ungerechtigkeiten und Rechten, die für die Gesundheit der Prostituierten und eine Verantwortlichkeit der Allgemeinheit von entscheidender Bedeutung sind.

Menschenrechtsverletzungen durch die Gesundheitspolitik und in der Praxis

I. Die Diskriminierung der Frauen in den allgemeinen Gesundheitsgesetzen und in der Praxis ist eine grundsätzliche Verletzung der Menschenrechte. Das ICPR fordert:

A. (1) Die Aufhebung der Vorschriften, die Prostituierten eine freie Arztwahl verweigern.

(2) Die Abschaffung des Zwangs zur Beibringung ärztlicher Atteste.

(3) Die Aufhebung von Gesetzen zur Bekämpfung von Geschlechtskrankheiten, die nur gegen Prostituierte angewendet werden.

(4) Verbot des Zwangs oder der Ermunterung zu Untersuchungen an Prostituierten im Gefängnis zu jedwedem Zweck.

(5) Kostenlose, anonyme und freiwillige Untersuchung auf Geschlechtskrankheiten, einschließlich AIDS, in leicht zu erreichenden Gesundheitseinrichtungen, die allen Menschen zur Verfügung stehen, auch den Prostituierten.

B. Breit gestreute Aufklärung und regelmäßige Überprüfungen hinsichtlich sexuell übertragbarer Krankheiten bei allen sexuell aktiven Personen. Hinweis darauf, daß Geschlechtskrankheiten ein Risiko für verschiedene Gruppen von sexuell aktiven Personen sind, daß Kondome die beste bekannte Vorbeugungsmaßnahme gegen Geschlechtskrankheiten sind und daß Prostituierte mit größerer Wahrscheinlichkeit ein Bewußtsein für ihre sexuelle Gesundheit haben als andere Personenkreise.

C. Krankenversicherungen und Ausgleichszahlungen für alle arbeitenden Personen, einschließlich der Prostituierten. Hinweis darauf, daß das ihnen anhaftende Stigma und Vorschriften, die eine berufliche Flexibilität bei den Prostituierten verhindern (wie zum Beispiel die Tatsache, daß Prostituierten ein erforderliches Führungszeugnis nicht ausgestellt wird), es für Prostituierte schwierig, wenn nicht unmöglich machen, ihren Arbeitsplatz zu wechseln, wenn das gewünscht wird oder wenn es aus gesundheitlichen Gründen erforderlich ist.

II. Die Registrierung von Prostituierten bei staatlichen Stellen oder der Polizei widerspricht den Menschenrechten auf eine Privatsphäre und würdevolle Beschäftigung. Das ICPR fordert:

A. Einen unabhängigen und vertraulichen allgemeinen Gesundheitsdienst für alle Personen, einschließlich der Prostituierten. Eine Zusammenarbeit von Gesundheitseinrichtungen und öffentlichen Institutionen, wie Polizei und Wissenschaft, soll illegal sein.

B. Abschaffung der Zwangsregistrierung von Prostituierten und des inoffiziell ausgeübten Drucks auf Prostituierte, sich von der Polizei registrieren zu lassen.

III. Die Kriminalisierung von Prostituierten im Hinblick auf die allgemeine Gesundheit widerspricht der Realität und verweigert das Menschenrecht auf gesunde Arbeitsbedingungen. Als vom Gesetz Ausgestoßenen wird es den Prostituierten schwergemacht, wenn nicht verboten, zur Ausübung ihres Gewerbes eine gesunde Umgebung zu schaffen. Das ICPR fordert:

A. Die Entkriminalisierung aller Aspekte der Prostitution von Erwachsenen, die aus einer persönlichen Entscheidung resultiert. Im besonderen müssen Prostituierte das Recht haben, in geschlossenen Räumen zu arbeiten und durch Anzeigen für sich zu werben; genauso müssen sie das Recht haben, im Freien Kunden anzusprechen unter Beachtung der Vorschriften über Sperrbezirke (d. h., in den für das Sexgewerbe freigegebenen Gebieten soll ein aktives Ansprechen der Kunden erlaubt sein). Eine Verweigerung dieser Rechte zwingt die Prostituierten in medizinisch unhygienische, physisch gefährdende und psychologisch schwer erträgliche Arbeitssituationen.

B. Die Anwendung üblicher Geschäftsbedingungen im Prostitutionsgewerbe, einschließlich der Vorschriften für Sauberkeit, Heizung und Arbeitsbefreiung bei Krankheit und im Urlaub. Außerdem sollen Vorschriften über die Benutzungspflicht von Kondomen aufgenommen werden. Die Vereinbarungen sollten von Arbeitnehmer-Organisationen angestrebt werden und nicht von seiten der Behörden.

Medizinische Betreuung und Beratung

I. Eine *Aufklärung* der Beschäftigten im Gesundheitswesen über die Realitäten in der Prostitution ist nötig, um Vorurteile und Falschinformationen der Gesundheitsbehörden und Beratungsstellen zu bekämpfen. Prostituierte und Ex-Prostituierte sollten für die Teilnahme an solchen Schulungen gewonnen werden.

II. Eine *Integration* der Prostituierten in die medizinische Betreuung und beratende Arbeit ist eine entscheidende Voraussetzung für eine wirkungsvolle Politik und die Einrichtung von helfenden Stellen.

III. Berufsberater müssen die Entscheidung einer Frau respektieren, *ob sie als Prostituierte arbeiten will oder nicht.* Die Aufgabe der Prostitution darf niemals die Voraussetzung für eine Beratung sein.

IV. Gesundheitsbehörden sollen Informationsmaterial verbreiten über die Praktiken des *Safer Sex.* Im besonderen sollen Kondome empfohlen werden für jeden vaginalen, oralen oder analen Geschlechtsverkehr.

Drogen und Alkohol

I. Die Prostituierten, die süchtig sind – eine Minderheit in den meisten Bereichen der Prostitution –, kommen im allgemeinen zur Prostitution, um ihre Sucht zu finanzieren. Eine unzulängliche Drogenpolitik ist schuld daran, daß Süchtige Prostitution betreiben; *die Prostitution ist nicht an der Drogensucht schuld.*

Soziale Alternativen zur Prostitution sind für süchtige Frauen erforderlich.

Sowohl die Drogengesetze als auch Behandlungsprogramme für Drogensüchtige müssen dringend überarbeitet werden. Bei der Kontrolle süchtig machender Substanzen sollten vielmehr klinische und soziale als kriminalistische Gesichtspunkte eine Rolle spielen. Die Behandlungsprogramme sollen mit ausreichenden Geldmitteln und wissenschaftlichen Forschungen unterstützt werden.

II. Es gibt keine naturgegebenen Zusammenhänge zwischen Drogensucht und Prostitution. Gesetze, die beides kriminalisieren, und Praktiken, die süchtige Prostituierte als Polizeiinformantinnen ausnützen, sind weitgehend schuld an dem Zusammenhang zwischen Drogen und dem Sexgewerbe auf der Straße. *Die Prostitution muß entkriminalisiert werden, und die Polizei muß aufhören, Prostituierte widerrechtlich für kriminalistische Ermittlung einzusetzen.*

III. Süchtige Prostituierte, die Nadeln benutzen, müssen – wie alle Süchtigen, die sich spritzen – Zugang haben zu legalen, preiswerten Nadeln, um die Ausbreitung von Krankheiten zu verhindern (im besonderen Hepatitis und AIDS).

IV. Es soll für jeden Arbeitgeber (einschließlich der Betreiber von Sex-Etablissements) *illegal sein, ihre Beschäftigten zum Trinken von Alkohol zu zwingen.*

Die Prostitution und die Menschenrechte

Die europäische Menschenrechts-Konvention wurde im Europarat im Jahre 1950 entworfen und trat 1953 in Kraft. Alle einundzwanzig Mitgliedsstaaten haben sie ratifiziert. Zu diesen Staaten gehören: Belgien, Bundesrepublik Deutschland, Dänemark, Frankreich, Griechenland, Großbritannien, Holland, Irland, Island, Italien, Liechtenstein, Luxemburg, Malta, Norwegen, Österreich, Portugal, Schweden, Schweiz, Spanien, Türkei, Zypern.

Das Internationale Komitee für die Rechte von Prostituierten (ICPR) fordert, daß Prostituierte, Ex-Prostituierte sowie alle Frauen unabhängig von ihrer Arbeit, Hautfarbe, Klassenzugehörigkeit, Sexualität, Vergangenheit oder ihres Familienstandes die gleichen Menschenrechte genießen sollen wie jeder andere Bürger. Gegenwärtig werden sie den Prostituierten offiziell und/oder inoffiziell verweigert, und zwar sowohl in Staaten innerhalb des Europarates als auch außerhalb. Kein Staat der Welt wird durch irgendeine internationale Körperschaft für solche Rechtsverletzungen zur Rechenschaft gezogen. Im Gegenteil, die Verweigerung der Menschenrechte für Prostituierte wird öffentlich gerechtfertigt als Schutz der Frauen, der öffentlichen Ordnung, der Gesundheit, der Moral und der Reputation der herrschenden Personen oder Nationen. Mit solchen Argumenten wird den Prostituierten der Status als Person wie jede andere verweigert, und man weist ihnen die Schuld zu an einer gestörten Ordnung und/oder Krankheiten, Ausbeutung der Frauen und an der Gewaltanwendung durch die Männer. Die Kriminalisierung oder vom Staat erlassene Vorschriften schützen niemanden, schon gar nicht die Prostituierten. Prostituierte werden systematisch ihrer Freiheit beraubt sowie der Sicherheit, einer gerechten Justiz, der Achtung vor ihrem privaten und familiären Leben, der freien Rede und der freien Partnerwahl. Darüber hinaus leiden sie unter einer unmenschlichen und entwürdigenden Behandlung und Bestrafung sowie einer Diskriminierung auf dem Stellen- und Wohnungssektor. Prostituierte wurden aus der Menschenrechts-Konvention wirkungsvoll ausgeschlossen.

Die Weltcharta über die Rechte der Prostituierten, der vom ICPR im Jahre 1985 zugestimmt wurde, fordert, daß die Prostitution als legitime Arbeit neu definiert wird und daß Prostituierte als legitime Bürgerinnen neu definiert werden. Jede andere Einstellung dient dazu, einer Klasse von Frauen (und von Männern, die ihre sexuellen Dienste anderen Männern anbieten) einen menschlichen Status vorzuenthalten.

Das Europäische Parlament unternahm vor einiger Zeit einen Schritt in Richtung Entkriminalisierung der Prostitution und der als Prostituierte arbeitenden Frauen, indem es eine Resolution zum Thema Gewalt gegenüber Frauen zustimmte, die folgende Klausel enthält (s. die Hedy-d'Ancona-Resolution, Parlamentssitzung Juni 1986):

»Hinsichtlich der Existenz der Prostitution ruft das Europaparlament die offiziellen Stellen in den Mitgliedsstaaten dazu auf, die notwendigen gesetzlichen Schritte zu unternehmen:

a) die Ausübung dieses Berufes zu entkriminalisieren,
b) Prostituierten die gleichen Rechte zu gewähren, die andere Bürger genießen,
c) die Unabhängigkeit, Gesundheit und Sicherheit jener zu schützen, die in diesem Beruf arbeiten...
d) Maßnahmen zu bekräftigen, die gegen Personen unternommen werden, die für Nötigung und Gewalt gegenüber Prostituierten verantwortlich sind...
e) Selbsthilfegruppen von Prostituierten zu unterstützen und die Polizei und gerichtliche Stellen zu veranlassen, Prostituierten, die Beschwerden vorbringen möchten, besseren Schutz zu gewähren...«

Eine konkrete Durchführung dieser Schritte erfordert eine Spezifizierung der entsprechenden Vergehen in jedem Staat. Ein Ziel des Zweiten Weltkongresses der Prostituierten ist, daß die Prostituierten aus Ländern, die im Europarat vertreten sind, wie auch aus solchen, die nicht darin vertreten sind, solche Vergehen spezifizieren. Die zusammengefaßte Liste, die hier aufgeführt wird, dient als Grundlage für eine weitere Ausarbeitung:

Verletzung der Menschenrechte der Prostituierten

1. Das Recht auf Leben

Mord an Prostituierten ist auf der ganzen Welt an der Tagesordnung. Und an solchen Morden wird im allgemeinen weniger Anstoß genommen als an anderen, was deutlich aus der Tatsache spricht, daß die Mörder von Prostituierten oft nicht gesucht, nicht gefunden oder nicht belangt werden.

2. Das Recht auf Freiheit und Sicherheit der Person

Die physische Sicherheit von Prostituierten wird häufig gefährdet durch die kriminelle Umgebung, in der zu arbeiten sie gezwungen sind.

Die physische Freiheit von Prostituierten wird vom Staat und von den Städten durch Vorschriften eingeschränkt, die ihre Anwesenheit in bestimmten Gegenden zu bestimmten Zeiten verbietet. Zum Beispiel kann in Frankreich eine Frau, die am Straßenrand steht und ›so aussieht, als sei sie eine Prostituierte‹ wegen passiver Kundenanwerbung belangt werden, auch wenn sie nicht über sexuelle Kontakte verhandelt. Oder in Toronto, Kanada, kann über eine Prostituierte ein Ausgangsverbot vom Gericht verhängt werden, wenn sie drei- oder viermal ihre Strafe wegen unerlaubter Anwerbung nicht bezahlt hat; wenn sie der Anordnung nicht nachkommt, kann sie zu sechs Monaten Gefängnis verurteilt werden, weil sie eine gerichtliche Aufforderung nicht befolgt hat.

Das Recht auf Freiheit und Sicherheit der Person wird all jenen Frauen vollkommen verweigert, die durch Täuschung oder Zwang dazu getrieben wurden, Prostitution zu betreiben. Im besonderen widerspricht der Transport von Frauen aus der Dritten Welt in die westlichen Länder unter falschen Versprechungen sowohl dem Recht auf Freiheit als auch dem der Sicherheit der Frauen. Das Recht, nicht als Prostituierte zu arbeiten, ist genauso wesentlich wie das Recht, als solche zu arbeiten, wenn eine Frau sich selbst so entscheidet. Die Verweigerung beider Rechte aus sexistischen und rassistischen Gründen ist weit verbreitet.

Prostituierte genießen im allgemeinen nicht den gleichen polizeilichen Schutz ihrer Freiheit und Sicherheit wie andere Bürger. Wegen der Kriminalisierung ihres Berufes riskieren sie Geld- oder Haftstrafen, und deshalb vermeiden sie es, sich an die Polizei um Schutz zu wenden. Es ist bekannt, daß die Polizei häufig Immunität bei strafbaren Handlungen gewährt als Gegenleistung für Informationen und/oder Sex, das heißt Vergewaltigung durch den Staat als Preis für die Freiheit.

Erzwungene medizinische Untersuchungen, die nicht die freie Wahl des Arztes und der medizinischen Einrichtung gewähren, verweigern den Prostituierten das Recht auf Freiheit. Und das Vorenthalten der für Arbeitnehmer üblichen Ausgleichsleistungen enthält den Prostituierten im Krankheitsfalle die Freiheit und finanzielle Absicherung vor.

Eine erzwungene oder unter Druck verlangte Registrierung bei der Polizei stigmatisiert die Prostituierten und behindert häufig ihre Privatsphäre, nimmt ihnen die Freiheit zum Berufswechsel, wenn sie sich dazu entschließen möchten. Prostituierte werden in ihrer beruflichen Beweglichkeit behindert, wenn Führungszeugnisse verlangt werden, die nur denen unter ihnen ausgestellt werden, die beweisen können, daß sie seit mindestens drei Jahren keinen gewerblichen Sex ausgeübt haben (zum Beispiel in der Schweiz).

3. Das Recht auf eine faire Rechtsprechung

Die Anwendung von Gesetzen und Vorschriften bei Prostituierten ist meist willkürlich, diskriminierend, korrupt und scheinheilig. In Paris zum Beispiel bekommen Straßenprostituierte im Durchschnitt wöchentlich drei Strafmandate für passives oder aktives Kundenanwerben; gleichzeitig werden ihre Verdienste aus der Prostitution mit hohen Steuern belegt.

Prostituierte, die vergewaltigt oder körperlich mißhandelt wurden, haben wenig Aussicht auf Erfolg, wenn sie ihre Vergewaltiger oder Mißhandler anzeigen. Eine Prostituierte wird sogar vom Staat und von den Justizbehörden als Freiwild für jeglichen Mißbrauch betrachtet.

Ausländische Frauen, die durch Betrug oder Zwang zum Zwecke der Prostitution in ein Land geschleppt werden, haben kaum eine Aussicht auf Erfolg, wenn sie diejenigen anzeigen, die das Vergehen an ihnen begangen haben.

Männliche offizielle Gesetzeshüter sind, wie andere Männer, häufig Kunden und/oder Schänder von Prostituierten. Zum Beispiel in den Vereinigten Staaten, in Kanada und Großbritannien lockt die Polizei Frauen regelmäßig dadurch in die Falle, daß sie sich als Kunden ausgibt und sie festnimmt, sobald sie einen Preis für einen sexuellen Dienst genannt haben. Auch wenn die Prostituierte achtsam genug ist, keinen Preis zu nennen (viele haben gelernt, mit dem betrügerischen

Spiel der Polizei zu rechnen), kann es dennoch passieren, daß sie als überführt gilt, denn dem Wort eines Polizisten wird vor Gericht mehr Glauben geschenkt als dem einer Hure.

Die Prostitutionsgesetze werden auf diskriminierende Weise gegenüber Frauen verstärkt angewendet, besonders gegenüber Frauen aus der Dritten Welt oder armen Frauen, wie auch gegenüber Männern aus der Dritten Welt, die mit diesen Frauen eine Verbindung eingehen.

4. Achtung vor dem Privat- und Familienleben, dem Heim und dem geschriebenen Wort

Die Gesetze, die Personen kriminalisieren, die von den Verdiensten einer Prostituierten profitieren, werden häufig gegen die Familien der Prostituierten angewendet, so zum Beispiel in den Vereinigten Staaten und in Frankreich. Diese Gesetze gegen ›Zuhälterei‹ widersprechen dem Recht der Prostituierten auf ein Privatleben, indem sie alle Personen, die mit ihnen in einer persönlichen Verbindung stehen, seien es Geliebte oder Kinder oder Eltern oder Menschen, mit denen sie in einer Wohngemeinschaft leben, dem Risiko einer Bestrafung aussetzen, mehr noch als die Ausbeuter und Mißhandler solcher Frauen.

Die Beschlagnahmung persönlicher Briefe oder literarischer Schriften von Prostituierten, wie sie zum Beispiel in den Vereinigten Staaten stattfindet, ist eine eindeutige Mißachtung der Unantastbarkeit des Heims und eine Verletzung des Briefgeheimnisses, ganz zu schweigen von der Beschneidung des Rechts auf freie Meinungsäußerung.

5. Das Recht auf freie Rede und Meinungsäußerung

Das Wort einer Prostituierten in der Öffentlichkeit wird im allgemeinen als wertlos angesehen, so zum Beispiel als Beweismittel vor Gericht. Und die Meinungen von Prostituierten finden kaum Gehör, auch nicht, wenn es um ihren eigenen Lebensbereich geht.

Auf privater Ebene werden Prostituierte oft als Informanten der Polizei und als Beraterinnen für männliche Kunden benutzt. In der Öffentlichkeit, sei es auf der Straße oder vor Gericht, werden ihre Aussagen und Meinungen nicht gehört.

6. Freiheit zur friedlichen Versammlung und Vereinigung, einschließlich des Rechts zum Beitritt einer Gewerkschaft
Prostituierte werden daran gehindert, aus Gründen der Sicherheit, der Kooperation und/oder des wirtschaftlichen Vorteils zusammenzuarbeiten, und zwar durch spezielle Statuten, die das ›Führen eines Hauses‹ oder andere notwendige Formen der kooperativen Zusammenarbeit kriminalisieren.

Bevor Prostituierte als legitime Berufstätige anerkannt werden, sondern als ›Outlaws‹ oder Landstreicherinnen oder böse Mädchen gelten, können sie offiziell keine Gewerkschaften gründen.

7. Das Recht, zu heiraten und eine Familie zu gründen
Sowohl das Recht, zu heiraten, als auch das Recht, nicht zu heiraten, wird Frauen oft verwehrt, besonders Frauen, die als Prostituierte arbeiten. Eine Heirat ist ausgeschlossen, wenn die Ehemänner dadurch zu Gesetzesbrechern werden, das heißt zu Zuhältern. Die Verweigerung von Rechten und Legitimationen gegenüber unverheirateten Frauen kann andererseits Frauen dazu zwingen, gegen ihren Willen zu heiraten. Einer Prostituierten kann außerdem das Recht auf Mutterschaft verweigert werden, wenn sie das Gericht aufgrund ihres Berufes dazu als ungeeignet erklärt.

8. Das Recht auf unangetasteten Besitz
Der Besitz einer Prostituierten und der ihr nahestehenden Personen kann mit der Begründung beschlagnahmt werden, daß er mit ›illegalem‹ Geld erworben ist; er kann ebenfalls beschlagnahmt werden, wenn sie die Strafen nicht bezahlen kann, die ihr im Zusammenhang mit der Ausübung ihres Berufes auferlegt sind.

9. Das Recht, ein Land – einschließlich des eigenen – zu verlassen
Prostituierten ist in manchen Ländern das Recht verwehrt, über nationale Grenzen hinweg zu reisen, und in ihren Ausweispapieren finden sich Markierungen oder Einschnitte, die einen Hinweis auf ihren Beruf geben. Außerdem kann die

polizeiliche Registrierung, die sich an bestimmten Grenzen auf den Computerbildschirmen zeigt, Prostituierte daran hindern, ein Land zu verlassen bzw. in ein anderes einzureisen.

10. Das Verbot des Quälens, der unmenschlichen oder erniedrigenden Behandlung und der Züchtigung

Die zuvor erwähnten Vorgehen zeugen von einer unmenschlichen Behandlung. Die Erniedrigung von Prostituierten ist die Norm, sowohl bei offiziellen Stellen, wie Regierungs- und Justizbehörden, als auch im Gemeindewesen, wie bei Nachbarschaftskomitees und sozialen Hilfsstellen.

Erzwungene Prostitution sollte als Fall von Quälerei eingestuft werden.

11. Das Verbot der Sklaverei, Knechtschaft und erzwungenen Arbeit

Eine Knechtschaft besteht sowohl bei erzwungener Prostitution als auch in Fällen freiwilliger Prostitution unter erzwungenen Bedingungen. Staatlich kontrollierte Bordelle, wie man sie in Hamburg oder in Nevada in den Vereinigten Staaten findet, erlauben keine Auswahl der Klientel, keine Möglichkeit der Ablehnung eines Kunden, gestatten keine gerechte Aufteilung der Verdienste und erzwingen eine Isolation und übermäßig lange Arbeitszeiten. Die meisten Bordelle in Holland zwingen zu gesundheitsschädlichen Praktiken wie das Weglassen von Kondomen (oder weniger Verdienst bei Sex mit Kondomen) und/oder zwingen zu Alkoholkonsum. Jugendprostitution ist ein Fall von erzwungener Arbeit, doch die Manager, seien es Manager in Sachen Pornografie oder Prostitution, werden selten deswegen belangt, während die Kinder häufig stigmatisiert und bestraft werden.

12. Verbot der Diskriminierung im Falle einer Inanspruchnahme der Rechte und Freiheiten, die durch die Konvention garantiert werden

Prostituierte werden stets diskriminiert, wenn sie ihre Rechte und Freiheiten ausnutzen. Farbige Prostituierte, ausländische Prostituierte, Prostituierte auf dem Straßenstrich, drogenabhängige Prostituierte und jugendliche Prostituierte leiden in besonderem Maße und häufig unter einer extremen Diskriminierung.

13. Verbot der kollektiven Ausweisung von Fremden

Die Ausweisung von Frauen, die unter Bedingungen des Betruges oder der Gewalt in ein Land gekommen sind und denen in ihrem Heimatland eine Verfolgung droht, ist eine Verletzung der Menschenrechte.

Über die Mitarbeiterinnen an diesem Buch

Aline: Lebt an der Nordküste Kaliforniens, zusammen mit zwei Katzen. Sie frönt seit siebzehn Jahren den verschiedensten Leidenschaften. Sie beschreibt sich spöttisch selbst als pansexuelle, atheistische Feministin mit buddhistischem Einschlag. Sie arbeitet an einem Buch und hofft, in ihrem nächsten Leben auf einen liebevollen Planeten verschlagen zu werden.

Carole: »Ich bin eine dreiundvierzigjährige lesbische Feministin, die im Sexgewerbe gearbeitet hat und das nie wieder zu tun beabsichtigt. Ich unterstütze die Bemühungen der Frauen um mehr Macht und Würde in ihrer Arbeit und Sexualität und um Ehrlichkeit darüber, wo wir waren und wo wir heute sind, damit wir morgen freier sein können. Wie die Dinge heute noch liegen, muß ich anonym bleiben.«

Sunny Carter: 1950 in New Mexico geboren. Aufgrund ihrer irischen Abstammung hat Sunny den überzeugten Glauben, daß Gott den Whisky erfunden hat, damit die Iren nicht die Macht über die Welt übernehmen. Sie wechselt ihren Wohnsitz etwa so oft wie ihre Haarfarbe. Außer einer fünfjährigen Karriere als Callgirl war sie Schriftstellerin, Lehrerin, medizinisch-technische Assistentin, Mutter, Poetin und ›Gorilla‹. »Ich arbeite liebend gern als Gorilla. Für fünfundzwanzig Dollar ziehe ich mein Gorilla-Kostüm an und liefere Blumen aus oder etwas ähnliches.« Sunny ist eine Verfechterin der Rechte für Prostituierte und schreibt ein Buch über AIDS.

Judith Edelstein: »Ich bin Jüdin, Feministin und Lesbierin. Meine Heimatstadt ist Chicago, aber ich lebe seit vierzehn Jahren in Portland, Oregon, Die Erfahrungen in einem Massage-Salon, aus denen ich hier schöpfe, liegen neun Jahre zurück. Zur Zeit unterrichte ich Englisch und schreibe Geschichten und Reportagen.«

Kellie Everts: Die erste und einzige ›Stripperin für Gott‹. Kelly Everts hat mehr als tausend Predigten von Bühnen in Varietétheatern und Nachtclubs gehalten. Sie ist in verschiedenen Fernsehsendungen aufgetreten. Sie glaubt an die natürliche Überlegenheit der Frauen, daran, daß das Matriarchat der Wille Gottes und das Patriarchat eine ›dämonische Perversion‹ sei, die für den Verfall der Menschheit verantwortlich ist.

Scarlot Harlot/Carol Leigh: »Ich habe zehn Jahre lang als Prostituierte gearbeitet und die meiste Zeit meines Lebens als Künstlerin. Als ich Kind war, war ich entschlossen, Schauspielerin zu werden. Als ich im Alter von neunzehn Jahren in den Feminismus eingeführt wurde, erkannte ich, daß ich mehr Kraft und Einfluß als Schriftstellerin haben würde.

Ich studierte an der Boston University kreatives Schreiben. Ich hatte gehofft, von Anne Sexton zu lernen, aber sie beging in dem Semester Selbstmord, als ich mich einschrieb. Daraufhin studierte ich bei John Cheever. Hauptsächlich haben mich Margo St. James, Phyllis Chesler und Kate Millett beeinflußt.

1976 gründete ich ›The Hampshire Street Women's Poetry and Fiction Cooperative‹ und lehrte dort; wir entwickelten ein positiveres Bild der Frauen in den Medien. Als ich 1978 nach San Francisco zog, fing ich an, als Prostituierte zu schreiben und zu arbeiten. Da ich das Schreiben gelernt hatte, war ich froh, so eine Mission gefunden zu haben, die Kunst und Leben vereinte. Während der nächsten Jahre schrieb ich für verschiedene Medien, produzierte und führte eine Ein-Frau-Multi-Media-Show auf. Außerdem veröffentlichte ich drei kleine Bücher und verschiedene andere Publikationen.

Als mich in den Jahren 1984 bis 1986 die AIDS-Krise sehr beunruhigte, verließ ich die Stadt, um im Nordwesten und Südwesten als Redakteurin und Darstellerin zu arbeiten. Politisch betätigte ich mich im Rahmen von T. W. A. T. (Tucson Whores and Tricks).

Ende 1986 kehrte ich nach San Francisco zurück. Zur Zeit ist mein Hauptanliegen die Aufklärung über Safer Sex, und ich versuche, ein möglichst großes Publikum damit zu erreichen.

Ich bin immer sehr beschäftigt und widme gern so viele Stunden wie möglich den verschiedenen Formen, um mich auszudrücken, einschließlich Video-Produktionen. Die Prostitution ist für mich das Mittel zu diesem Zweck.

Ich habe zeitweise allein gelebt und mit Geliebten. Während der letzten Jahre lebe und reise ich mit Freundinnen zusammen. Ich arbeite als Prostituierte, und zwar über Anzeigen in Sex-Zeitungen und Illustrierten. Mein Bestreben geht dahin, eine landesweite Tour zu organisieren und ein nationales Fernsehpublikum zu erreichen.«

Jean Johnston: Im Februar 1954 in New York geboren. »Ich bin Ex-Prostituierte und dabei zu lernen, eines Tages gleichzeitig zu leben und zu lieben. Ich habe vor drei Jahren angefangen zu schreiben, und vor einiger Zeit wurden meine Gedichte veröffentlicht.«

Karen: Lebt und arbeitet in der Bay Area in San Francisco.

Tracy Lea Landis: Hat angeschafft. Ihre Geschichte erzählt authentisch über die Frauen, die im letzten pseudo-legalen Winkel des Gewerbes arbeiten, in Massage-Salons. Tracy hat sieben Jahre lang an der Westküste der Vereinigten Staaten in Massage-Salons gearbeitet. Sie war vor ihrem Abschluß von der High School abgegangen und hat diesen Abschluß jetzt nachgemacht, um das Bachelors-Diplom zu erlangen.

Mistress Lilith Lash: »Ich wurde 1944 in Oakland geboren. Ich wuchs in San Francisco auf, so daß ich nicht von zu Hause weglaufen mußte, um meine Erfahrungen mit der North Beach und mit Haight Ashbury zu machen. Ich bin zufällig über eine Anzeige in die Sado-/Maso-Szene gekommen. Die Anzeigen waren sehr direkt und ganz auf Sex ausgerichtet, so wie ich seit frühesten Jahren. Die Menschen, die ich kennenlernte, waren kreativ, und ich entdeckte, daß mir die Züchtigungs-Spiele Spaß machten, obwohl ich mich selbst nicht für eine Sadistin halte.

Vor ungefähr zehn Jahren vereinte ich Vergnügen und

Geschäft und wurde Domina. Da ich mehr Freiheit und mehr Zeit zum Schreiben haben wollte, unterhielt ich Beziehungen zu Frauen. Ich habe seit der Grundschule geschrieben und in den letzten zehn Jahren viel veröffentlicht.«

Nina Lopez-Jones: Sie ist eine der Sprecherinnen für ECP und Koordinatorin von Legal Action for Women (LAW) in London, einem eigeninitiativen Rechtshilfe-Dienst für alle Frauen. Als Immigrantin in Großbritannien lebt und arbeitet sie in London.

Emma Marcus: »1983 zog ich nach Eugene, Oregon, wo ich mit meiner halbwüchsigen Tochter lebe. Ich habe einen normalen Beruf und stelle Aufklärungs-Videos her. Manchmal fahre ich nach San Francisco, um meine alten Freundinnen zu besuchen und Geld zu verdienen.«

Phyllis Luman Metal: »Ich wuchs auf einer der Ranches meines Großvaters im westlichen Wyoming auf. Mit sechs Jahren ging ich in ein kirchliches Internat in Salt Lake City. Mit siebzehn machte ich meinen Abschluß. Kurz darauf heiratete ich einen Schafzüchter aus dem südlichen Wyoming. Mit fünfundzwanzig besuchte ich die University of Wyoming und lernte einen Soldaten aus New York kennen. Wir heirateten, und unsere Tochter wurde in Santa Barbara, Kalifornien, geboren. Vier Jahre später kam er aus dem Krieg zurück, und wir zogen nach Los Angeles., wo er sich wieder mit seinen früheren Freunden aus der Filmindustrie zusammentat. Ich beschloß, meine Ausbildung abzuschließen und machte meinen Bachelor of Art im Alter von sechsunddreißig Jahren. Ich heiratete einen Architektur-Bildhauer aus San Francisco, vom dem ich drei Töchter bekam. Ich arbeitete mit ihm zusammen. Mein Leben drehte sich ausschließlich um meine Kinder und meine Arbeit, bis ich mich in einen Jazzmusiker verliebte und mit ihm nach Paris ging. Ich bin jetzt neunundsechzig und arbeite auf einen akademischen Grad hin.«

Peggy Morgan: »Ich bin Schriftstellerin und lebe in Boston.

Meine Arbeiten wurden in ›Bad Attitude‹ und anderen Publikationen veröffentlicht, und zwar unter meinem wirklichen Namen. Ich bin Alkoholikerin auf dem Weg zur Heilung, und ich tanze immer noch in der Combat Zone. Außer daß ich schreibe und mich bemühe, trocken zu bleiben, beschäftigen mich meine Liebe zu Frauen, Motorräder und Reisen.«

Nell: Lebt und arbeitet in der Bay Area in San Francisco.

Jane Smith: Das ist das Pseudonym einer Schriftstellerin und Dichterin, die sich ihre Brötchen dadurch verdient, daß sie halbtags für eine Lokalzeitung arbeitet. »Als ich diesen Beitrag schrieb, war das ein erster Schritt dahin, stolz auf das zu sein, was ich bin. Vielleicht fühle ich mich eines Tages sicher genug, es unter meinem eigenen Namen zu veröffentlichen.« Jane lebt mit ihrem Mann und drei halbwüchsigen Kindern in einem selbstgebauten Haus an einem einsamen Hügel im Staat New York. Sie veröffentlichte bisher Gedichte und Reportagen in kleinen Zeitungen und Frauenzeitschriften.

Rosie Summers: Sie war eines der unbeliebtesten Mädchen an der High School in ihrem Kleinstadt-Vorort. Sie trug billige Kleider und war im Umgang mit anderen Teenagern schüchtern und nervös. Mit fünfzehn verließ sie ihr Zuhause und kam ins Erziehungsheim und anschließend zu verschiedenen Pflegeeltern. Zwei Wochen nach ihrem achtzehnten Geburtstag ging sie nach New York City, wo sie mehrere herzzerreißende Affären mit Männern hatte und oft hungrig und manchmal sogar obdachlos war. 1973 wurde sie Prostituierte und machte diese Arbeit zum Teil deswegen, weil sie glaubte, auf diese Weise Liebe von den Männern zu bekommen. Inzwischen ist Rosie eine gesunde und entschlossene Frau. Sie hat einige Jahre das College besucht und beabsichtigt, damit weiterzumachen. Sie schreibt und ist aktives Mitglied der ›Earth‹-Religion.

Debi Sundahl: Ist die Herausgeberin von ›On Our Backs‹ und Produzentin von ›Fatale Video‹ und ›Burlesk‹, einer wöchentlich stattfindenden Lesbierinnen-Strip-Show für Frauen, die es erst seit 1984 gibt.

Terry van der Zijden: Geboren 1943. Vertauschte industrielle Kreise mit der Welt der Sexarbeit und arbeitete fünfzehn Jahre lang als Prostituierte. Seit 1976 ist sie aktiv in der Frauenbewegung tätig und im Roten Faden seit seiner Gründung, dessen Strategien sie entscheidend mitbestimmt.

Hansje Verbeek: Geboren 1949. Nach einem abenteuerlichen Leben und einem Dutzend verschiedener Jobs beschloß Hansje Verbeek, Soziologie zu studieren. Sie betätigte sich im Rosa Faden und bot sich an, dem Roten Faden unter die Arme zu greifen.

Ihr Interesse war nicht rein akademischer Natur, sondern war aus einer früheren Erfahrung als Geschäftsführerin eines Clubs entstanden. Sie ist jetzt Koordinatorin des Roten Fadens.

Cecelia Wardlaw: »Nachdem ich es einige Zeit sehr bunt getrieben habe und jetzt seit drei Jahren drogenfrei bin, bin ich zur Zeit produktiver als in jeder anderen Phase meines Lebens. Ich arbeite im Bereich der Drogen- und Alkoholsucht als Krankenschwester. Ich habe ›Women United in Recovery‹ organisiert – eine Gruppe von Frauen, die vom Tiefpunkt ihrer Sucht auf dem Weg nach oben sind – einschließlich Drogen-, Alkohol-, Spiel- und Eßsucht. Wir halten eine jährliche Konferenz in der Gegend von Pittsburgh ab. Ich bin heftig damit beschäftigt, das Geld für ein Haus als Zwischenstation für die Frauen aufzutreiben, die auf dem Weg sind, von einer Sucht loszukommen.«

Sarah Wynter: Sie ist die Gründerin und Herausgeberin von WHISPER, des einzigen nationalen Informationsblattes, das von Frauen für Frauen geschrieben wird, die dem System der Prostitution entkommen sind oder versuchen, sich daraus zu befreien. Sie hat in ihrer Analyse die Bedingungen dargelegt, die alle Frauen zu potentiellen Opfern für kommerzielle sexuelle Ausbeutung machen (und die den Zustand der Unterdrückung für alle Frauen aufrechterhält, die bereits als Prostituierte arbeiten), vorgetragen bei der Siebzehnten Nationalkonferenz über Frauen und Recht, der Dritten Nationalen NCADV-Konferenz und der Nationalen NOW-Konferenz im Jahre 1986 sowie vor vielen Gruppen an Universitäten und in Gemeinden. Zusätzlich zu ihrem Einsatz und ihren Bemühungen um landesweite Organisation, sammelt sie gegenwärtig mündlich überlieferte Geschichten von Frauen in der Sex-Industrie. Ihre Ausbeute, die eine Herausforderung für die vorhandenen sozialwissenschaftlichen Paradigmen darstellen wird, wird in einem demnächst erscheinenden Buch veröffentlicht.

Rachel West: Sie ist die Sprecherin für U. S. PROS und Koordinatorin von Legal Action for Women in San Francisco. Sie wohnt in San Francisco.

Über die Herausgeberinnen

Frédérique Delacoste wurde in der Nachkriegszeit in Frankreich geboren. Sie wuchs in Paris auf und durchlebte eine äußerst abenteuerliche Kindheit in der Obhut verschiedener Pensionate. Mitte der siebziger Jahre kam sie in die Vereinigten Staaten und wurde 1983 schließlich nach San Francisco verschlagen. Sie hat als Telefonistin gearbeitet, als Köchin in einem Schnellrestaurant, als Hilfslehrerin in Ohio; als Importmanagerin und als Stadtkurier in New York City; als Druckerlehrling und Buchladenhilfe in Minnesota; als Marketing Consultant, Blumenhändlerin und Gärtnerin in San Francisco. Im Jahre 1980 gründete sie zusammen mit Felice Newman und Mary Winfrey Trautmann den Verlag Cleis Press. Sie ist Mitherausgeberin von *Fight Back/Feminist Resistance to Male Violence* (Cleis Press, 1981). Gegenwärtig ist sie Mitverlegerin und Mitherausgeberin bei Cleis Press. Das vorliegende Buch ist das interessanteste und wertvollste feministische Werk, das sie bisher gemacht hat.

Priscilla Alexander: »Ich wurde in Boston geboren und wuchs in New York City auf. Meine Mutter starb, als ich neun war, ein paar Jahre, nachdem sie beinah im Warteraum eines Krankenhauses gestorben war, weil wir arm waren. Ich genoß eine gute Schulbildung – High School of Music and Art, Bennington College, Bank St. College of Education, San Francisco State University (ja, ich bin nach Westen gezogen) – aber ich wurde nicht etwa Malerin oder Gestalterin, was ich mir anfangs erträumt hatte, weil in keinem der beiden Berufe eine Frau wirklich Erfolg haben konnte (es sei denn, sie war Lesbierin, wovon ich überzeugt war, es nicht zu sein). Nachdem ich jahrelang als ein ›girl friday‹ gearbeitet hatte, ohne je Geld dafür zu bekommen, und danach gierte, eine sinnvolle Arbeit zu machen, wurde ich Lehrerin. Acht Jahre später verlor ich meinen Job als Lehrerin, und ich rannte mir die Hacken ab, um irgend etwas zu finden, das über Sekretärinnenarbeit hinausging. 1976 fand ich Margo St. James, die mich darauf brachte, über die Prostitution und das Huren-Stigma nachzudenken, das mich in vielerlei Hinsicht gelähmt hatte. Ich bin Jüdin, Lesbierin, Schriftstellerin, politische Aktivistin – und ich bin immer noch arm, aber die Arbeit erfüllt mich. Oh, Erkennungs-Etiketten: Ich bin Mitgeschäftsführerin von COYOTE und Geschäftsführerin der ›National Task Force on Prostitution‹. Und ich höre den Prostituierten zu, denen ich Rechenschaft schuldig bin.«

Danksagung

Vielen, vielen Dank an all die Menschen, die beim Entstehen dieses Buches mithalfen:

an die Frauen, deren Erfahrungsberichte das Herzblut dieses Buches ausmachen; an Margo St. James, die die Rechte der Prostituierten in den USA zum Thema machte; an Sue Campbell und Felice Newman, die sich des Buches angenommen haben und es hervorragend lektorierten;

an alle Freunde von Cleis Press – Marcie Barent, Paulette Balogh, Cheri Kindler, Mary Ann Krupa, Rhonda Lazarus, Anita Mallinger, Mike Powers und Anne Pride – die von Anfang an Vertrauen in dieses Buch hatten und die den Druck finanziell unterstützten; und an die ›Pittsburgh community‹, vor allem an Leanna und Richard Day für die wertvollen Anregungen;

an Carole, Gina, Eva, Veronica, Vera, Pieke Bierman, Bruce Tyler und an die ›Oldest Profession Times‹, an Helen McNamee für die wertvollen Informationen und besonders an Judith Cohen, die uns half, AIDS zu verstehen;

an Brigitte Gluba für die ausländische Korrespondenz und die tatkräftige Unterstützung.

HEYNE BÜCHER

Heyne Report ...

»Heyne Report« informiert über unser Leben und unsere Zeit: Thematisch konzentriert sie sich auf
– Personen –
– Perspektiven –
– Probleme –

10/58

10/56

10/18

10/12

10/50

10/16

10/48

10/52